金冲及文丛

二十世纪中国史纲
增订版（第四卷）

金冲及 著

生活·讀書·新知 三联书店

Copyright © 2021 by SDX Joint Publishing Company.
All Rights Reserved.

本作品版权由生活·读书·新知三联书店所有。
未经许可，不得翻印。

图书在版编目（CIP）数据

二十世纪中国史纲：四卷／金冲及著．—增订版．—北京：生活·读书·新知三联书店，2021.4（2025.6 重印）
（金冲及文丛）
ISBN 978 – 7 – 108 – 07118 – 7

Ⅰ．①二⋯　Ⅱ．①金⋯　Ⅲ．①中国历史－二十世纪　Ⅳ．① K26

中国版本图书馆 CIP 数据核字（2021）第 044277 号

特邀编辑	刘火雄
责任编辑	唐明星
装帧设计	蔡立国　刘　洋
责任校对	张国荣　张　睿　陈　明　曹忠苓　龚黔兰
责任印制	卢　岳
出版发行	生活·讀書·新知 三联书店
	（北京市东城区美术馆东街 22 号 100010）
网　　址	www.sdxjpc.com
经　　销	新华书店
印　　刷	河北松源印刷有限公司
版　　次	2021 年 4 月北京第 1 版
	2025 年 6 月北京第 6 次印刷
开　　本	635 毫米 × 965 毫米　1/16　印张 109
字　　数	1265 千字
印　　数	27,001 – 30,000 册
定　　价	208.00 元（全四卷）

（印装查询：01064002715；邮购查询：01084010542）

目　录

第二十四章　伟大的历史性转折　1323
　　　　　　在徘徊中前进的两年　1324
　　　　　　中共十一届三中全会　1349
　　　　　　拨乱反正和全面改革开放的起步　1364

第二十五章　高举起"中国特色社会主义"的旗帜　1398
　　　　　　十二大和十二届三中全会的重大决策　1399
　　　　　　改革开放的全面展开　1409
　　　　　　积极推进祖国统一大业　1439

第二十六章　在风浪中奋勇前进　1451
　　　　　　社会主义初级阶段基本路线的确立　1451
　　　　　　前进中的新情况和新问题　1454
　　　　　　一九八九年的政治风波　1474
　　　　　　中共十三届四中全会　1483
　　　　　　打破西方七国的对华"制裁"　1486
　　　　　　深入开展治理整顿　1491

第二十七章 建立社会主义市场经济体制　1506

　　邓小平南方谈话和中共十四大　1507

　　加强宏观调控的十六条措施　1517

　　改革的整体推进和"软着陆"的成功　1528

　　香港、澳门回归祖国和台湾问题　1551

第二十八章 迎接新世纪　1562

　　中共十五大　1563

　　应对两大挑战　1572

　　两项重大决策　1580

　　"三个代表"要求的提出　1595

　　二十世纪的最后一年　1598

第二十九章 历史的启示　1609

再版后记　1631

后　记　1633

附　录

总结历史经验　争取新的胜利——评金冲及著《二十世纪中国史纲》

齐世荣　1637

　一、纲举目张　1637

　二、总结了重要历史经验　1638

　三、材料扎实，立论平允　1641

反映百年中国社会变革的一部信史——评金冲及《二十世纪中国史纲》

李文海　1646

　一、历史场景的鲜活复原　1647

　二、历史现象的理性评析　1650

　三、历史规律的深刻揭示　1653

能见其大的世纪通论　　罗志田　　1658

评金冲及《二十世纪中国史纲》　　杨奎松　　1667

  金著的使命感　　1667

  从阶级史观到民族革命史观　　1669

  要跳出传统史观并不容易　　1672

  如何看待蒋介石国民党？　　1674

  "前三十年"叙述的纠结　　1678

  现实之禁与史家之忌　　1681

世纪的视野　历史的尺度　　王奇生　　1685

大手笔下的大世纪——金冲及著《二十世纪中国史纲》读后

              黄道炫　　1690

  革命的解说　　1691

  社会：荡涤和发展　　1695

  民族强盛的追求　　1699

一部重现新中国发展历程的信史——读金冲及《二十世纪中国史纲》
第三、第四卷　　程中原　　1704

世纪回眸　启人心智——读《二十世纪中国史纲》　　周溯源　　1712

第二十四章　伟大的历史性转折

中共十一届三中全会开始的改革开放，是二十世纪中国又一次历史性巨大变化。邓小平把这次改革开放称为新的革命，是社会主义制度的自我发展和自我完善。它的目的是为了进一步解放中国社会主义社会的生产力，通过改革开放走出一条有中国特色社会主义的道路。

开创出这样一个新的发展局面十分不易。中国的改革开放，并不是在各种条件都已具备的顺利环境下开始的，相反，倒是在异常复杂和艰难的环境中迈出它的第一步。经历了"文化大革命"十年动乱以后，中国社会和政治生活中积累下来的矛盾实在太多。历史走到了一个新的转折关头，广大干部和群众急切地期待走出一条新的社会主义发展道路。但这条路应该是怎样的、应该怎么走，开始时并不很清楚，人们的认识也很不一致。因此，从粉碎"四人帮"到召开十一届三中全会，中间有过两年在徘徊中前进。十一届三中全会根本改变了这种徘徊局面，明确地作出实行改革开放、把党和国家的工作着重点转到社会主义现代化建设上来的战略决策。这是重大的历史转折。以后，又经过三年多实践中的探索，终于在中共十二大上明确地得出"建设有中国特色的社会主义"这个基本结论。

在徘徊中前进的两年

粉碎"四人帮",结束了"文化大革命",使祖国从危难和挫折中得到拯救。人们怀着异常激动的心情欢呼粉碎"四人帮"的胜利,热情地准备投身到祖国的建设事业中去。可是,十年动乱留下的后果太严重了,整个国家百业待兴,问题堆积如山,思想也很混乱。应该从哪里起步?

以华国锋为首的中共中央着重抓了两件事:一件是揭批"四人帮",一件是初步恢复和发展国民经济。

华国锋提出"抓纲治国"的战略决策。他所说的"抓纲"依然是指六十年代以来实行的"以阶级斗争为纲"。而它的具体内容已有差别,主要是指揭批"四人帮",清查同"四人帮"有牵连的人和事,消除"四人帮"长期散布的极"左"思潮和流毒。这在当时是急需解决的一个问题。

那时,"四人帮"和一批骨干分子虽已被隔离审查,北京、上海以及全国绝大部分地区的局势虽已迅速得到控制,但他们多年经营的帮派势力遍布全国许多部门和地区,有些还掌握着相当的权力。他们"结党营私,大搞宗派主义、分裂主义""在党内自成体系,为所欲为""大搞'突击入党'、'突击提干',封官许愿,拼凑黑班底"。[1]对这些人,如果不认真清理便会留下重大隐患,发展国民经济便难以在安定有序的环境中进行。在极少数仍被"四人帮"余党把持的地方,局势依然很混乱,武斗尚未停止。中央采取果断措施,先把保定地区和郑州铁路局、兰州铁路局的混乱局面稳定下

---

[1]《彻底揭发批判"四人帮"》(社论),《人民日报》1976年11月28日。

来。同时，在各地区、各部门进行深入细致的清查工作，把"三种人"（即在"文化大革命"中追随林彪江青反革命集团造反起家的人、帮派思想严重的人、打砸抢分子）清理出来，特别是不让他们继续担任领导工作。由于"四人帮"在很长时间内是以"党和国家领导人"的面目出现的，跟着他们做了错事坏事的人中间情况相当复杂。因此，在清查工作中强调要正确掌握政策，严格区别对待，扩大教育面，缩小打击面。规定：

> 在同"四人帮"篡党夺权阴谋活动有牵连的人当中，属于"四人帮"及其余党的帮派体系的，只是极少数。在清查工作中，一定要十分注意：把受"四人帮"影响说了错话做了错事，同参与"四人帮"篡党夺权阴谋活动严格区别开来；把参与某些篡党夺权阴谋活动但是尚属受人利用、犯政治错误的人，同参与"四人帮"篡党夺权阴谋活动的骨干分子严格区别开来。在骨干分子当中，又要把那些在一九七六年十月中央打招呼会议之后愿意悔改、揭发"四人帮"罪行、与"四人帮"划清界限的人，同继续顽抗的死硬分子严格区别开来。对于一切可以争取的犯了错误的人，要认真做好思想转化工作，不要把他们推开。只有这样，才能团结百分之九十五以上的干部和群众，最大限度地孤立和集中打击"四人帮"及其一小撮罪行严重又不肯悔改的死党。[1]

清查工作取得很大成绩：摧毁了"四人帮"残留的政治势力，

---

[1] 华国锋：《在中国共产党第十一次全国代表大会上的政治报告》，《人民日报》1977年8月23日。

调整和充实了各级领导班子，各方面的工作基本上恢复了正常秩序。由于得到人民的全力支持，政策恰当，在很短时间内解决了这个长期使人感到棘手的问题，并且始终保持着社会的稳定，没有发生大的动荡和混乱。这是很不容易的。

一九七八年二月，华国锋在第五届全国人民代表大会第一次会议的政府工作报告中宣布："绝大多数地区和部门，同'四人帮'篡党夺权阴谋活动有牵连的人和事已经基本查清，阶级阵线已经基本清楚。就全国范围来说，清查工作基本上胜利结束。"[1]

由于"四人帮"在"文化大革命"中长期把持着中央和地方的重要宣传舆论阵地，制造了许多颠倒黑白、混淆是非的言论，把人们的思想搞乱。在所谓"批邓、反击右倾翻案风"中，他们又把安定团结说成"阶级斗争熄灭论"，把反对派性说成"整造反派"，把将国民经济搞上去说成"唯生产力论"，把四个现代化说成"为资本主义复辟准备物质基础"，还要求"层层抓、抓还乡团"。因此，从思想上批判并消除他们散布的极"左"思潮的种种流毒，也是一项十分重要的任务。一九七六年十一月，中共中央召开全国宣传工作座谈会，要求把"四人帮"的谬论收集起来，加以整理，一条一条地批深批透。十二月起，中共中央将"四人帮"的罪证材料（一至三）陆续下发，其中"之三"就是"四人帮在各个领域散布的反动谬论"。在中央和地方的报刊上，都以大量篇幅刊登批判"四人帮"的文章，拨乱反正，分清是非。其中，如杨逢春等的《把被"四人帮"颠倒了的干部路线是非纠正过来》、教育部大批判组的《教育战线的一场大论战——批判"四人帮"炮制的"两个估计"》、薛暮桥的《批

---

[1] 华国锋：《团结起来，为建设社会主义的现代化强国而奋斗》，《人民日报》1978年3月7日。

判"四人帮"在资产阶级法权问题上的反动谬论》、《人民日报》特约评论员的《贯彻执行按劳分配的社会主义原则》、胡乔木的《按照经济规律办事,加快实现四个现代化》等文章,都产生很大影响。

国民经济在这个时期内也得到初步的恢复和发展。

本来,一九六九年开始的七年间,经济工作在周恩来、邓小平先后主持下,经过全国人民在"文化大革命"那种极其艰难的环境中顽强地坚持辛勤劳动,国内生产总值逐年上升,年均增长百分之九点四三。而一九七六年由于"批邓、反击右倾翻案风"和唐山大地震,国内生产总值又一次出现下降,下降了百分之一点六,其中工业总产值只增长百分之二点四,而钢产量下降百分之十四点九,农业总产值下降百分之零点四。

粉碎"四人帮"后,华国锋在一次会议上说:"现在全国人民都热切期望,在打倒'四人帮'之后,我国国民经济迅速发展起来,并且决心把被'四人帮'耽误的时间尽快地夺回来。"这确是当时人们的普遍心情。他提出:"深入开展农业学大寨、工业学大庆的群众运动,努力把国民经济搞上去。"[1]在全国人民共同努力下,一九七七年,国内生产总值比上年增长百分之七点六,工业总产值增长百分之十四点六,其中钢产量增长百分之十六点零三,农业总产值仍下降百分之零点四;一九七八年,国内生产总值比上年增长百分之十一点七,工业总产值增长百分之十三点五五,农业总产值增长百分之八点一。许多重点工程建设,如武汉钢铁厂一米七轧机、葛洲坝水电工程、第二汽车制造厂等取得重大进展,规模巨大、设备先进的上海宝山钢铁总厂在新日本制铁株式会社帮助下也

---

[1]《中国共产党中央委员会主席华国锋同志在第二次全国农业学大寨会议上的讲话》,《人民日报》1976年12月28日。

完成了动工的准备。国务院在一九七七年八月十日发出《关于调整部分职工工资的通知》，决定从该年十月一日起提高部分职工工资，全国有百分之六十的职工共三千多万人增加了工资，这是"文化大革命"开始以来十年内第一次为职工提高工资。一九七八年五月七日，国务院又发出通知，决定实行奖金和计件工资制度。稿费制度也恢复了。

落实干部政策、平反冤假错案方面，最初进展不快。一九七七年十二月十日，中共中央任命胡耀邦为中央组织部部长。他在邓小平、陈云等支持下，顶住各种压力，冲破重重阻力，大刀阔斧地推进落实干部政策的工作。他提出"两个不管"："凡是不实之词，凡是不正确的结论和处理，不管是什么时候、什么情况下搞的，不管是哪一级组织、什么人定的和批准的，都要改正过来。"[1]本着这种精神，开展大规模的积案复查工作。一九七八年这一年内，中央组织部直接办理和复查平反了一百三十多名副省级、中央副部级以上干部的大案要案。胡耀邦还提出：原国家干部可以工作而没有分配工作的要尽快分配工作，年老体弱的要妥善安排，少数干部需要作出审查结论的要尽快作出。这样，使大批有经验的干部重新走上工作岗位。

各地在这方面也做了不少工作。如甘肃省委第一书记宋平提出："纠正冤假错案非抓不可！对于真正冤屈的、搞错了的，就得平反，就是要坚持'有反必肃、有错必纠'的原则。你们工作胆子要壮，不要有顾虑。"[2]甘肃的白银有色金属公司在"四清"运动中被指为"反革命修正主义分子夺权"的典型，这个报告经中央批

---

[1]《宋任穷回忆录》（续集），解放军出版社1996年8月版，第66页。
[2] 牛颖、彭效忠：《宋平在甘肃》，中央文献出版社2003年6月版，第104页。

转全国，造成很大影响。经过十个月的复查，甘肃省委和中央组织部、冶金部共同给中央写了报告，经中央批准后得到彻底平反。省委还组织工作组或调查组到各高等学校，帮助他们平反冤假错案和落实知识分子政策。又如广东省委第一书记习仲勋提出："我们广东过去搞'两退一插'（引者注：指职工退休、退职和到农村插队），把很多教师弄回家了，到目前仍有五千三百多人尚未复查处理，还在一边摆着。这个问题很严重，是严重违背党的政策的。现在首先要落实人家的工作，然后再复查。"[1]

一九七八年二三月间，第五届全国人民代表大会第一次会议和第五届政协全国委员会第一次会议先后召开，分别选出叶剑英为全国人大常委会委员长、邓小平为全国政协主席；妇联、工会、共青团等群众团体相继恢复活动。各项工作逐步走上正常轨道。

说粉碎"四人帮"后的最初两年是"徘徊中前进的两年"，是指它虽在"徘徊"，但比起过去来是"前进"的。为什么又说它在"徘徊"呢？因为当时在领导思想上还存在着两个大问题，对中国的前进起着严重的阻碍作用。

第一个问题：在根本指导思想上还没有彻底清理"文化大革命"时期和多年来存在的"左"的错误，思想受着严重的束缚，不敢从毛泽东晚年的错误中真正解脱出来。最有代表性的，是当时提出的"两个凡是"的错误主张。

一九七七年二月七日，发表《人民日报》、《红旗》杂志、《解放军报》社论《学好文件抓住纲》。这篇社论集中体现和宣传了这种错误主张，它写道：

---

[1]《习仲勋文选》，中央文献出版社1995年12月版，第270页。

> 凡是毛主席作出的决策，我们都坚决维护，凡是毛主席的指示，我们都始终不渝地遵循。[1]

既然毛泽东作出的一切决策和一切指示都要坚决维护，都要始终不渝地遵循，那么，"以阶级斗争为纲"也好，"无产阶级专政下继续革命的理论"也好，对"文化大革命"的肯定评价也好，都得始终不渝地维护和遵循了；只要经过毛泽东批准或点头而做错了的事，都不能触动了。

当时担任中共中央主席的华国锋坚持的就是这种思想。他在这年四月底学习《毛泽东选集》第五卷的文章中写道：

> 毛主席为我们党制定了一条清楚、明确的、正确的马克思列宁主义路线，这就是在无产阶级专政下把社会主义革命进行到底的路线。毛主席要我们时刻不要忘记阶级斗争，抓住阶级斗争这个纲，一步步地做好社会主义革命和社会主义建设的工作，把我国建设成为一个伟大的社会主义国家，直到实现从社会主义社会到共产主义社会的过渡。毛主席要我们这样做，我们就应该坚定不移地这样做。[2]

这年八月，中国共产党召开第十一次全国代表大会。这是党在粉碎"四人帮"以后召开的第一次全国代表大会。（十一届一中全会上，选举华国锋为中共中央主席，叶剑英、邓小平、李先念、汪东兴为副主席）这次大会的任务是要总结过去，规划未来。华国锋

---

[1]《学好文件抓住纲》（社论），《人民日报》1977年2月7日。
[2] 华国锋：《把无产阶级专政下的继续革命进行到底》，《人民日报》1977年5月1日。

在大会上所作的政治报告，虽然在揭批"四人帮"和动员全党建设社会主义现代化强国方面有着积极作用，但它依然肯定了"文化大革命"和它的错误理论。报告说：

> 在社会主义时期，毛主席对马克思主义的最伟大贡献，就是完整地创立了无产阶级专政下继续革命的理论。
>
> 我国这次无产阶级文化大革命，必将作为无产阶级专政历史上的伟大创举而载入史册，随着历史的前进，越发显示它的灿烂光辉。[1]

这样，就不可能从根本上纠正"文化大革命"的错误。

华国锋在粉碎"四人帮"的斗争中起了重要作用，作出了巨大贡献。为什么在粉碎"四人帮"以后，他和其他几个领导人仍要坚持这样的思想呢？胡绳主编的《中国共产党的七十年》这样分析："华国锋虽然在粉碎江青反革命集团的斗争中有功，也试图结束'文化大革命'造成的混乱，但他没有从根本上认清'文化大革命'的问题，特别是没有认清'文化大革命'和毛泽东晚年错误的关系。他没有识力和胆力来解决既要彻底清除'文化大革命'的错误，又要维护毛泽东的历史地位和毛泽东思想这样一个复杂的问题。他不知道，只有如实地指出毛泽东晚年发动和坚持'文化大革命'的错误，并加以纠正，才能继承以毛泽东和毛泽东思想为旗帜的中国共产党和中国革命的优良传统。"[2]

这是一个根本性的问题。这个问题不解决，中国的社会主义事

---

[1] 华国锋：《在中国共产党第十一次全国代表大会上的政治报告》，《人民日报》1977年8月23日。
[2] 胡绳主编：《中国共产党的七十年》，第617、618页。

业便无法走上一条成功的新路，便谈不上开辟一个改革开放的新时期。但当时有这种思想的并不只是华国锋一个人。因此，要冲破这个障碍十分不容易。

第二个问题在经济工作方面。粉碎"四人帮"后，人们处在异常兴奋的精神状态中，群众长期被压抑的生产积极性充分发挥出来，摩拳擦掌地想大干一场，把被耽误的时间夺回来。国民经济初步得到恢复性增长，又使不少人产生一种错觉，以为快速发展的时机已经到来，看有利条件多，看困难和问题少。在这种情况下，指导工作中再次发生急于求成、片面追求高速度的急躁冒进错误。

这仍是"左"的错误，是新中国经济建设中一再出现的顽症。在粉碎"四人帮"后不久的一九七六年十二月间召开的第二次全国农业学大寨会议上，重新提出实现四个现代化的要求，但未能认真考虑客观实际的可能，对农业生产指标和人民公社公有化水平提出了无法实现的高指标。一九七七年一月，国务院又要求到一九八〇年在全国基本实现农业机械化。五月，华国锋在全国工业学大庆会议上讲话，把这两次会议称为"是力争抓纲治国的战略决策今年初见成效、三年大见成效的两次十分重要的会议"，预言："我国国民经济必将出现一个全面跃进的新局面。"他说：

> 从现在起到本世纪末，只有二十三年的时间，大大加快我国国民经济发展的步伐，是刻不容缓的了。建设速度问题，不是一个单纯的经济问题，而是一个政治问题。
>
> 石油部门要为创建十来个"大庆油田"而斗争。所有企业，都要努力向大庆看齐。各个工业部门，都要努力向石油部门看

齐。各个省、市、自治区都要不断地向新的高峰攀登。先进更先进,后进赶先进,革命加拼命,无往而不胜!^[1]

这年十一月,中央政治局通过国家计委《关于经济计划汇报要点》。《汇报》在二十三年设想中提出:"在二〇〇〇年以前,全面实现农业、工业、国防和科学技术的现代化,粮食总产量达到一万三千亿斤,钢产量达到一亿三千万吨。"^[2]随后,召开全国计划会议对它进行讨论,并由中央将《汇报要点》转发全国。

在一九七八年二三月间举行的第五届全国人民代表大会第一次会议上,国务院将根据二十三年设想制定的《十年规划纲要(草案)》提交全体代表审议。华国锋在政府工作报告中说:"按照十年规划,到一九八五年,粮食产量达到八千亿斤,钢产量六千万吨。从一九七八年到一九八五年八年间,我国农业总产值每年要增长百分之四点五,工业总产值每年要增长百分之十以上。这八年,我国主要工业产品新增加的产量都将大大超过过去二十八年增加的产量。这八年,国家财政收入和基本建设投资,都相当于过去二十八年的总和。"^[3]报告提出,今后八年国家计划新建和续建一百二十个大型项目,包括十大钢铁基地、九大有色金属基地、八大煤炭基地、十大油气田、三十个大电站等。这些项目大多是重工业,农业和轻工业没有受到足够重视。根据大会通过的这个规划,各部门、各地区纷纷筹划此后八年的新的"跃进",提出许多无法做到的高指标。

要求加快发展,本来是好事。问题在于,这些主张严重脱离了

---

[1] 华国锋在全国工业学大庆会议上的讲话,《人民日报》1977 年 5 月 13 日。
[2] 国家计划委员会:《关于经济计划的汇报要点》,1977 年 11 月 15 日。
[3] 华国锋:《团结起来,为建设社会主义的现代化强国而奋斗》,《人民日报》1978 年 3 月 7 日。

中国当时的实际情况。事实上，经过持续十年的"文化大革命"的严重破坏，经济工作亟待解决的问题太多了。比较突出的，一是国民经济比例关系严重失调，需要重新调整过来，达到基本平衡；二是人民生活方面多年积累下来的大量"欠账"需要逐步解决；三是被严重打乱的规章制度和经济管理工作需要重建和整改；四是经济增长不能缺少的许多基础工作需要做好准备。如果对这些都置之不顾，单从人们在粉碎"四人帮"后那种普遍的兴奋和热情出发，想靠"革命加拼命"，就要求国民经济实现如此高速的增长，它的后果必将出现新的大起大落。"有如重病初愈的人，不让他休养一段时间，恢复健康，就要求他跑步前进，这没有不跌跤子、不出问题的。"[1]

沿着这条路子走下去，尽管人民有着迅速改变经济文化落后状况的强烈愿望，但违背客观的经济规律，过分夸大主观意志和主观努力的作用，只会造成事与愿违的恶果。这样的痛苦教训，以往已经够多了。

好在当时所说的"全面跃进"大体上还只是停留在纸面上的设想，没有也不太可能全面付诸实施。在这两个问题中，比较起来，更迫切需要解决的是前一个问题，也就是"两个凡是"的问题，后一个经济方面问题的解决主要还得放在下一步。只有前一个问题解决了，把"左"的指导思想扭转和纠正了，后一个问题才有可能得到顺利而妥善的解决。

新的时期，新的任务，需要有新的领导人物。邓小平由于他在长期革命中的历史功勋、由于他对"四人帮"的坚决斗争和在动乱

---

[1] 马洪、刘国光、杨坚白主编：《当代中国经济》，第395页。

后期主持全面整顿取得的显著成效，在党和人民中享有巨大的威望。在全国人民的殷切期待中，一九七七年七月十七日，中共十届三中全会一致通过决议：恢复邓小平原来担任的中共中央副主席、中央军委副主席、国务院副总理、中国人民解放军总参谋长等职务。二十一日，邓小平在全会上讲话。那一年，他已七十三岁。在全会的讲话中，他说：

> 作为一名老的共产党员，还能在不多的余年里为党为国家为人民做一点力所能及的事情，在我个人来说是高兴的。出来工作，可以有两种态度，一个是做官，一个是做点工作。我想，谁叫你当共产党人呢，既然当了，就不能够做官，不能够有私心杂念，不能够有别的选择。[1]

那时候，中国面对的问题之多，难度之大，是罕见的。许多人一时还看不清怎样才能从这种困境中摆脱出来。而且，又不能只停留在应对当前种种迫切而棘手的问题，还要从长远的战略眼光出发，形成一条全新的思路，为打开一个前所未有的新局面而奠定坚实的基础。这两个方面必须在不长的时间内同步完成。

邓小平没有辜负全党和全国人民的期望。他一出来工作，立刻表现出作为战略家的远见卓识，衡量全局，有条不紊地从混乱中指明一条新的出路。步子从哪里走起？面对千头万绪的问题，他首先抓住具有决定意义的环节，从思想路线的拨乱反正下手。

恢复工作前，他在四月十日给中共中央写了一封信，针对"两

---

[1] 冷溶、汪作玲主编：《邓小平年谱（1975—1997）》（上），第162页。

个凡是"的观点，提出"要用准确的完整的毛泽东思想来指导我们全党、全军和全国人民"。五月二十四日，他对人说："前些日子，中央办公厅两位负责同志来看我，我对他们讲，'两个凡是'不行。"可见在他看来，这是首先需要解决的问题。

在十届三中全会上的讲话中，他又一次讲了要完整地准确地理解毛泽东思想，说："我们不能够只从个别词句来理解毛泽东思想，而必须从毛泽东思想的整个体系去获得正确的理解。"他着重讲了实事求是和群众路线，说："在延安中央党校，毛泽东同志亲笔题的四个大字，叫'实事求是'。我看大庆讲'三老'，做老实人，说老实话，干老实事，就是实事求是。我认为，毛泽东同志倡导的作风，群众路线和实事求是这两条是最根本的东西。"[1]他这些话，显然有着鲜明的现实针对性。以后，关于真理标准问题的讨论，就是在这个基础上发展起来的。

恢复工作后，邓小平主动提出，分管科学和教育工作。在他看来。要实现现代化，关键是科学技术要能上去；发展科学技术，不抓教育不行；靠空讲不能实现现代化，必须要有知识，有人才。分管科学和教育工作后，他同样本着解放思想、实事求是的精神，以实际行动打破"两个凡是"的束缚，大刀阔斧地开辟出一个新局面来。

邓小平历来办事果断，雷厉风行。他在七月中旬刚刚恢复工作，八月初就采取一个重大的行动，作出决定：恢复高等学校的招生考试制度。这是一项影响深远的重大决定。"文化大革命"中，科学工作和教育工作受到的破坏极大。高等学校在"文化大革命"

---

[1]《邓小平文选》第2卷，第38、39、42、43、45页。

初期曾停止招生四年。从一九七〇年到一九七六年，又按照"自愿报名，群众推荐，领导批准，学校复查"的办法，招收了七届工农兵学员。但这个做法有两个很大的弊端：一个是没有经过招生考试，工农兵学员的文化程度相差很大，"四人帮"又宣传工农兵学员入学后要做到"上大学、管大学、改造大学"，以致不少人毕业时并不能保证专业质量；另一个是虽说"群众推荐，领导批准"，实际上被推荐的人中不少有着种种特殊社会关系，缺少关系的往往难有机会，这显然是不公平的，容易造成人才的埋没。

邓小平一恢复工作，就在一九七七年的七月二十九日，找中国科学院副院长方毅和教育部部长刘西尧谈话，说要准备开一个科学和教育工作座谈会。并且说：

> 有几个问题要提出来考虑：第一，是否废除高中毕业生一定要劳动两年才能上大学的做法？在中小学完成了劳动任务，为什么还要集中搞两年劳动？第二，要坚持考试制度，尤其是重点学校一定要坚持，不合格的要留级。对此要有鲜明的态度。第三，要搞个汇报提纲，提出方针、政策、措施。[1]

座谈会上，许多教师主张立即恢复高等学校招生考试制度。邓小平仔细听取大家意见后，立刻作出决断：推迟招生和新生开学时间，下决心从当年起恢复高考。一九七七年冬，全国有五百七十万考生参加高考，录取新生二十七万八千人。一九七八年夏，全国有六百一十万考生参加高考，录取新生四十万二千人；高等学校和科

---

[1]《邓小平决策恢复高考讲话谈话批示集》，中央文献出版社2007年8月版，第6页。

学研究机构还招收了一万零七百零八名研究生。录取的新生中，相当多的是原来上山下乡的知识青年，也有一定数量应届高中毕业生，结束了前几年凭推荐入学的做法。一九七八年，派遣出国留学人员增加到三千人以上，超过过去十年总数的三点五倍。

这件事，不仅是教育工作中的重大拨乱反正，有利于早出人才、早出成果，能够尽快培养出一大批在各个科学领域内起承前启后作用的骨干力量；而且涉及的社会面十分广，为大批知识青年敞开高校的大门，改变了人生的道路。它以体现解放思想、实事求是的重大实际行动，有力地冲破"两个凡是"的束缚，震动全国，对打开改革开放的新局面起了先导作用。

科学和教育领域是知识分子集中的地方。"文化大革命"中，"四人帮"把知识分子称为"臭老九"，使他们在精神上受到很大压抑。邓小平在那次座谈会上态度鲜明地说："对全国教育战线十七年的工作怎样估计？我看，主导方面是红线。""无论是从事科研工作的，还是从事教育工作的，都是劳动者。"[1]这些话像一阵春风，使广大知识分子感到精神振奋，扬眉吐气，大大调动起他们的积极性。

一九七八年三月，全国科学大会在北京召开。邓小平在大会开幕式上说："四个现代化，关键是科学技术的现代化。没有现代科学技术，就不可能建设现代农业、现代工业、现代国防。"他重申：要"正确认识科学技术是生产力，正确认识为社会主义服务的脑力劳动者是劳动人民的一部分"。他提出："我们不仅因为今天科学技术落后，需要努力向外国学习，即使我们的科学技术赶上了世界先

---

[1]《邓小平文选》第2卷，第49、50页。

进水平，也还要学习人家的长处。"他还表示："我愿意当大家的后勤部长。"[1]在"四人帮"肆意摧残科学事业、迫害知识分子那么多年后，这些话使人们受到极大的鼓舞。中国科学院院长郭沫若在闭幕式的书面发言中激动地写道："现在，我们可以扬眉吐气地说，反动派摧残科学事业的那种情景，确实是一去不复返了！科学的春天到来了！"[2]这些话反映出当时许多人那种兴奋感情。

作为军委副主席兼总参谋长，邓小平雷厉风行地对军队和国防科技工业作出一系列重要部署。他指出："现在拖后腿的，一是技术水平，一是管理水平。"因此，要学习和引进国外先进技术，同时发展自己的创造力。由于中国国力有限，这时又处在百废待兴的状况下，邓小平要求：立足国情，量力而行，缩短战线，突出重点。他说："抓科研也要集中力量打歼灭仗，不能各部门齐头并进，样样都搞。抓多了什么都没有做成，结果更慢。"邓小平十分强调军品要坚持质量第一，说："质量不好是要死人的，要寸步不让。"他还提出"军民结合、平战结合、军品为主、以民养军"的方针。这样，就为新时期将要开始时的国防和军队建设指明了重要方向。[3]

尽管如此，粉碎"四人帮"后的两年时间内，整个中国仍在徘徊中前进，难以迈出大的步子。重要思想障碍就在于"两个凡是"。这个障碍不突破，中国的社会主义现代化建设的新局面便不可能到来。

社会上，对"两个凡是"的不满越来越强烈，但突破起来遇到

---

[1]《邓小平文选》第2卷，第86、89、91、98页。
[2] 郭沫若：《科学的春天》，《人民日报》1978年4月1日。
[3]《刘华清回忆录》，解放军出版社2004年8月版，第379、380页。

很大的阻力。邓小平在复出前后的多次讲话就是针对这个症结所在来讲的。叶剑英在中共中央党校的开学典礼上讲话，也尖锐地提出：

> 理论密切联系实际，我认为有两层最基本的意思。一层是：一定要掌握理论。没有理论，一张白纸，凭什么去联系实际呢？另一层是：一定要从实际出发。如果理论不能指导实际，不受实际检验，那算什么理论！
>
> 可以说，理论愈多接触实际问题，愈敢接触实际问题，不是绕开问题走，不是模棱两可，含混不清，理论就愈加彻底，愈能掌握群众，愈易变成物质力量。党中央号召我们，一定要恢复和发扬实事求是的作风，做大无畏的彻底的唯物主义者。[1]

中央党校常务副校长胡耀邦在校内组织对党史的讨论，形成这样的看法：应当完整地准确地运用马列主义、毛泽东思想的基本原理；应当以实践作为检验真理、辨别路线是非的标准。

一九七八年五月十一日，《光明日报》发表了本报特约评论员文章《实践是检验真理的唯一标准》。当时担任《光明日报》总编辑的杨西光回忆道："《实践是检验真理的唯一标准》一文，和后来关于真理标准问题的讨论，是在邓小平同志完整、准确地认识和运用毛泽东思想、反对'两个凡是'的思想指导下，以及胡耀邦同志在中央党校提倡解放思想、实事求是地评价党的历史问题的推动下，

---

[1]《叶剑英选集》，人民出版社1996年3月版，第462—464页。

针对当时思想路线斗争实际展开的。"[1]

这篇特约评论员文章引用马克思、恩格斯、列宁、毛泽东的许多论述，说明检验真理的标准只能是社会实践，任何理论都要不断接受实践的检验，并且尖锐地指出：

> 革命导师这种尊重实践的严肃的科学态度，给我们极大的教育。他们并不认为自己提出的理论是已经完成了的绝对真理或"顶峰"，可以不受实践检验的；并不认为只要是他们作出的结论不管实际情况如何都不能改变；更不要说那些根据个别情况作出的个别结论了。他们处处时时用实践来检验自己的理论、论断、指示，坚持真理，修正错误，尊重实践，尊重群众，毫无偏见。他们从不容许别人把他们的言论当作"圣经"来崇拜。
>
> 现在，"四人帮"及其资产阶级帮派体系已被摧毁，但是，"四人帮"加在人们身上的精神枷锁，还远没有完全粉碎。毛主席在第二次国内革命战争时期曾经批评过的"圣经上载了的才是对的"这种倾向依然存在。无论在理论上或实际工作中，"四人帮"都设置了不少禁锢人们思想的"禁区"，对于这些"禁区"，我们要敢于去触及，敢于去弄清是非。科学无禁区。凡是超越于实践并自奉为绝对"禁区"的地方，就没有科学，就没有真正的马列主义、毛泽东思想，而只有蒙昧主义、唯心主义、文化专制主义。[2]

---

[1] 杨西光：《关于〈实践是检验真理的唯一标准〉一文写作的思想背景》，《文献和研究》1985年第2期。

[2] 本报特约评论员：《实践是检验真理的唯一标准》，《光明日报》1978年5月11日。

"实践是检验真理的唯一标准"本来是马克思主义的常识。但由于它同"两个凡是"相对立，有着很强的针对性，文章一发表，立刻引起轩然大波。第二天，《人民日报》《解放军报》全文转载。全国绝大多数省、市、自治区的报纸也陆续转载。各报刊上发表了大量文章，给予支持。但这场讨论受到当时分管宣传工作的中共中央负责人的批评和斥责，认为是"砍旗"，是"反对毛主席"，并且施加了相当大的政治压力。这就使这场关于真理问题的讨论更加受到全社会的关注。

那时，中国人民解放军正准备召开全军政治工作会议。五月三十日，邓小平同胡乔木谈他准备在会上讲话的内容时说道：有人认为会议的两个提法和毛泽东、华国锋不同。"总而言之，就是这么个意见：只要你讲话和毛主席讲的不一样，和华主席讲的不一样，就不行。毛主席没有讲的，华主席没有讲的，你讲了，也不行。怎么样才行呢？照抄毛主席讲的，照抄华主席讲的，全部照抄才行。这不是一个孤立的现象，这是当前一种思潮的反映。"他又说："毛泽东思想最根本的最重要的东西就是实事求是。现在发生了一个问题，连实践是检验真理的标准都成了问题，简直是莫名其妙！"[1]

六月二日，他在全军政治工作会议上讲话，着重谈了实事求是的问题。他说：

> 我们开会，作报告，作决议，以及做任何工作，都为的是解决问题。我们说的做的究竟能不能解决问题，问题解决得是

---

[1] 冷溶、汪作玲主编：《邓小平年谱（1975—1997）》（上），第319、320页。

不是正确，关键在于我们是否能够理论联系实际，是否善于总结经验，针对客观现实，采取实事求是的态度，一切从实际出发。我们只有这样做了，才有可能正确地或者比较正确地解决问题，而这样地解决问题，究竟是否正确或者完全正确，还需要今后的实践来检验。如果我们不这样做，那我们就一定什么问题也不可能解决，或者不可能正确地解决。

我们也有一些同志天天讲毛泽东思想，却往往忘记、抛弃甚至反对毛泽东同志的实事求是、一切从实际出发、理论与实践相结合的这样一个马克思主义的根本观点，根本方法。不但如此，有的人还认为谁要是坚持实事求是，从实际出发，理论和实践相结合，谁就是犯了弥天大罪。他们的观点，实质上是主张只要照抄马克思、列宁、毛泽东同志的原话，照抄照转照搬就行了。要不然，就说这是违反了马列主义、毛泽东思想，违反了中央精神。他们提出的这个问题不是小问题，而是涉及到怎么看待马列主义、毛泽东思想的问题。[1]

真理标准的大讨论，在全国范围内引起强烈震动，带来了一次思想大解放。越来越多的人考虑问题时不再受陈旧过时的框框束缚，把注意力放到研究新情况和实际问题、研究如何开创社会主义现代化建设新局面上来。邓小平、江泽民对这场大讨论都作出高度评价。胡锦涛在二十年后指出："这场讨论，冲破了'两个凡是'的严重束缚，推动了全国性的马克思主义思想解放运动，为具有划时代意义的党的十一届三中全会作了重要的思想准备，在党和国家

---

[1]《邓小平文选》第2卷，第113、114页。

的历史进程中产生了重大而深远的影响。"[1]以改革开放为标志的新时期的到来,就是以这场大讨论为突破口的。

那时候,从国际范围来看,也为中国实行改革开放提供了有利机会:许多西方国家随着新一轮科技革命的兴起,产业结构正处在大调整的过程中,许多生产设备和资金闲置,市场萎缩,需要寻找出路,愿意同新中国打交道;东(南)亚一些发展中国家和地区,利用发达国家产业结构调整的机会,引进国外资金和技术,加快经济发展,引起全世界的注意,被称为亚洲的"四小龙"。中国从一九七七年下半年起,已派不少代表团出国考察访问。一九七八年四五月间,中共中央和国务院决定,派三个较大的代表团分别赴西欧、日本和港澳考察经济。

这三个代表团中,有一个谷牧副总理率领、六个省部级干部参加、由三十多人组成的代表团,赴西欧五国(法国、西德、瑞士、丹麦、比利时)考察。这是新中国建立后第一次向发达的资本主义国家派出国家级的政府经济代表团。出访前,邓小平听取他们的汇报,要求他们广泛接触,详细调查,深入研究些问题。代表团从五月二日到六月六日走了上述五国十五个城市,会见许多政界人士和企业家,参观了八十多个工厂、农场、港口、市场、学校、科研单位、城市设施和居民区,受到很大触动,扩大了眼界,看到这些国家科学技术的发展日新月异,工农业生产、交通运输、通信手段广泛采用电子技术,现代化水平很高,深深感到中国工业的生产能力、技术水平和组织管理都远远落后于发达国家,从而对现代化有了许多新的认识。六月三十日,中共中央政治局开会听取谷牧的汇报。他

---

[1]《十五大以来重要文献选编》(上),人民出版社2000年6月版,第332页。

着重讲了三点:"一、二战后,西欧发达国家的经济确有很大发展,尤其是科技日新月异,我们已经落后很多,它们在社会化大生产的组织管理方面也有许多值得借鉴的经验;二、它们的资金、商品、技术要找市场,都看好与中国发展关系;三、国际经济运作中有许多通行的办法,包括补偿贸易、生产合作、吸收外国投资等,我们可以研究采用。"会后,邓小平找谷牧谈话,又讲了三点意见:"一、引进这件事要做;二、下决心向国外借点钱搞建设;三、要尽快争取时间。"[1]

七月六日起,国务院召开由有关部委负责人六十多人参加的关于加速四化建设的务虚会。谷牧在会上报告了考察西欧五国的情况。他提出:"我国要老老实实承认落后了,与世界先进水平拉开了很大的差距。我们怎么赶上国际先进水平,怎么搞现代化,怎么把速度搞快些?很重要的一条就是狠抓先进技术的引进、消化、吸收。国际形势提供了可以利用资本主义世界的科技成果来发展我们自己的机会,一定要抓住它。"[2]这次务虚会持续了二十多天。在讨论中,大家思想比较敞开,着重议论引进西方先进技术设备和管理经验、改革经济管理体制、实行按劳分配、高速度发展等问题。大家深深感到中国同发达国家在经济和科学技术上存在的巨大差距,迫切需要利用国外资金和引进世界先进科学技术,来加快中国经济的发展;同时,也比较多地谈到中国原有的经济管理体制需要改革,才能适应现代化建设的需要。陈云没有参加国务院务虚会议,但对会上的重要发言都看了。他针对会上讨论的情况,对李先念、谷牧说:"可以向外国借款,中央下这个决心很对,但是一下子借

---

[1] 谷牧:《小平同志领导我们抓对外开放》,《回忆邓小平》(上),第156页。
[2] 《谷牧回忆录》,第307页。

那么多，办不到。有的同志只看到外国的情况，没有看到本国的实际。我们的工业基础不如他们，技术力量不如他们。""不按比例，靠多借外债，靠不住。"[1]李先念在务虚会闭幕那天作了长篇讲话。他对综合平衡、引进国外先进技术和设备、改革经济管理体制等问题都进行了较充分的论述，说：

> 我国二十八年经济建设的经验证明，要高速度地协调地发展国民经济，就一定要遵循客观经济规律，首先是国民经济有计划按比例发展的规律，搞好综合平衡。……只有这样，才能避免大起大落，实现持久的均衡发展的高速度。
>
> 为了大大加快我们掌握世界先进技术的速度，必须积极从国外引进先进技术和设备。这比关起门来样样靠自己从头摸索，要快不知多少倍。……大规模引进先进的技术和设备，需要大量的外汇，这就要采用多种形式把出口贸易做大做活。……引进要力争少花钱多办事。新厂要建设一些，但大量的是要把新技术的引进同老企业的改造、改组结合起来，充分利用现有的厂址、厂房、设备和人员，做到事半功倍。
>
> 企业是基本的生产单位，企业职工是直接的生产者，只有充分尊重和充分发挥他们的积极性和主动精神，生产才能够高速度发展。把各企业当作任何行政主管机关的附属品，当作只能依靠上级从外部指挥拨动的算盘珠，这种管理思想是同实现四个现代化的要求格格不入的。[2]

---

[1]《陈云文选》第3卷，第252页。

[2]《李先念文选》，第324、325、332、335、333、330页。

这次国务院务虚会是十一届三中全会前夜的一次重要会议。要求改革和要求开放的呼声越来越高,成为一股不可阻挡的潮流。会上虽仍有要求过高过急的表现,但总的说来,对把工作重心转移到社会主义现代化建设上来、实行改革开放,起了积极的推动作用。

当真理标准问题讨论在全国进一步展开、改革开放的呼声越来越高的时候,邓小平结束对朝鲜的访问,在九月十三日至十八日到中国的老工业基地东北三省考察。他自己说,我这是到处点火。在吉林,他对省委负责人说:"我们有了过去没有的好条件。如果毛泽东同志没有说过的我们都不能干,现在就不能下这个决心。在这样的问题上,什么叫高举毛泽东思想的旗帜呢?就是从现在的实际出发,充分利用各种有利条件,实现毛泽东同志提出、周恩来同志宣布的四个现代化的目标。如果只是毛泽东同志讲过的才能做,那我们现在怎么办?马克思主义要发展嘛!毛泽东思想也要发展嘛!否则就会僵化嘛!"[1]当时担任中共吉林省委书记的王恩茂回忆说:

> 小平同志在吉林对我们所作的指示,促进了我们思想的大解放,过去有些不敢想的问题,现在敢想了;过去不敢讲的问题,开始敢讲了。所以,在三中全会以前,小平同志还是做了很多思想发动工作的,这就为召开三中全会打下了一个很好的思想基础。[2]

人的行动是受思想指导和支配的。对思想领域的状况和动向进

---

[1]《邓小平文选》第2卷,第127、128页。
[2]王恩茂谈话录像,《大型电视文献纪录片〈邓小平〉》,中央文献出版社1997年1月版,第128—129页。

行深刻分析，从思想路线的拨乱反正入手，并且使它真正为广大干部和民众所接受，这就从千头万绪中抓住了要端，使它成为改革开放能够成功地展开的正确起点。

接着，邓小平在视察鞍山钢铁公司时又提出一些重要主张："世界在发展，我们不在技术上前进，不要说超过，赶都赶不上去，那才真正是爬行主义。我们要以世界的先进科学技术成果作为我们发展的起点。""引进先进技术设备后，一定要按照国际先进的管理方法、先进的经营方法、先进的定额来管理，也就是按照经济规律管理经济。一句话，就是要革命，不要改良，不要修修补补。""要加大地方的权力。企业要有主动权、机动权，如用人多少，要增加点什么，减少点什么，应该有权处理……以后既要考虑给企业的干部权力，也要对他们进行考核，要讲责任制，迫使大家想问题。现在我们的上层建筑非改不行。"[1]

一个月后，邓小平应日本政府邀请，从十月二十二日至二十九日访问日本，出席中日和平友好条约两国批准书互换仪式。这是中国国家领导人第一次访问日本。在日本，他参观了日产汽车公司、日本钢铁公司君津钢铁厂、松下电器产业公司茨木工厂等。在神奈川的日产汽车公司，邓小平了解到，这里每个工人平均年产汽车九十四辆，而当时中国长春第一汽车制造厂每个工人平均年产汽车只有一辆。他感慨地说，我懂得什么是现代化了。在乘坐新干线超特快列车往京都访问时，他应日本记者之请谈对新干线的观感，说："就感觉到快，有催人跑的意思。"[2]接着，他又访问了泰国、马来西亚、新加坡三国，去看看这几个周边的发展中国家是怎样得

---

[1]《邓小平文选》第2卷，第129—131页。
[2] 邓小平谈话录像，《大型电视文献纪录片〈邓小平〉》，第129、145页。

到较快的经济增长的，特别是了解他们利用外资的一些情况。一回国，他就参加中共十一届三中全会前的中央工作会议。

中共十一届三中全会

一九七八年十二月召开的中共十一届三中全会，是新中国成立以来具有深远意义的伟大转折。它的意义远不限于结束了粉碎"四人帮"后的两年徘徊，而且开创了中国社会主义现代化建设的全新局面，使它成为二十世纪中国第三次历史性巨大变化的起点。

十一届三中全会前，从十一月十日至十二月十五日，中共中央召开了三十五天的中央工作会议。这是三中全会的重要准备。

华国锋在会议第一天宣布：这次会议的主要议程有三项：一是讨论如何进一步贯彻执行以农业为基础的方针，尽快把农业生产搞上去；二是商定一九七九、一九八〇年国民经济计划的安排；三是讨论李先念在国务院务虚会上的讲话。他还宣布了中央政治局的一个决定：从明年一月起，把全党工作的着重点转移到社会主义现代化建设上来。大家对工作着重点的转移都是同意的，但认为有些重要问题如果不先解决，就不能很好地实现工作着重点的转移。"由于绝大多数与会者的意志，会议没有按预定计划进行，实际上主要集中讨论的是：一些重大的历史遗留问题，对几个中央负责同志的批评意见，关于真理标准讨论的问题，关于中央人事的调整问题。"[1]

会议第三天，陈云在东北组作了一篇引起很大震动的发言。他

---

[1] 程中原、王玉祥、李正华：《1976—1981年的中国》，中央文献出版社1998年12月版，第195页。

一开始说："中央政治局常委、中央政治局一致主张，从明年起把工作着重点转到社会主义建设上来。实现四个现代化是全党和全国人民的迫切愿望。我完全同意中央的意见。"接着，他尖锐地提出："安定团结也是全党和全国人民关心的事。干部和群众对党内是否能安定团结，是有所顾虑的。""对有些遗留的问题，影响大或者涉及面很广的问题，是需要由中央考虑和作出决定的。对此，中央应该给以考虑和决定。"[1]他列举六个问题。这些问题是：薄一波等六十一人所谓叛徒集团一案，一九三七年七月七日中央组织部关于所谓自首分子的决定，陶铸一案，彭德怀的评价，一九七六年四月悼念周总理、反对"四人帮"的天安门事件，康生的错误。

陈云提出的，确实都是"影响大或者涉及面很广的问题"，而且表达了党内许多人希望尽快解决这些问题的普遍呼声和要求。粉碎"四人帮"已经两年，中央对这些重大问题迟迟没有作出决定，反映出要大踏步前进还存在严重阻力，干部和群众"有所顾虑"是十分自然的。这些是实现历史性转折必须首先扫除的障碍。

陈云的发言在简报上全文刊出后，在与会者中引起强烈反响，会议的气氛顿时活跃起来。大家议论纷纷，同意陈云提出的"有错必纠"的原则，这事实上也是针对"两个凡是"来说的，并且又提出其他一些重大的历史遗留问题。十一月二十五日，华国锋代表政治局在大会上讲话，对提出的这些冤假错案以及所谓"反击右倾翻案风""二月逆流"和杨尚昆等问题明确进行平反。

接着，会议又转到对真理标准问题讨论这件事上来。经过激烈的争辩，取得了共同的认识。华国锋对"两个凡是"作了自我批评。

---

[1]《陈云文选》第3卷，第232页。

会上还对几个中央领导人在粉碎"四人帮"后工作中的错误提出批评。"理由很简单,提出了历史遗留问题、真理标准讨论问题,很自然就会联系到,这些问题为什么会有阻力?阻力来自哪里?""从发言的内容看,批评意见主要集中在汪东兴、纪登奎、陈锡联、吴德四位政治局委员。"[1]他们也分别作了自我批评。

中央工作会议原来准备开二十多天,结果开了三十六天。十二月十三日,邓小平在会上作了题为《解放思想,实事求是,团结一致向前看》的讲话。这个讲话实际上成为十一届三中全会的主题报告。

邓小平充分肯定这次中央工作会议,说:"这次会议开得很好,很成功,在党的历史上有重要意义。我们党多年以来没有开过这样的会了,这一次恢复和发扬了党的民主传统,开得生动活泼。我们要把这种风气扩大到全党、全军和全国各族人民中去。"

他首先强调一定要解放思想,尖锐地指出这是中国能不能前进的关键,并且肯定正在全国展开的真理标准问题的讨论实际上是要不要解放思想的争论,说:

> 一个党,一个国家,一个民族,如果一切从本本出发,思想僵化,迷信盛行,那它就不能前进,它的生机就停止了,就要亡党亡国。
>
> 实事求是,是无产阶级世界观的基础,是马克思主义的思想基础。过去我们搞革命所取得的一切胜利,是靠实事求是;现在我们要实现四个现代化,同样要靠实事求是。

---

[1] 程中原、王玉祥、李正华:《1976—1981年的中国》,第213页。

在党和人民群众中，肯动脑筋、肯想问题的人愈多，对我们的事业就愈有利。干革命、搞建设，都要有一批勇于思考、勇于探索、勇于创新的闯将。

他指出，民主是解放思想的重要条件，并且着重讲了发扬经济民主的问题，提出要改变管理权力过于集中的状况，扩大基层的经营自主权，这是推进经济改革的重要指导思想。他说："现在我国的经济管理体制权力过于集中，应该有计划地大胆下放，否则就不利于充分发挥国家、地方、企业和劳动者个人四个方面的积极性，也不利于实行现代化的经济管理和提高劳动生产率。应该让地方和企业、生产队有更多的经营管理的自主权。"对民主和法制的关系，他说："为了保障人民民主，必须加强法制"，"做到有法可依，有法必依，执法必严，违法必究。"他强调："必须使民主法制化、法律化，使这种制度和法律不因领导人的改变而改变，不因领导人的看法和注意力的改变而改变。"

他指出，处理历史遗留问题为的是向前看，为了顺利实现全党工作重心的转变。这里，有一个对毛泽东的评价问题。他深情地说：

回想在一九二七年革命失败以后，如果没有毛泽东同志的卓越领导，中国革命有极大的可能到现在还没有胜利，那样，中国各族人民就还处在帝国主义、封建主义、官僚资本主义的反动统治之下，我们党就还在黑暗中苦斗。所以说没有毛泽东就没有新中国，这丝毫不是什么夸张。毛泽东思想培育了我们整整一代人。我们在座的同志，可以说都是毛泽东思想教育出来的。没有毛泽东思想，就没有今天的中国共产党，这也丝毫不是什么夸张。毛泽东思想永远是我们全党、全军、全国各族人民的最宝贵的精神财富。我们要完整地准确地理解和掌握毛泽东思想的科学原理，并在新的历史条件下加以发展。当然，毛泽东同志不是没有缺点、错误的，要求一个革命领袖没有缺点、错误，那不是马克思主义。

他最后要求大家：要及时地研究新情况和解决新问题，尤其要注意管理方法、管理制度、经济政策这三方面的问题。在管理方法上，当前要特别注意克服官僚主义，学会用经济方法管理经济，自己不懂就要向懂行的人学习，向外国的管理方法学习，全面地转到社会化的大生产的技术基础上来。在管理制度上，要特别注意加强责任制，做到职责分明，通过赏罚严明，在各条战线上形成你追我赶、争当先进、奋发向上的风气。在经济政策上，他提出一个重要思想：

> 我认为要允许一部分地区、一部分企业、一部分工人农民，由于辛勤努力成绩大而收入先多一些，生活先好起来。一部分人生活先好起来，就必然产生极大的示范力量，影响左邻右舍，带动其他地区、其他单位的人们向他们学习。这样，就会使整个国家经济不断地波浪式地向前发展，使全国各族人民都能比较快地富裕起来。
>
> 这是一个大政策，一个能够影响和带动整个国民经济的政策，建议同志们认真加以考虑和研究。[1]

---

[1]《邓小平文选》第2卷，第140、143、145、146、147、148、149、152页。

这个讲话中，提出了实现历史转折面临的一系列关键问题，为十一届三中全会明确了指导思想。它是"文化大革命"结束以后，中国社会主义事业的发展面临向何处去的重大历史关头，冲破"两个凡是"的禁锢，开辟历史的新时期新道路，开创中国特色社会主义新道路的宣言书。

在中央工作会议结束到十一届三中全会召开之间，还有一件重要事情，那就是中美两国经过近半年的谈判，在十二月十六日宣布建立外交关系。这次谈判，是在邓小平直接参与下完成的。美国总统卡特在十二月十四日的日记中写道："他的果断令我们印象深刻。"[1]两国在建交的《联合公报》中说：

> 中华人民共和国和美利坚合众国商定自一九七九年一月一日起互相承认并建立外交关系。
>
> 美利坚合众国承认中华人民共和国是中国的唯一合法政府。在此范围内，美国人民将同台湾人民保持文化、商务和其他非官方关系。[2]

美国是世界上最大的发达国家。中国是世界上最大的发展中国家。中美建交，结束了两国间长达三十年的不正常状态，对亚洲和世界和平作出了重大贡献。它是两国关系中具有历史意义的重大转折，为促进两国人民的相互了解和接近，为进一步发展两国各个领域的交流和合作，开辟了新的广阔前景，对中国的改革开放也创造了新的有利条件。

---

[1]〔美〕吉米·卡特：《在中美建交二十八周年纪念会上的演讲》，2007年12月5日。
[2]《人民日报》1978年12月17日。

这时，中共十一届三中全会胜利召开的各方面条件已经成熟，到了水到渠成的时候。

思想解放的闸门一打开，什么样的主张都有。但是，一个国家、一个民族要前进，必须有明确的共同方向。没有这种坚定明确的方向感，就像大海上的一叶扁舟，随着时代潮流漂来漂去，是很危险的。如果犹豫迟疑，拖延不决，也会丧失时机，以致重走弯路。

一九七八年十二月十八日至二十二日，具有历史转折意义的中共十一届三中全会在北京举行。由于已经有了中央工作会议的充分准备，这次会只开了五天。

全会最突出的贡献，是冲破长期"左"的错误的严重束缚，作出把党和国家的工作重点转移到社会主义现代化建设上来和实行改革开放的战略决策。这是一个划时代的转变。胡乔木在谈三中全会的意义时曾写道："我们不是为革命而革命，不是为阶级斗争而阶级斗争。革命、革命战争，这不是我们的目的，这是我们为达到目的所必须采取的方法。我们建立无产阶级专政，这也不是我们的根本目的，它也是一个方法，一个手段，目的还是为了建设社会主义、共产主义，来提高全体人民的物质文化生活水平，最后达到各尽所能、按需分配这个理想。""社会主义、共产主义是要靠经济建设才能实现的，离开了经济建设就谈不到实现社会主义、共产主义。""我们现在把工作中心转到建设社会主义经济、实现四个现代化方面来，我们现在的物质基础更加强大，国内、国际的条件更加有利，但更重要的是全党和全国人民对要实现这个转变的思想认识更加统一，更加明确，更加清醒。"[1]同时，全会也针对已察觉的

---

[1]《胡乔木文集》第2卷，第94、95、98、97页。

"全面跃进"错误进行纠正。

全会的《公报》对这次会议作出的重大决断作了概括的叙述,写道:

> 全会一致同意华国锋同志代表中央政治局所提出的决策,现在就应当适应国内外形势的发展,及时地、果断地结束全国范围的大规模的揭批林彪、"四人帮"的群众运动,把全党工作的着重点和全国人民的注意力转移到社会主义现代化建设上来。
>
> 实现四个现代化,要求大幅度地提高生产力,也就必然要求多方面地改变同生产力发展不适应的生产关系和上层建筑,改变一切不适应的管理方式、活动方式和思想方式,因而是一场广泛、深刻的革命。
>
> 必须看到,由于林彪、"四人帮"的长期破坏,国民经济还存在不少问题。一些重大的比例失调状况没有完全改变过来,生产、建设、流通、分配中的一些混乱现象没有完全消除,城乡人民生活中多年积累下来的一系列问题必须妥善解决。我们必须在这几年中认真地逐步地解决这些问题,切实做到综合平衡,以便为迅速发展奠定稳固的基础。
>
> 现在,我们实现了安定团结的政治局面,恢复和坚持了长时期行之有效的各项经济政策,又根据新的历史条件和实践经验,采取一系列新的重大的经济措施,对经济管理体制和经营管理方法着手认真的改革,在自力更生的基础上积极发展同世界各国平等互利的经济合作,努力采用世界先进技术和先进设备,并大力加强实现现代化所必需的科学和教育工作。因此,

我国经济建设必将重新高速度地、稳定地向前发展，这是毫无疑义的。[1]

这就旗帜鲜明地揭开改革开放的序幕。

全会高度评价关于真理标准问题的讨论，要求进一步继承和发扬毛泽东倡导的实事求是的学风，解放思想，努力研究新情况新事物新问题，坚持正确的思想路线。

全会认真地讨论了"文化大革命"中发生的一些重大政治事件，也讨论了"文化大革命"前遗留下来的某些历史问题。决定撤销中央发出的有关"反击右倾翻案风"和天安门事件的错误文件。本着"实事求是，有错必纠"的原则，审查并纠正了过去对彭德怀、陶铸、薄一波、杨尚昆等所作的错误结论。

全会在组织上也作了关系重大的调整，增选陈云为中央政治局委员、政治局常委、中央副主席，邓颖超、胡耀邦、王震为政治局委员；增补黄克诚、宋任穷、胡乔木、习仲勋等九人为中央委员，将来提请十二大追认；决定成立中央纪律检查委员会，以陈云为第一书记，邓颖超为第二书记，胡耀邦为第三书记，黄克诚为常务书记。会后，政治局又决定任命胡耀邦为中共中央秘书长，胡乔木、姚依林为副秘书长。

经过这次全会后，事实上形成了以邓小平为核心的中共中央第二代领导集体。

对这次全会，邓小平向来访的金日成这样说："我们召开了十一届三中全会，批评了'两个凡是'，提出了'解放思想，开动

---

[1]《三中全会以来重要文献选编》〈上〉，人民出版社1982年8月版，第4、6、5页。

脑筋'的口号,提倡理论联系实际,一切从实际出发,肯定了实践是检验真理的唯一标准,重新确立了实事求是的思想路线。只有解决好思想路线问题,才能提出新的正确政策,首先是工作重点的转移,还有农村政策、对外关系政策,以及相应的一整套建设社会主义的政策。"[1]

十一届三中全会的历史意义,江泽民在纪念这次全会二十周年的大会上说:

> 十一届三中全会,是建国以来我党历史上具有深远意义的伟大转折。党在思想、政治、组织等领域的全面拨乱反正,是从这次全会开始的。伟大的社会主义改革开放,是由这次全会揭开序幕的。建设有中国特色社会主义的新道路,是以这次全会为起点开辟的。当代中国的马克思主义——邓小平理论,是在这次全会前后开始逐步形成和发展起来的。十一届三中全会是一个光辉的标志,它表明中国从此进入了社会主义事业发展的新时期。[2]

十一届三中全会结束后二十多天,理论工作务虚会在北京举行。

这次理论工作务虚会,是一九七八年九月叶剑英在国务院务虚会结束后提议召开,并得到中央政治局常委同意的。它本来准备在三中全会之前举行,后来因为有其他更迫切需要解决的问题,所以推迟到三中全会以后。

---

[1]《邓小平文选》第3卷,第10页。
[2]《十五大以来重要文献选编》(上),第673页。

理论务虚会分为两个阶段，第一阶段由中共中央宣传部和中国社会科学院联合召开，从一九七九年一月十八日开始举行。参加的有理论工作者一百六十多人，主要是开小组会。会前，把胡耀邦的《理论工作务虚会引言》、胡乔木的《关于社会主义时期阶级斗争的一些提法问题》等印发给大家。

胡耀邦在《引言》中说：粉碎"四人帮"以后，我们的思想理论战线面临拨乱反正、正本清源的工作。这次会议的目的：第一，要总结理论宣传战线的基本经验教训；第二，要研究全党工作重心转移之后理论宣传工作的根本任务。会议的开法，应当推广三中全会和中央工作会议的那种会风，大家解放思想，开动脑筋，畅所欲言。他认为，今天摆在理论宣传工作者面前的，有两方面的任务：一方面是继续扫清我们前进道路上的思想障碍；另一个更重要的方面，是用马克思列宁主义、毛泽东思想作指导，研究和解决伟大转变中层出不穷的新问题。在务虚会第一天的讲话中，他还提出："今后要撰写一批理论文章。分两个方面：一是林彪、'四人帮'搞乱了的，没有批深批透的，甚至还没有触及到的问题；二是目前出现的新事物，提出的新问题，如社会主义的计划经济、经营管理，特别是今年如何加快发展农业的问题。"[1]

胡乔木的文章说："现在，思想理论工作正处在一个重要的历史时期，由于林彪、'四人帮'的长期干扰，有些旧的说法需要继续清理。我们应当有足够的理论上的勇气，敢于提出问题，解决问题。"他提出几个重要问题，如"无产阶级专政下继续革命"这个口号，究竟是什么含义，继续使用好不好；又如"'以阶级斗争为

---

[1] 程中原、王玉祥、李正华：《1976—1981年的中国》，第291页。

纲'，应当怎样理解？""不讲清楚就会引起思想上和实际工作中的混乱。人们会认为，只要还有残余形态的阶级斗争，这种斗争就还是社会前进的动力。这样势必造成阶级斗争的人为的扩大化。"还有，"党内斗争，是否都是社会阶级斗争的反映，都是路线斗争？党的历史是否只是路线斗争的历史？"[1]

会议的讨论十分活跃。开始时，集中批评"两个凡是"的错误，进一步分清理论是非。以后，就转到对其他重大理论问题的讨论上去，首先是社会主义时期的阶级斗争问题，还有社会主义民主问题、经济理论和实际问题、党史问题、国际问题、文艺问题等。所有这些，又几乎都涉及对毛泽东和毛泽东思想的评价。

会议的第一阶段，到二月十五日结束。

与会者畅所欲言，相互启发，对许多重大理论问题进行深入探讨，提出不少有价值的真知灼见。会上，也出现一种现象：有些人思想偏激，从一个极端走向另一个极端，发表了一些错误意见。在历史处在重大变动和转折的时刻，出现这种现象并不奇怪。

那时，在社会上还存在着不安定的因素。"林彪、'四人帮'的流毒，特别是派性和无政府主义的流毒，同一些怀疑社会主义、怀疑无产阶级专政、怀疑党的领导、怀疑马列主义毛泽东思想的思潮相结合，开始在一小部分人中间蔓延。"这种现象，相当集中地表现在北京所谓"西单民主墙"的一部分大字报中，具有很大的煽动性。有人还以"中国人权同盟"的名义，在西单墙上贴出宣言，要求美国总统"关怀"中国的"人权"问题。每天围观的人很多。"在一些地方出现了少数人的闹事现象。有些坏分子不但不接受党和政

---

[1]《三中全会以来重要文献选编》（上），第38、40、41页。

府负责人的引导、劝告、解释，并且提出种种在目前不可能实现的或者根本不合理的要求，煽动、诱骗一部分群众冲击党政机关，占领办公室，实行静坐绝食，阻断交通，严重破坏工作秩序、生产秩序和社会秩序。不但如此，他们还耸人听闻地提出什么'反饥饿'、'要人权'等口号，在这些口号下煽动一部分人游行示威，蓄谋让外国人把他们的言论行动拿到世界上去广为宣传。"[1]这些，使人重新想起"文化大革命"中无政府主义泛滥、到处打砸抢的那些日子，并且又有了新的内容。

举一个例子：北京市公园服务管理处有个工人名叫魏京生的，在"西单民主墙"张贴大字报，并私自编印和散发一份油印刊物《探索》。"他在'文章'、刊物中诽谤马列主义、毛泽东思想'是比江湖骗子的膏药更高明一些的膏药'，污蔑我国无产阶级专政的国家制度'是披着社会主义外衣的封建君主制'，煽动群众不要再相信独裁者的'安定团结'，'把怒火集中在制造人民悲惨境遇的罪恶制度上'，煽动要'把权力从这些老爷手里夺过来'。"[2]

这些人一般都打着"民主"的幌子，利用"文化大革命"遗留的一些社会问题，开始结成秘密的或者半公开的组织，并且同国外的敌对势力相勾结，破坏党和国家工作着重点的转移。集中力量发展经济，进行现代化建设，必须有一个安定的社会政治环境。如果对这些严重现象熟视无睹，听任它发展下去，各级党政机关都将被他们困扰得无法工作，哪里还顾得上考虑现代化建设？"文化大革命"中，这样的教训够多了。理论务虚会上，也有些人认为对"西单民主墙"应该给予支持，还写了正式建议，要会议领导小组向中

---

[1]《邓小平文选》第2卷，第162、173页。
[2]《北京市中级人民法院公审反革命犯魏京生》，《人民日报》1979年10月17日。

央反映。

邓小平敏锐地一眼看清问题的实质，旗帜鲜明地出来作了回答。三月二十八日，理论务虚会第二阶段开始。会议改由中共中央主持，名称改为全国理论工作务虚会，出席人数增加到四百多人。三十日，邓小平在人民大会堂代表中共中央作了题为《坚持四项基本原则》的报告。听讲的，还有中央、国家机关和北京市的领导干部。

邓小平在报告中充分肯定中央工作会议和三中全会的重大意义："政治和经济形势，使全党有可能把工作着重点从今年起转移到社会主义现代化建设上来。这是我国历史上的一个伟大的转折。虽然过去我们已经进行了多年的社会主义建设，但是我们仍然有足够的理由说，这是一个新的历史发展阶段的开端。三个多月形势的发展，充分证明三中全会的方针是正确的，是受到全党和全国各族人民坚决拥护的。"

他也肯定这次理论工作务虚会："大家敞开思想，各抒己见，提出了不少值得注意、需要研究的问题，总的说来开得是有成绩的。"

针对当时出现的那股否定四项基本原则的错误思潮，邓小平从关系国家前途命运的全局出发，重申并深刻地阐述了在中国为什么必须坚持四项基本原则这个根本的政治问题。他毫不含糊地说：

> 中央认为，我们要在中国实现四个现代化，必须在思想政治上坚持四项基本原则。这是实现四个现代化的根本前提。这四项是：第一，必须坚持社会主义道路；第二，必须坚持无产阶级专政；第三，必须坚持共产党的领导；第四，必须坚持马

列主义、毛泽东思想。

　　大家知道，这四项基本原则并不是新的东西，是我们党长期以来所一贯坚持的。粉碎"四人帮"以至三中全会以来，党中央实行的一系列方针政策，一直是坚持这四项基本原则的。

　　中央认为，今天必须反复强调坚持这四项基本原则，因为某些人（哪怕只是极少数人）企图动摇这些基本原则。这是决不许可的。每个共产党员，更不必说每个党的思想理论工作者，决不允许在这个根本立场上有丝毫动摇。如果动摇了这四项原则中的任何一项，那就动摇了整个社会主义事业，整个现代化建设事业。

　　以上所说的，同三中全会的精神有没有不一致的地方？没有。这里所说的一切，都是为贯彻执行三中全会各项方针政策所必须采取的措施。再说一遍，不采取这些措施，三中全会的方针政策就要落空，工作着重点的转移就要落空，四个现代化建设就要落空，党内外民主生活的发展也要落空。[1]

　　要开辟一个新的历史时期，不能停留在应对当前种种迫切问题上，需要有一个全盘而长远的总设计。到这时，以经济建设为中心、坚持四项基本原则、坚持改革开放这些作为新时期基本路线指导思想的"一个中心、两个基本点"，在很短时间内都已十分明确地提出来，使人们在前进中有了共同的衡量是非的标准。中国的改革开放和现代化建设，从一开始就在明确而坚定的大方向指引下进行，不再有大的摇摆。人们开始在新的起点上阔步前进。

――――――――――

[1]《邓小平文选》第2卷，第159、158、164、165、173、178页。

拨乱反正和全面改革开放的起步

怎样在已经指明的大方向下开始社会主义现代化建设的起步？十一届三中全会后面对着三项任务：一是调整国民经济，二是完成拨乱反正，三是部署和展开全面改革开放。

把工作着重点转到社会主义现代化建设上来，首先碰到的问题是要使多年来造成的经济比例关系严重失调的状况得到调整，否则谈不上国民经济能有稳定的、确实可靠的快速发展。

对这个问题，一直存在着不同意见的争论。十一届三中全会前的中央工作会议上，陈云针对当时已出现的经济过热现象，提出"循序而进"的主张。那时，华国锋认为，日本实现现代化只有十三年，德国、丹麦也是十几年，今年我们起步是三千万吨钢，日本起步时只有两千万吨钢，我们有优越的社会主义制度，只要路线方针政策正确，安定团结，调动积极因素，可以赶上去。陈云则以为："我们要坚持实事求是，就是要根据现状，找出解决问题的办法。首先弄清事实，这是关键问题。""我们的起点，是三千万吨钢。但是，不能光看钢铁这个指标。我们和日、德、英、法不同，工业基础不如他们，技术力量不如他们，这两点是很重要的。""要循序而进，不要一拥而上。一拥而上，看起来好像快，实际上欲速则不达。"他提出，生产和基本建设都不能有材料的缺口："各方面都要上，样样有缺口，表面上好看，挤来挤去，胖子挤了瘦子，实际上挤了农业、轻工业和城市建设。""材料如有缺口，不论是中央项目或地方项目，都不能安排。"[1]

---

[1]《陈云文选》第3卷，第235—237页。

一九七九年三月十四日陈云和李先念又联名给中央写信，建议："（一）前进的步子要稳。不要再折腾，必须避免反复和出现大的'马鞍形'。（二）从长期来看，国民经济能做到按比例发展就是最快的速度。（三）现在的国民经济是没有综合平衡的。比例失调的情况是相当严重的。（四）要有两三年的调整时期，才能把各方面的比例失调情况大体上调整过来。"[1]

邓小平完全支持这个意见，认为经济在总的前进中需要有一段调整的时间。他在一月六日对余秋里、谷牧等说："我们对经济建设的方针、规划要进行一些调整。""有些指标要压缩一下，不然不踏实，不可靠。"[2]他指出，中心任务是三年调整，这是个大方针、大政策。首先要有决心，东照顾西照顾不行，决心很大才干得成。三月三十日，他在理论务虚会的报告中说："这次调整同六十年代初期的调整不同。这次调整是前进中的调整，是为了给实现四个现代化打好稳固的基础。但是局部的后退是必要的，有些不切实际的和对整个经济害多利少的高指标要坚决降下来，有些管理不善、严重亏损的企业要限期整顿，甚至于停下来整顿。退一步才能进两步。同时，为了有效地实现四个现代化，必须认真解决各种经济体制问题，这也是一种大规模的很复杂的调整。我们今年能把第一年的调整工作做好，就是一个巨大的前进，就是为工作着重点转移创造良好的开端。"[3]华国锋也表示：不调整好国民经济各部分的比例关系，就谈不上实现四个现代化。

根据中央的决定，成立国务院财政经济委员会，作为决定财经

---

[1]《陈云文选》第3卷，第246页。
[2] 冷溶、汪作玲主编：《邓小平年谱（1975—1997）》（上），第466页。
[3]《邓小平文选》第2卷，第161页。

工作大事的决策机构,由陈云任主任,李先念任副主任,姚依林任秘书长。四月五日至二十八日,中共中央召开中央工作会议,李先念作了《关于国民经济调整问题》的报告。会议决定自一九七九年起,用三年时间对国民经济实行以调整为中心的"调整、改革、整顿、提高"的方针。在调整中着重调整农轻重、积累与消费之间的比例关系。这是十一届三中全会后对国民经济如何发展作出的一项重要决定。李先念在报告中说:"我们的资金有限,技术力量不足,人口又多,搞现代化不能不考虑先化什么后化什么的问题。一定要分清轻重缓急,有一个合理的安排。""只有按比例,才有高速度。"[1]

开始执行这个方针时,许多干部对经济比例失调的严重性认识不足,仍一股劲地急于大干快上,思想不尽一致。有些人说刚提出要三年大见成效,怎么一下子又来了个调整,接受不了。许多地方和部门仍争着上项目,只讲主观需要,不管客观可能。还有人担心强调调整会把气泄下来。因此,头两年调整的行动迟缓,特别是削减基建规模没有达到预定要求,连年出现巨额赤字,一九七九年的赤字达到一百七十亿元。这是建国以来最大的,成为一个突出问题,物价上涨较多。到一九八〇年十月,经济中的问题暴露得更加明显:农业因灾减产,能源供应不足,特别是基本建设项目该退的没有退够,各地又盲目上了一批重复建设的项目,国家的开支大大超过负担能力,又没有新的重大财源,只有靠发票子来应付,两年内通货增加了百分之五十。连续出现这样大的赤字,是支撑不下去的。如果不下决心动大手术,潜伏着的危险积累到一定程度就会爆

---

[1]《李先念文选》第356、355页。

发。但一些地方和部门只看到自己的局部，没有清醒地认识这种潜伏着的巨大危险。

十一月二十八日，中共中央举行政治局常委和书记处书记会议。陈云在会上再次强调："好事要做，又要量力而行。"有人说耽误了时间，现在耽误三年时间有什么？"历史上有人讲我是右倾机会主义，我就再机会主义一次。"[1]邓小平同意陈云的意见，说：要考虑国务院的调整退得够不够，不退够要延长时间，真正大的调整是从明年开始。通过这次调整把生产搞得扎扎实实的，质量搞得好一些。调整期间的权力要集中，历来克服困难都是讲集中。[2]李先念也发言，同意他们的意见。

十月十六日至二十五日，中共中央召开工作会议，确定经济上进一步调整、政治上进一步安定的方针。陈云在会上说：经济形势很好，但要看到不利的一面：涨价商品的面相当大，影响人民的生活。"这种涨价的形势如果不加制止，人民是很不满意的。经济形势的不稳定，可以引起政治形势的不稳定。""搞经济建设的最后目的，是为了改善人民的生活。搞国防建设，也是为了保障人民生活的改善。因为只能量力而行，所以有些好事不能一时就办到。""必须指出，开国以来经济建设方面的主要错误是'左'的错误。"[3]邓小平在会上表示完全同意陈云的讲话。他说："为什么在实现四个现代化的过程中，会出现调整或部分后退的问题呢？这是因为，如果不调整，该退的不退或不退够，我们的经济就不能稳步前进。""所谓某些方面要退够，主要是说，基本建设要退够，一些

---

[1]《陈云文集》第3卷，第471页。
[2] 冷溶、汪作玲主编：《邓小平年谱（1975—1997）》（上），第695页。
[3]《陈云文选》第3卷，第277、278、280、281、282页。

生产条件不足的企业要关、停、并、转或减少生产，行政费用（包括国防开支和一切企业事业单位的行政管理费用）要紧缩，使财政收支、信贷收支达到平衡。生产建设、行政设施、人民生活的改善，都要量力而行，量入为出。这就是实事求是。下决心这样做，表明我们真正解放了思想，摆脱了多年来'左'的错误指导方针的束缚。"[1]中央工作会议上作出了相应的决定，其中最重要的是一九八一年基本建设投资比上年减少百分之四十。随后，国务院又采取措施：冻结各单位的上年存款，控制银行贷款和货币发行。

下了这样大的决心，从第三年即一九八一年开始，情况很快有了改变。国民经济的发展在保持较高速度的条件下，降低过高指标，使农业和工业、轻工业和重工业、燃料动力业和其他工业、积累和消费的比例关系逐渐趋向合理，财政赤字大幅度缩小，降至三十七亿元，避免了一次原来潜伏着的危机发生。

和六十年代初那次调整不同：那一次困难重重，只得下"壮士断腕"的决心，开始调整时生产和基本建设的总规模都不得不大幅度退下来；而这一次是边前进边调整，在前进中调整经济比例关系，降低过高指标，使各项指标的比例更加合理，生产和基本建设规模继续增长，经济平稳发展，没有出现上次那样大起大落的情况。一九七九年，国内生产总值比上年增长百分之七点六，工业总产值增长百分之八点八一，农业总产值增长百分之七点五。一九八〇年，国内生产总值增长百分之七点八，工业总产值增长百分之九点二七，农业总产值增长百分之一点四。一九八一年，国内生产总值增长百分之五点二，工业总产值增长百分之四点二九，农业总产

---

[1]《邓小平文选》第2卷，第355页。

值增长百分之五点八。调整中有保有压。对宝钢这样对国民经济发展有重大意义，并且工程建设进度良好的特大项目，在经过反复调查和研究后不但没有下马，而且决心干到底。以后事实证明，这个决策是正确的。

邓小平对一九七九年十月中央工作会议确定调整方针这件事评价很高。他在一九八三年三月说："现在看起来，没有那次会议进一步明确八字方针，而且以调整为核心，就没有今天的形势。"[1]

调整国民经济的效果十分明显。财政赤字在一九七九年最高，占国内生产总值的百分之三点三五，超过国际警戒线。经过调整，一九八一年赤字大大缩减，在国民经济继续增长的同时，物价趋于稳定。农民在一九八二年的人均收入，比一九七八年增长一倍。城市职工家庭在一九八二年的人均收入，比一九七八年增长百分之三十八点五。人民生活得到较大幅度的改善，城乡差距在这段时期内得到缩小。

当时，人口问题已成为影响国民经济较快发展等方方面面的突出问题。在"文化大革命"期间，由于很长时间内几乎处在无政府状态中，全国人口总数急剧膨胀。只要比较一下就可以看出：在一九五四年突破六亿人到一九六四年突破七亿人，用了十年；而到一九六九年突破八亿人，只用了五年；到了一九七四年突破九亿人，也只用了五年。[2]这两次人口总数的大幅度增加，大体正在"文化大革命"期间。人口的剧增，使人均粮食拥有量下降，使市场供应、住房、交通、教育、医疗以及劳动就业等方面的困难大大增加。一九八〇年全国人口总数已达九亿八千七百零五万人，直逼十亿大

---

[1] 冷溶、汪作玲主编：《邓小平年谱（1975—1997）》（下），第895页。
[2] 国家统计局编：《新中国五十年》，第535页。

关。这年九月二十五日，中共中央发出《关于控制我国人口增长问题致全体共产党员共青团员的公开信》，一开始就明确指出："为了争取在本世纪末把我国人口总数控制在十二亿以内，国务院已经向全国人民发出号召，提倡一对夫妇只生育一个孩子。这是一项关系到四个现代化建设的速度和前途，关系到子孙后代的健康和幸福，符合全国人民长远利益和当前利益的重大措施。中央要求所有共产党员、共青团员特别是各级干部，用实际行动带头响应国务院的号召，并且积极负责地、耐心细致地向广大群众进行宣传教育。"[1]这是推行计划生育工作中一个极为引人注目的大动作。这以后，人口出生率的增长逐渐得到控制。

中国的经济经过调整，安然度过困难时期，走上稳步发展的健康轨道，为中共中央十二大能够制订出本世纪内"翻两番""两步走"的较长期规划准备了重要条件。

文化教育科技事业表现得十分活跃，对提高全民族的思想道德和科学文化素质发挥了积极作用。文艺界在相隔十九年后召开中国文学艺术工作者第四次全国代表大会。会上，茅盾致开幕词，周扬作工作报告，夏衍致闭幕词。邓小平代表中共中央、国务院向大会致祝词。他说："人民是文艺工作者的母亲。一切进步文艺工作者的艺术生命，就在于他们同人民之间的血肉联系。忘记、忽略或是割断这种联系，艺术生命就会枯竭。人民需要艺术，艺术更需要人民。自觉地在人民的生活中汲取题材、主题、情节、语言、诗情和画意，用人民创造历史的奋发精神来哺育自己，这就是我们社会主义文艺事业兴旺发达的根本道路。"[2]文艺工作者心情舒畅、创作

---

[1]《三中全会以来重要文献选编》（上），第535页。
[2]《邓小平文选》第2卷，第211—212页。

热情高涨。文学题材得到广泛拓展，艺术表现形式和风格日益多样化。短时间内创作出许多优秀的小说、诗歌、戏剧、电影、曲艺、报告文学以及音乐、舞蹈、摄影、美术等作品。教育事业在恢复高等学校统一招生制度以后，又恢复研究生招生，并开始实行学位制度。中小学和职业学校教育得到加强。科技事业按照"经济建设必须依靠科学技术，科学技术必须面向经济建设"的方针蓬勃发展，队伍迅速扩大，取得一系列较高水平的成果。一九八〇年五月，中国向南太平洋海域发射远程运载火箭准确落在预定海域。第二年九月，又第一次用一枚运载火箭发射三颗不同用途的空间物理探测卫星取得成功。

国防和军队建设，在进入八十年代后以很大力量抓了精简整编和"消肿"工作。这是根据对国际形势的科学判断和提高军队战斗力的需要提出的。一九八〇年三月十二日，邓小平在中央军委常委扩大会议上说："冷静地判断国防形势，多争取一点时间不打仗还是可能的。在这段时间里，我们应当尽可能地减少军费开支来加强国家建设。""军队人员过多，也妨碍军队装备的现代化。减少军队人员，把省下来的钱用于新装备，这是我们的方针。""总之，搞四个现代化也好，把军队搞精干、提高战斗力也好，都需要'消肿'。"他又提醒："现在打仗，我们的军官没有现代化战争的知识不行。""过去是在战争中训练，从战争中学习，而且那个学习是最过硬的。但是现在，即使有战争，不经过学校学习也不行，因为装备不同了，指挥现代化战争需要多方面的知识。"[1]

当时先后担任中央军委秘书长和国防部长的耿飚回忆道："根

---

[1]《邓小平文选》第2卷，第285、289页。

据党中央和中央军委对国际形势的分析以及据此作出的战略决策，我们认为在相当长的时期内，世界大战打不起来；因此必须利用这个和平环境，集中力量（包括人力、物力、财力）来搞好我国的经济建设。""精简消肿，不但不会削弱、反而可以加强部队的战斗力，而且节省下来的军费还可用于武器装备的现代化。""所以，我们十分重视此事，抓紧完成这个任务。光是把基建工程兵和铁道兵等部队成建制地划归国务院和地方有关部队，就使军队减少了几十万人。这是'文革'以后人民解放军的第一次大消肿。"[1]

军队的这次精简整编工作，从一九八〇年开始至一九八三年完成。"这些精简措施都是为了适应新形势、加强国家经济建设和我军现代化建设采取的重大行动。"[2]

拨乱反正，在十一届三中全会前后已经做了大量工作。真理标准问题的讨论，重新确立实事求是的思想路线，是思想路线上的拨乱反正。三中全会废止"以阶级斗争为纲"的方针，把党和国家的工作重点转移到社会主义现代化建设上来，集中力量发展社会生产力，是政治路线上最根本的拨乱反正。接着，邓小平又提出：思想路线、政治路线的实现要靠组织路线来保证，现在解决组织路线问题已经提到我们议事日程上来了。

邓小平特别抓紧由什么人来接班的问题，采取一系列措施，着手解决干部的革命化、年轻化、知识化、专业化问题，实行新老合作和交替，废除领导职务终身制，逐步实现干部队伍的梯形结构。一九七九年十一月，他在一次干部大会上指出："现在我们面临的

---

[1]《耿飚回忆录（1949—1992）》，江苏人民出版社1998年1月版，第300、301页。
[2]《刘华清回忆录》，第404页。

问题，是缺少一批年富力强的、有专业知识的干部。而没有这样一批干部，四个现代化就搞不起来。我们老干部要清醒地看到，选择接班人这件事情不能拖。否则，搞四个现代化就会变成一句空话。"[1]一九八〇年八九月间，第五届全国人大第三次会议根据中共中央的建议，接受华国锋辞去国务院总理职务的请求，决定由赵紫阳接任；同意邓小平、李先念、陈云、徐向前、王震、王任重不再担任国务院副总理，接受聂荣臻、刘伯承、张鼎丞、蔡畅、周建人辞去人大常委会副委员长。一九八一年六月，陈云主持起草了《关于老干部离休退休问题座谈会纪要》。七月一日，他在省、自治区、直辖市党委书记座谈会上作了《成千上万地提拔中青干部》的讲话，特别强调"成千上万"这四个字，说："只有成千上万地提拔经过选择的好的中青年干部，才能使我们的干部交接班稳定地进行。"[2]他讲完后，邓小平接着说："我们历来讲，这是个战略问题，是决定我们命运的问题。现在，解决这个问题已经是十分迫切了，再过三五年，如果我们不解决这个问题，要来一次灾难。"[3]

一九八二年二月二十日，中共中央作出《关于建立老干部退休制度的决定》，规定省部级干部离休退休年龄，正职一般不超过六十五岁，副职一般不超过六十岁；司局级干部，一般不超过六十岁。并且写道："建立老干部离休退休和退居二线的制度，妥善解决新老干部适当交替的问题，这是一场干部制度方面的深刻改革，是关系我们党兴旺发达，国家长治久安，社会主义现代化建设宏伟

---

[1]《邓小平文选》第2卷，第221页。
[2]《陈云文选》第3卷，第302页。
[3]《邓小平文选》第2卷，第384页。

事业能够顺利实现的具有战略意义的重大决策。"[1]这就改变了领导职务终身制，许多老干部愉快地离休、退休或退居二线，大批经过考验的优秀中青年干部先后走上领导岗位。干部队伍的结构发生重大变化。

平反冤假错案的工作，在十一届三中全会后进入全面展开的阶段。一九七八年十二月，宋任穷接任中央组织部部长。一九七九、一九八〇、一九八一这三年，共审理、结案两千六百六十七件，内有中央管理的干部四百九十四人，包括彭真、张闻天、李维汉、陆定一、乌兰夫、习仲勋等。"从一九八一年开始，各省、市、自治区相继把复查工作的重点转到'文化大革命'前其他历史遗留案件的复查工作上来了。"远的一直追溯到苏区肃反被错杀人员的历史遗留问题。宋任穷回忆道："其时间之长、内容之广、规模之大是我党历史上前所未有的，解决问题也是较彻底的。"[2]对错划为右派的人的改正工作，三中全会前已经开始，到一九八一年上半年结束。全国共改正五十四万多人的"错划右派"问题，占原划右派总数的百分之九十八以上。这些冤假错案如果不及时平反，就不可能实现安定团结的局面，不可能发挥各方面的积极性，顺利地实现工作着重点的转移。

在平反冤假错案中，影响最大的是一九八〇年二月的中共十一届五中全会为原中共中央副主席、国家主席刘少奇平反昭雪，恢复名誉，纠正了这起建国以来的最大冤案。全会公报写道：

近一年来，中央纪律检查委员会针对一九六八年十月党的

---

[1]《三中全会以来重要文献选编》（下），第1167页。
[2]《宋任穷回忆录》续集，第90、91页。

八届十二中全会提出的对刘少奇同志的各项"罪状",进行了周密的调查研究工作,反复核对材料,向中央作出了详尽确切的审查报告。中央政治局一致同意这个审查报告,据以作出关于为刘少奇同志平反的决议(草案)。全会经过严肃认真的讨论,一致通过这个决议,决定撤销党的八届十二中全会强加给刘少奇同志的"叛徒、内奸、工贼"的罪名和把刘少奇同志"永远开除出党,撤销党内外的一切职务"的错误决议,撤销原审查报告,恢复刘少奇同志作为伟大的马克思主义者和无产阶级革命家、党和国家的主要领导人之一的名誉;在适当的时候为刘少奇同志举行追悼会;因刘少奇同志问题株连造成的冤假错案,由有关部门予以平反;本着团结一致向前看的精神,把全会的决议向全党和全国人民进行传达,消除过去对刘少奇同志的错误处理造成的影响。[1]

与此同时,还采取一系列措施,调整各方面的社会关系,以调动一切积极因素,并尽可能化消极因素为积极因素。如一九七九年一月起,开始摘掉地主、富农分子的帽子,给予他们以农村人民公社社员的待遇;并为国民党起义、投诚人员落实政策。

思想路线、政治路线、组织路线上一系列的拨乱反正,使中国从"文化大革命"后的一片混乱中,重新理出头绪,走上了正常发展的轨道。这是进行社会主义现代化建设、实行改革开放所必需的前提。这些问题不解决,别的都无从谈起。

在拨乱反正的同时,改革开放在十一届三中全会后,也开始全

---

[1]《三中全会以来重要文献选编》(上),第440—441页。

面起步。

拨乱反正和改革开放,二者有联系又有区别。拨乱反正的着重点是纠正过去的错误,继承并发扬过去正确的东西。它更多地体现出十一届三中全会以前和以后之间一脉相承的关系。而改革开放,则是新时期最鲜明的特点。它是社会主义制度的自我完善和发展,在新的历史条件下作出新的创造和开拓,极大地调动起亿万人民的积极性,鼓舞他们努力赶上时代的前进潮流,给社会主义赋予新的生机和活力。

全面改革也有一个从哪里下手的问题。改革的浪潮首先从农村掀起。中国是一个农民占全国人口百分之八十的国家。农业是国民经济的基础。中国的事情能不能办好,农村状况具有决定意义。由于历史和现实的原因,中国农业生产长期处于落后状态。经过"文化大革命",随着人口总数的激增,农民人均分配的口粮和现金不但没有增加,而且比一九五七年和一九六五年还略有减少。农业生产的潜力是有的,但必须有切实有效的措施来保证它进一步发挥出来。陈云在十一届三中全会前的中央工作会议上强调提出:"要先把农民这一头安稳下来。""摆稳这一头,就是摆稳了大多数,七亿多人口稳定了,天下就大定了。"[1]

为了使农业生产有较快的发展,最重要的是要充分调动起广大农民的积极性。当时农村中相当普遍地存在"增产不增收,多劳不多得,分配不兑现(指只分口粮分不到现金)"的现象,严重妨碍了农民增产积极性的提高。十一届三中全会后的三年内,农村改革的主要内容是在广大农村实行家庭联产承包责任制,形成农户分散

---

[1]《陈云文选》第3卷,第236页。

经营与集体统一经营相结合的双层经营体制。它的特点是：以农民家庭或小组为承包单位，向村集体承包土地和其他生产资料，在生产和经营上拥有自主权，在分配上克服了平均主义。这是一项适合于中国现阶段农村生产力发展的实际水平和广大农民愿望的重大改革。

这场农村改革的烈火，从安徽等地开始点燃起来。安徽在"文化大革命"的十年间，粮食总产量一直徘徊在二百亿斤左右，再加上价格因素，农民实际生活水平有所下降。一九七八年，全省又遭受百年一遇的特大旱灾，直到九月还没有下雨，许多河道断流，粮食严重减产。农村的人民公社体制，在经营管理上过于集中，在分配上存在严重的平均主义，抑制和损伤了农民的积极性。安徽省肥西县山南公社在这年秋天种麦时，因为天太旱种不下去，悄悄地将集体的绝大部分土地实行"包产到户"，结果麦子总产量比历史最高水平时增产一千四百三十五万斤，受到周围不少村的仿效。这年十一月四日，凤阳县小岗村十八户农民，由生产队副队长严宏昌主持开了一个会，决定实行大包干。大包干的做法是：农户承包集体的土地后，由生产队和农户签订合同：在保证按合同交够国家公粮和集体提留的前提下，剩下的全部归承包农户所有，剩多剩少都如此。当时担任安徽滁县地委书记（凤阳县属滁县地区管辖）的王郁昭回忆说："'大包干'联产承包制实现了农村土地的两权分离，土地所有权仍归集体所有，而农民通过承包则取得了对土地的使用权，即经营权，农民成了相对独立的商品生产者和经营者，形成了统一经营和分散经营相结合的双层经营体制，集体和农户的权利和义务通过承包合同来实现，既能保证国家的税收、征购和集体提留任务的完成，又使农民取得了生产自主权和产品支配权，有利于调动农民的生产积极性，促进生产力的发展。"[1]这样做的结果，小岗生产队在一九七九年的粮食产量达到六万七千多公斤，比上年有大幅度的增长。

这种做法在周围地区逐步传开，一度引起很大争议，被不少人看作是破坏集体经济，但得到安徽省委书记万里的支持。他在一九七八年十月十一日在省委常委会上说："所有制不变，出不了资本主义，没有什么可怕的。如果不关心群众生活，不发扬民主，想要发展快，办不到。"一九七九年五月二十五日，他在省委扩大会议上说："我已向中央请示过了，包到户的先干一年，秋后再说。"这年年底，他在一次大会上又说："包产到户不同于分田单干。如果说分田单干意味集体经济瓦解、退到农民个体所有和个体经营的状况，那么，包产到户并不存在这个问题，它仍然是一种责任到户的生产责任制，是搞社会主义，不是搞资本主义。"[2]

但这个问题在全国范围内、在许多负责干部中依然存在激烈的争论。安徽的做法，得到邓小平、陈云的肯定。一九七九年六月十八日，第五届全国人大第二次会议开幕。会议休息时，万里找陈云说：安徽一些农村已经搞起了包产到户，怎么办？陈云回答："我双手赞成。"以后，万里又同邓小平谈。邓小平说："不要争论，你就这么干下去就完了，就实事求是干下去。"[3]

农村改革受到的阻力是不小的。"一九八〇年一月，全国有百分之八十四点七的生产队实行了各种形式的生产责任制，其中实行

---

[1] 王郁昭：《中国农民的伟大创造——"大包干"联产承包制产生与发展的回顾》，《中国农村改革决策纪事》。

[2] 《万里文选》，第109、128、135页。

[3] 朱佳木主编：《陈云年谱》下卷，中央文献出版社2000年6月版，第248、249页。

定额包工责任制的占生产队总数的百分之五十五点七,实行联产承包责任制的占百分之二十九,而实行包产到户、包干到户等家庭联产承包生产责任制的还不足百分之一点一。"[1]

一九八〇年五月三十一日,邓小平发表《关于农村政策问题》的讲话。他经过一段时间对农村工作实践细心观察后,明确地作出结论,说:"总的说来,现在农村工作的主要问题还是思想不够解放。"他指出:

> 农村政策放宽以后,一些适宜搞包产到户的地方搞了包产到户,效果很好,变化很快。安徽肥西县绝大多数生产队搞了包产到户,增产幅度很大。"凤阳花鼓"中唱的那个凤阳县,绝大多数生产队搞了大包干,也是一年翻身,改变面貌。有的同志担心,这样搞会不会影响集体经济。我看这种担心是不必要的。我们总的方向是发展集体经济。实行包产到户的地方,经济的主体现在也还是生产队。这些地方将来怎么样呢?可以肯定,只要生产发展了,农村的社会分工和商品经济发展了,低水平的集体化就会发展到高水平的集体化,集体经济不巩固的也会巩固起来。关键是发展生产力,要在这方面为集体化的进一步发展创造条件。[2]

一九八〇年九月,中共中央召开各省、市、自治区党委第一书记座谈会。会后,印发了作为座谈会纪要的《关于进一步加强和完善农业生产责任制的几个问题》。纪要写道:

---

[1] 朱荣等主编:《当代中国的农业》,第310页。
[2]《邓小平文选》第2卷,第316、315页。

两年来,各地干部和社员群众从实际出发,解放思想,大胆探索,建立了多种形式的生产责任制,总起来可以分为两类:一类是小段包工,定额计酬;一类是包工包产,联产计酬。实行结果,多数增产,并且摸索到一些新的经验。特别是出现了专业承包联产计酬责任制,更为社员所欢迎。这是一个很好的开端。

当前,在一部分省区,在干部和群众中,对于可否实行包产到户(包括包干到户)的问题,引起了广泛的争论。为了有利于工作,有利于生产,从政策上做出相应的规定是必要的。

就全国而论,在社会主义工业、社会主义商业和集体农业占绝对优势的情况下,在生产队领导下实行的包产到户是依存于社会主义经济,而不是会脱离社会主义轨道的,没有什么复辟资本主义的危险,因而并不可怕。[1]

这样,在一九八〇年和一九八一年,包产到户在全国农村中迅速发展起来,并且从经济落后、生活穷困的特殊困难地区,发展到一般的以至富裕地区。"一九七九年底,包产到户虽然在全国还只是个别地方试行,比重仅占百分之九,由于一些地方自发仿效,其数量在逐步增加。""到一九八〇年以后,情况有了变化。""例如苏南地区,在一九八〇年冬是专业承包,到一九八一年包产到户就占据了百分之五十的比重。山东沿海地带,也是这样。"[2]

由于中共中央毫不含糊地表明了态度,许多干部纷纷深入基层,带领群众研究措施。随着家庭联产承包责任制的迅速推广,促

---

[1]《新时期农业和农村工作重要文献选编》,中央文献出版社1992年10月版,第58、60、61页。
[2]《杜润生自述:中国农村体制变革重大决策纪实》,第114、121页。

进了"政社合一"的人民公社体制逐步解体。一九八〇年九月,四川省广汉县向阳乡重新挂出乡人民政府的牌子,这虽只是第一步,却是重要的一步。

一九八二年元旦,中共中央的一号文件是批转《全国农村工作会议纪要》。这个文件先指出当前农村已发生的巨大变化:"截至目前,全国农村已有百分之九十以上的生产队建立了不同形式的农业生产责任制;大规模的变动已经过去,现在,已经转入了总结、完善、稳定阶段。"更重要的是,文件明确地肯定包产到户等都是社会主义集体经济的生产责任制,写道:"我国农业必须坚持社会主义集体化的道路,土地等基本生产资料公有制是长期不变的,集体经济要建立生产责任制也是长期不变的。目前实行的各种责任制,包括小段包工定额计酬、专业承包联产计酬,联产到劳,包产到户、到组,包干到户、到组,等等,都是社会主义集体经济的生产责任制。不论采取什么形式,只要群众不要求改变,就不要变动。"[1]长期以来关于包产到户同社会主义之间关系的争论,至此以中共中央决策的形式结束了。"长期不变"的规定,使许多农民放下心来。

这样,家庭联产承包责任制便进入普遍推行阶段。据这年十月的统计,全国实行联产承包制的生产队已占百分之九十二点三,其中实行包产到户、到组和包干到户、到组的占百分之七十八点八。"至此,农业生产以家庭联产承包为主要经营形式的格局确定了下来。"[2]

实行家庭联产承包后的农村经济性质,仍然是集体经济。它建立在土地公有的基础上。集体不仅同农户保持着发包和承包的关

---

[1]《新时期农业和农村工作重要文献选编》,第115—117页。
[2] 朱荣等主编:《当代中国的农业》,第314页。

系,而且有相当数量的公有财产和公共提留,有的农村集体还统一规划农田基本建设,以及为承包的农户统一提供其他的生产、生活服务项目,有统有分,统分结合。所以,这种家庭联产承包责任制,并不是回到农业合作化以前的小私有经济,而是农村社会主义集体经济的重要组成部分和新的经营形式、经营体制。

鉴于过去的教训,这次农村改革和农村经济结构的变动,坚持从各地具体实际出发,不搞"一刀切",不强求一律,而是因势利导、因地制宜,尊重群众自己的选择,多种形式的责任制可以并存。同时,一些有条件的地方,按照群众自愿,在过去集体经济的基础上继续实行集体经营的方式,坚持发展和壮大走向大市场的新型集体经济,如江苏的华西村、北京的韩村河村、河南的刘庄等。实践表明,在这些集体经济实力强的地方,两个文明的发展和农村群众的共同富裕都取得十分显著的成绩。

在农村工作中,还改变以往"以粮为纲"的方针,提倡多种经营,因地制宜,农民有了生产自主权,积极性大大提高,该种粮食的地方种粮食,该种经济作物的地方种经济作物,该放牧的地方放牧,该养鱼的地方养鱼。农村经济朝着专业化、商品化、社会化的方向迅速发展。农民的生产热情普遍高涨,农业产量和农民收入都有大幅度提高。农业生产率的提高和体制的改革,解放了大批农业劳动力。他们投入乡镇企业和城市,又推动了工业化和城镇化的进程。

除经营管理体制改革和政策调整外,对推动农村的迅速发展来说,还有两个因素也十分重要:

一个是财政投入。在经济调整中,为了改变严重失调的国民经济比例关系,大幅度削减了基本建设投资,加大了国家在财政上对农村的支持力度。"不仅支持了大幅度提高农副产品的收购价格，还减免了一部分农村税收，增加了发展农业的资金，使得农村得以休养生息。"就拿提高农副产品价格来说，从一九七九年夏收开始，"粮食统购价格提高百分之二十，超购部分在这个基础上再加价百分之五十；棉花、油料平均提高百分之一十五和百分之二十五，超额部分也都加价百分之五十；生猪平均提高百分之二十六。"[1]一九七九年农副产品收购总额比上年增长百分之二十七点六。收购价格提高而市场销售价格不变，因此而支付的财政补贴，一九八〇年达到一百六十八亿元。"一九八四年同一九七八年相比，农产品收购价格提高了将近百分之五十，工农业产品综合比价缩小了百分之三十。这保证了农民在改革农业生产管理体制、实行包产制度后得到显著的经济利益，因而对过去几年农业生产的迅速增长和农民生活水平的迅速提高起了巨大的推动作用。"[2]

另一个因素是科学技术的支持。其中，尤其是袁隆平试验成功的杂交水稻得到大面积推广。"一九七六年，杂交水稻率先在湖南大面积推广，进而推向全国。据不完全统计，当年就推广了二百零八万亩，全部增产百分之二十以上。按每亩增长六十公斤计算，即增产十二点四八亿公斤。"湖南有个农民形象地说："我们农民吃饭靠'两平'，一靠邓小平，二靠袁隆平。"[3]这对粮食生产和农村经济的发展发挥了重要的促进作用。

一靠政策、二靠科学、三靠投入，成为支撑农村发展和建设发生重大变化的三大要素，哪一个也不能少。从一九七九年到

---

[1] 陈如龙主编：《当代中国财政》（上），第276页。
[2] 《薛暮桥学术论著自选集》，第557—558页。
[3] 胡其峰：《袁隆平：一粒种子的承诺》，《光明日报》2007年5月23日。

一九八四年，农业总产值平均每年递增百分之七点九。在一段时间内，城乡收入的差距缩小，农民生活明显改善。农村面貌发生显著变化，由原来长时间的停滞不前变得欣欣向荣。这又带动当地乡镇工业的发展，从而对整个国民经济也产生很大影响。总之，农村改革是全国整个改革开放起步的突破口。

城市经济体制改革，在起始阶段主要是在扩大企业自主权等方面做了一些探索。由于城市的情况远比农村复杂，农村的承包责任制不能简单地搬到城市中来，应该怎么做在最初并不那么清楚，人们的认识也不一致，所以，城市经济改革的步子在这个阶段没有像农村中跨得那么大，而是经历了一个由浅入深的过程。国务院在一九七九年七月发出《关于扩大国营企业经营管理自主权的若干规定》《关于国营企业实行利润留成的规定》等五个文件。在这以前，先选择首都钢铁公司等八家企业进行试点。一九八二年一月，中共中央、国务院作出《关于国营工业企业进行全面整顿的决定》，着重强调的是：整顿和完善责任制，改进企业经营管理；整顿和加强劳动纪律，严格执行奖惩制度；整顿财经纪律，健全财务会计制度；整顿劳动组织，克服人浮于事、工作散漫的现象；整顿和建设领导班子，加强对职工的思想政治教育。经过这些初步改革，由于生产秩序的恢复和职工生产积极性的高涨，由于企业实行利润后有点钱可以自主地用于技术改造和适当改善职工生活，由于企业可以根据生产条件适当地自行安排生产，一些企业还进行改组联合，工业生产稳定增长，特别是轻工业和能源生产的变化相当显著。

财政体制的改革，是一九八〇年起在大多数省市实行"分灶吃饭"，各地方财政实行包干，规定基数，多收可以多支。这样做，扩大了地方的经济自主权，有利于调动他们增产增收的积极性。但以后又发生中央财政困难、财政预算外资金大幅度增加的问题。

在对内搞活的同时，邓小平把握住时代的脉搏，积极倡导推进对外开放，把对外开放确定为加速社会主义现代化建设的一项长期的基本国策。他一直认为，现在的世界是开放的世界，中国的发展离不开世界，关起门来搞建设是不行的，务必使中国经济从封闭半封闭状态，大踏步走向世界。

对外开放国策的提出，并不是偶然的。当时分管对外开放工作的国务院副总理谷牧在回忆录中写道："国际社会中，包括若干对我国很友好的人士，似乎有个看法，认为毛主席忽视国内建设与世界经济的联系。时下国内也有些人，主要是青年人，认为新中国成立后的二十多年间，我国的对外经济关系，基本是个空白。这类看法，不符合历史的真实，因而也就无助于总结历史经验。的确，新中国成立后的二十多年间，我们与世界经济的联系松散。但是，这主要不能归因于我国，更不是中央决定的失误，主要原因是帝国主义的封锁。邓小平同志说得好：'毛泽东同志在世的时候，我们也想扩大中外经济技术交流，包括同一些资本主义国家发展经济贸易关系，甚至引进外资、合资经营等。但是那时候没有条件，人家封锁我们。'"[1]这是当事人的切身感受，自然要比局外人多少年后的主观臆测中肯得多。

十一届三中全会前后，国际国内的形势都已发生很大变化。第一次明确提出"实行开放政策"，是在一九七八年十月邓小平会见联邦德国新闻代表团时的讲话中，他说："你们问我们实行开放政

---

[1]《谷牧回忆录》，第288—289页。

策是否同过去的传统相违背。我们的做法是，好的传统必须保留，但要根据新的情况来确定新的政策。"[1]

十一届三中全会以后的全面对外开放，首先从沿海的广东迈出较大的步子。广东一是地接港澳，二是重要侨乡，一直有着对外经济交往的传统，实行对外开放、加快经济发展步伐有着得天独厚的条件。十一届三中全会结束后不久，"一九七九年一月，一封关于香港厂商要求回广州开设工厂的来信摘报，送到了邓小平同志的办公室。邓小平阅后当即批示：这种事，我看广东可以放手干。曾任广东省委副书记的王全国回忆当时的情形说：'经过十一届三中全会，我们感到不改革开放不行了。小平同志的这个批示，对我们是很大的启示和鼓舞。我们就从广东的实际出发，分析广东的特点，提出广东的改革开放应该先走一步。'"[2]

同一个月，广东省和交通部给李先念和国务院写报告，联合提出：交通部驻香港的招商局在广东省邻近香港的宝安县蛇口人民公社建立工业开发区，"既能利用国内较低廉的土地和劳动力，又便于利用国外的资金、先进技术和原材料"。李先念听取他们汇报后，在三十一日批示，同意在蛇口兴办工业开发区（这个工业开发区的基础工程在七月二十日破土动工，以后成为深圳经济特区的一部分）。

接着，设置经济特区这个更加重大的决策便提上议事日程。谷牧回忆道：

> 当时世界上有八十多个国家和地区设立了五百多个出口加

---

[1]《邓小平文选》第2卷，第133页。
[2] 李岚清：《突围——国门初开的岁月》，中央文献出版社2008年11月版，第71页。

工区、自由贸易区、自由港，有效地开展对外经济贸易和技术交流。这种经验启示人们思考：我国沿海某些地区，是否可以借鉴采用。广东省委和省政府根据本省邻近港澳、商品经济比较活跃，对外经济交往历史悠久、祖居于粤的海外的华侨和华人为数众多等特点，对举办出口加工区的可行性进行了反复讨论和论证，并在领导层中形成了一致意见。

一九七九年四月，在中央召开的专门讨论经济建设的工作会议上，广东省委主要领导同志（引者注：指当时担任广东省委第一书记的习仲勋）向小平同志汇报时提出：希望中央下放若干权力，让广东对外经济活动中有较多的自主权和机动余地，允许在毗邻港澳的深圳和珠海以及属于重要侨乡的汕头举办出口加工区。小平同志十分赞同这一设想。他说：还是叫特区好，陕甘宁开始就叫特区嘛！中央没有钱，可以给些政策，你们自己去搞，杀出一条血路来。他向中央倡议批准广东的这一要求。党中央、国务院根据小平同志的意见，责成广东、福建两省进一步组织论证，提出实施方案，并要我同他们具体研究，把此事抓紧抓好。[1]

这次工作会议形成的文件中有"试办出口特区"一节，决定在深圳、珠海、汕头、厦门试办出口特区。七月二十日，又发出《中共中央、国务院批转广东省委、福建省委关于对外经济活动实行特殊政策和灵活措施的两个报告》。

创办特区，是大刀阔斧地实行对外开放的突破口，又是一项各

---

[1] 谷牧：《小平同志领导我们抓对外开放》，《回忆邓小平》（上），第157—158页。

方面都缺乏经验的新事物。

一九八〇年三月，中共中央和国务院委托谷牧主持，在广州召开广东、福建两省会议，把四处出口特区定名为"经济特区"，并总结试办的经验，进一步研究和完善经济特区的建设。八月二十六日，全国人大常委会审议并批准国家进出口管理委员会副主任江泽民所作的关于在广东、福建两省设置经济特区和《广东省经济特区条例》的说明。这样，"经济特区"便以国家立法的形式确定下来。

经济特区是社会主义国家领导下资金以利用外资为主，产品以出口为主，大力引进先进技术，来加快经济发展的比较成功的方式。中央给予经济特区的特殊政策，包括：允许经济特区大量吸收利用外资，经济活动以市场调节为主，经济成分可以让非公有制经济的比重更大些，对外商投资和特区进口货物的关税给予优惠政策，简化出入境手续，改革劳动工资制度，赋予经济特区政府有较大的经济活动自主权。

这是大胆的尝试。经济特区建设，以令人吃惊的速度和效率，在人们面前展开。特区建设首先搞好基础设施，试行工程招标的办法，引进竞争机制。一座座高楼，一排排厂房，从昔日的渔村、边镇、荒地、塘边拔地而起。许多新兴企业建立起来，不少设备和产品是国内过去没有过的。一切工作进行得井井有条，使每个到经济特区参观访问的人感到耳目一新。深圳经济特区的居民绝大多数从全国各地汇流而来。这里工资高，效率也高。尽管初期发生过不少问题，但总的说来，"深圳速度"，对全国起了巨大的示范带动作用，并且取得了经济体制改革的一系列重要经验。

中国在这时抓住"亚洲四小龙"产业结构升级、劳动密集型产业向外二次转移的机遇，欢迎海外投资，依托中国廉价劳动力资源极为丰富的比较优势，先大力发展劳动密集型出口加工业。这一阶段的对外开放，适合当时的实际情况，对中国经济增长注入了新的活力，也为全面的经济体制改革积累了新的经验。

加强技术引进，有一个付款问题。当时在引进技术装备时已采用过国际上通行的延期付款方式，但这种办法利息较高。邓小平提出：引进这件事反正要做，重要的是争取时间，可以借点钱。一九七八年八月中日和平友好条约签订后，日方表示可以提供利息低的优惠贷款。几经磋商后，一九七九年"十二月五日至九日，（日本）大平首相来访，正式谈定了一九七九年度五百亿日元的贷款（当时约折合二点三亿美元），年利百分之三，还款期三十年。这是我国在实行改革开放中获得的第一笔外国政府长期低息贷款"。"从一九七九年到一九八三年，我国向日本政府贷得三千三百九十亿日元，一九八四年到一九八九年又贷得四千七百亿日元。在我国使用的外国政府贷款中，日本是一个大的户头。"

"在使用国外贷款方面还有一件大事，就是我国通过争取在一九八〇年正式恢复了在世界银行中的成员国席位，也恢复了我国在国际货币基金组织中的成员国席位。从此开始了我国与世界银行的长期密切合作，我国利用世界银行贷款的项目不断获得成功，成为第三世界发展中国家利用世界银行贷款促进国内科技、经济发展的典范。"[1]

吸引外资的另一项重大措施是允许外商在华直接投资。邓小平在一九七八年底的一份报告上批示：合营企业可以办。一九七九年七月一日，第五次全国人民代表大会第二次会议通过了《中外合资

---

[1]《谷牧回忆录》，第312—314页。

经营企业法》。十月四日，由荣毅仁担任董事长兼总经理的中国国际信托投资公司正式对外开业。荣毅仁回忆道，早在这年一月，邓小平接见工商界几个负责人，就如何搞好经济建设、实行改革开放，向他们征求意见，"我提出了可以引进外资搞生产，还提出，要搞好生产，需要解决两个问题，一是人才问题，二是管理问题。另外，在对外合作中，国内各部门也需要协调。小平同志听完后就说：对外接谈，要有统一安排；一定要把项目选好，把负责人定好。他着重指出：要采取经济办法管理经济，排除不合理的行政干扰。他鼓励我要把事业搞好，不要有顾虑。要我全权负责，全权处理，包括用人权，处理错了，也不怪我。"[1]

根据《中外合资经营企业法》，一九八〇年四月十日，国家的外国投资管理委员会批准北京航空食品公司、北京建国饭店公司、北京长城饭店公司这三家中国最早成立的中外合资企业。它们都是扩大中国对外交流所需要的。接着，又批准了很大一批中外合资企业，开始生产出很多中国过去不能生产或难以达到国际先进水平的产品。

这里不能不谈到，中国开展对外经济贸易活动时有着一个特殊的优势。中国的港澳同胞、台湾同胞及海外侨胞，加上遍布世界的外籍华人，超过五千万人。他们对中华民族的复兴抱有很高的热情，又熟悉如何在中国从事经济贸易活动。"我国实行开放以后，最先来投资的就是港澳同胞和东南亚华侨、华人中的企业家，他们投资的项目和投资的数量在一段时间里居于境外客商投资的首位。一直到二十世纪末，即使在外国客商投资逐步增加的情况下，香港

---

[1] 荣毅仁：《"勇于创新，多作贡献"》，《回忆邓小平》（上），第16页。

的投资仍占百分之六十。他们也带动了欧、美、日等国和地区的投资,在境外客商来华投资、开展贸易活动方面,他们起了先行示范作用,在增进中国和外国的相互了解方面,在我们学习当代世界经验方面,他们也起着重要媒介作用。"[1]

这个时期新建立和发展起来的企业,由于资金和技术能力的不足,较多地采取对外加工、装配和补偿贸易等"三来一补"的方式,来提高技术水平,促进生产和外汇收入。"早期的'三来一补',是指由外商利用现有工厂,由他们提供产品样式、原料和设备、生产出来的产品由外商负责出口,设备经过一定时间出口补偿便归中方所有,工厂和政府收取一定的加工费和管理费。"[2]这是一种特殊的贸易方式和引进技术方式,取得了成功,有力地打开了一个新的局面。

对外贸易体制也相应地进行了重大改革。"新中国成立后的三十年间,我国依照苏联经验,实行国家统制对外贸易的政策。进出口贸易基本上由外贸部及其所属各专业进出口公司统一经营。这种根据当时历史条件实行的高度集中的外贸体制,对于抗击帝国主义的经济封锁,进行私营进出口商行的社会主义改造,发展独立自主的对外贸易,起了重要的历史作用。但是,它也有许多弊端。"[3]这种过于集中的体制,在新的历史条件下对扩大出口、搞好技术引进十分不利。改革的措施主要是:赋予一些地区和部门部分商品的进出口经营权;组织多种形式的工贸结合试点;外贸出口收汇实行内部结算价格,提高地方出口外汇留成比例。这些改革是初步的,

---

[1]《谷牧回忆录》,第406—407页。
[2] 李岚清:《突围——国门初开的岁月》,第191—192页。
[3]《谷牧回忆录》,第318—319页。

但已跨出重要的一步。

这样，对外开放已从决策进入组织实施的阶段。

在引进国外先进技术的同时，已注意并重视自主创新的问题。其中最突出的成果，是一九八〇年在北京大学王选主持下诞生的中文激光照排系统，并顺利地实行产业化和推广使用，根本改变了中国印刷业的面貌。

一九八二年一月，胡耀邦在中央书记处会议上提出：进行社会主义现代化建设，"要利用两种资源——国内资源和国外资源，要打开两个市场——国内市场和国际市场，要学会两套本领——组织国内建设的本领和发展对外经济关系的本领。"[1]这个意见，进一步拓宽了对外开放的思路。

政治体制改革，也本着"发扬民主，加强法制"的精神迈出新的步伐。人民代表大会重新建立起来，立法步子加快。一九七九年六、七月间，第五届全国人民代表大会第二次会议通过了《中华人民共和国刑法》《中华人民共和国刑事诉讼法》等七种重要法律。在这次会议上补选为人大常委会副委员长的彭真，对七个法律草案作了说明。鉴于"文化大革命"中种种"无法无天"的沉痛教训，他说："要发展社会主义民主，必须逐步健全社会主义法制，使九亿人民办事有章可循，坏人干坏事有个约束和制裁。因此，'人心思法'，全国人民都迫切要求有健全的法制。"[2]他在说明这次提出的七个法律草案的主要精神后，强调必须做到有法必依、执法必严、违法必究。这些基本法律的制定，标志着中国步入扩大社会主义民主、健全社会主义法制的轨道。

---

[1]《三中全会以来重要文献选编》（下），第1113页。
[2] 彭真：《论新中国的政法工作》，中央文献出版社1992年2月版，第156页。

党和国家领导制度改革问题也提上议事日程。一九八〇年八月，邓小平在中共中央政治局扩大会议上讲话。他说：

> 从党和国家的领导制度、干部制度方面来说，主要的弊端就是官僚主义现象，权力过分集中的现象，家长制现象，干部领导职务终身制现象和形形色色的特权现象。
>
> 我们的各级领导机关，都管了很多不该管、管不好、管不了的事，这些事只要有一定的规章，放在下面，放在企业、事业、社会单位，让他们真正按民主集中制自行处理，本来可以很好办，但是统统拿到党政领导机关、拿到中央部门来，就很难办。
>
> 不少地方和单位，都有家长式的人物，他们的权力不受限制，别人都要惟命是从，甚至形成对他们的人身依附关系。我们的组织原则中有一条，就是下级服从上级，说的是对于上级的决定、指示，下级必须执行，但是不能因此否定党内同志之间的平等关系。
>
> 我们过去发生的各种错误，固然与某些领导人的思想、作风有关，但是组织制度、工作制度方面的问题更重要。这些方面的制度好可以使坏人无法任意横行，制度不好可以使好人无法充分做好事，甚至会走向反面。[1]

根据刑法和刑事诉讼法，使人心大快的是，一九八〇年十一月二十日，最高人民法院特别法庭开庭公审林彪、江青两个反革命集

---

[1]《邓小平文选》第2卷，第327、328、331、333页。

团的主犯,确认这两个反革命集团都是以夺取党和国家最高权力、推翻人民民主专政为目的。第二年一月二十五日,特别法庭对江青等十名主犯作出判决,判处江青、张春桥死刑,缓期两年执行;判处王洪文无期徒刑;判处其他七名罪犯有期徒刑。这是一次历史性的审判。它体现了人民的意志,显示了社会主义法制的巨大威力。

对日益猖獗的走私贩私、投机诈骗、贪污受贿等严重经济犯罪活动,也运用法律武器进行打击。一九八二年,中共中央、国务院发出《关于打击经济领域中严重犯罪活动的决定》。邓小平在讨论这个文件的政治局会议上说:"这股风来得很猛。如果我们党不严重注意,不坚决刹住这股风,那末,我们的党和国家确实要发生会不会'改变面貌'的问题。这不是危言耸听。""现在刹这个风,一定要从快从严从重。""我们要有两手,一手就是坚持对外开放和对内搞活经济的政策,一手就是坚决打击经济犯罪活动。""打击经济犯罪活动,不仅是今年一年的事情,现在是开个头。"[1]国务院召开东南沿海打击走私会议。以后,中央纪委又召开全国打击经济领域严重犯罪活动工作会议,集中力量查处大案要案。

一九八一年六月,中共十一届六中全会举行。这次全会主要解决了两个问题:一个是通过《关于建国以来党的若干历史问题的决议》,对统一党内和全国人民的思想有很重要的作用;一个是人事问题,同意华国锋辞去中共中央主席和中央军委主席的请求,选举胡耀邦为中央委员会主席、邓小平为中央军委主席。

叶剑英在庆祝中华人民共和国成立三十周年大会上的讲话中说:"中共中央认为,对于过去三十年特别是文化大革命十年的历

---

[1]《邓小平文选》第2卷,第403、404页。

史，应当在适当的时候，经过专门的会议，作出正式的总结。"[1]这是全国人民的共同愿望。

十一届六中全会通过的关于历史问题的决议，是从一九七九年十一月起，在邓小平主持下着手起草的，前后历时一年半。《决议》总结了建国以来社会主义革命和建设的历史经验，对一些重大历史事件的功过是非作出了实事求是的评价，从根本上否定了"文化大革命"和"无产阶级专政下继续革命"的错误理论。同时，坚决顶住当时出现的一股否定毛泽东和毛泽东思想的错误思潮，科学地评价毛泽东的历史地位，维护了毛泽东思想的指导作用，指出毛泽东思想的活的灵魂有三个基本方面，即实事求是、群众路线、独立自主，恢复了毛泽东思想的本来面目。这样做的结果，既分清了理论和政治是非，又加强了全党和全国人民的团结，为社会主义现代化建设事业的健康发展提供了根本保证。通过这个《决议》，是关系党和国家命运的重大步骤。如果没有这样一个《决议》，全党和全国人民对许多重大问题就不能形成统一的看法，甚至会陷入没完没了的争论之中，在继续前进中也难以形成统一的步伐。

《决议》在最后部分中说："三中全会以来，我们党已经逐步确立了一条适合我国情况的社会主义现代化建设的正确道路。"并且把它的主要点归纳为十条，包括：党和国家工作的重点必须转移到以经济建设为中心的现代化建设上来；大力发展社会生产力；社会主义生产关系的变化和完善必须适应于生产力的状况，有利于生产的发展；逐步建设高度民主的社会主义政治制度；社会主义必须有高度的精神文明；把党建设成为健全的民主集中制的党等。这是第

---

[1]《叶剑英选集》，第522页。

一次对三中全会以来的路线、方针、政策进行初步概括的重要尝试。

这次全会标志着中国共产党在指导思想上的拨乱反正已胜利完成,为一九八二年召开党的十二大奠定了坚实的基础。全会公报中这样写道:

> 这次全会是继十一届三中全会以后我党历史上又一次具有重大意义的会议,是总结经验、团结前进的会议。这次会议将以在党的指导思想上完成拨乱反正的历史任务而载入史册。[1]

当"文化大革命"刚刚结束的时候,中国人面对的是极其艰难的处境:十年动乱造成的破坏实在太严重了,问题堆积如山,人们思想混乱,许多消极现象似乎已到了积重难返的地步。能不能从这种困境中摆脱出来?怎样从这种困境中摆脱出来?社会主义现代化建设这样宏伟的目标有没有可能实现?不少人对这些问题抱着怀疑的态度,或者缺乏足够的信心。全世界的目光也都注视着中国:中国的发展前途究竟怎么样?

那时中国面对的问题和要做的工作实在太多,而国家的力量和资金都很有限,各项变革又需有序地进行。如果一哄而上,齐头并进,必将一事无成。从中共十一届三中全会到十二大召开,中间相隔有三年多时间。就在这短短的三年多内,以邓小平为核心的中国共产党领导集体,高瞻远瞩,从容应对,在如此艰难的处境中,分清轻重缓急,合理安排,有条不紊地开展工作:对国民经济进行重大调整,完成思想、政治、组织等领域的全面拨乱反正,改革开放

---

[1]《三中全会以来重要文献选编》(下),第847页。

的新路子也在这时起步，来自各方面的干扰得到排除，打开了全国经济社会发展和全体人民安定团结的局面。中国的社会主义现代化建设事业走上了健康发展的轨道。中国在经历了十年"文革"动乱之后，在很短时间内，顺利实现了伟大的历史性转折。这确实是中国社会主义事业发展进程中具有划时代意义的成就。

第二十五章　高举起"中国特色社会主义"的旗帜

邓小平用十分概括的语言写道:"从十一届三中全会到十二大,我们打开了一条一心一意搞建设的新路。"他又说:"我在东北三省到处说,要一心一意搞建设。国家这么大,这么穷,不努力发展生产,日子怎么过?我们人民的生活如此困难,怎么体现出社会主义的优越性?"[1]

走上这条"新路"后,中国人应该举着怎样的旗帜前进?"一心一意搞建设"的目标是什么?这是放在中国各族人民面前迫切需要回答的问题。"建设有中国特色的社会主义",就是对这些问题的总回答,它是邓小平在中共十二大的开幕词中提出来的。

什么是"中国特色社会主义"?它的含义十分明确:第一,我们要建设的是社会主义社会,绝不是其他什么社会。之后,邓小平同一位台湾朋友说:"我们大陆坚持社会主义,不走资本主义的邪路。社会主义与资本主义不同的特点就是共同富裕,不搞两极分化。"[2]第二,我们所要建设的社会主义,必须按照中国的实际国情来办,具有中国特色,别国的建设和管理经验,无论是苏联的还是西方国家的,都可以而且应该积极学习和借鉴,但是都决不能照抄

---

[1]《邓小平文选》第3卷,人民出版社1993年10月版,第11、10页。

[2]《邓小平文选》第3卷,第123页。

照搬。

这是一面鲜明的旗帜。高举这面旗帜,就使十几亿中国人在前进中有了共同的明确方向。

十二大和十二届三中全会的重大决策

中国共产党第十二次全国代表大会是一九八二年九月一日至十一日在北京举行的。邓小平在开幕词中说了一段极其重要的话:

> 无论是革命还是建设,都要注意学习和借鉴外国经验。但是,照抄照搬别国经验、别国模式,从来不能得到成功。这方面我们有过不少教训。把马克思主义的普遍真理同我国的具体实际结合起来,走自己的道路,建设有中国特色的社会主义,这就是我们总结长期历史经验得出的基本结论。[1]

"建设有中国特色的社会主义"这面把全国各族人民凝聚在一起的大旗,就这样高高地举起来了。

"一心一意搞建设",中国在本世纪内所要达到的具体目标是什么?邓小平一直在思考这个问题。一九七九年十二月,他同日本首相大平正芳谈话时提出中国在本世纪末达到小康水平的目标。他说:

> 到本世纪末,中国的四个现代化即使达到了某种目标,我

---

[1]《邓小平文选》第 3 卷,第 2—3 页。

们的国民生产总值人均水平也还是很低的。要达到第三世界中比较富裕一点的国家的水平，比如国民生产总值人均一千美元，也还得付出很大的努力。就算达到那样的水平，同西方来比，也还是落后的。所以，我只能说，中国到那时也还是一个小康的状态。[1]

这是一个新的重要判断。以往，一直把实现四个现代化作为本世纪末的奋斗目标，这容易导致提出许多过高的指标。以本世纪末达到"小康的状态"这个新的判断，就为中国近期发展规定了一个既积极而又脚踏实地、切实可靠的基本设想。这就从根本指导思想上防止了重犯过去长期存在的脱离中国国情而急于求成的错误。这个设想在中共十二大确定下来。

邓小平致开幕词后，胡耀邦代表第十一届中央委员会作报告。报告的题目是《全面开创社会主义现代化建设的新局面》。报告回顾了过去六年的历史性转变，提出新的历史时期的任务。报告根据邓小平提出的基本设想，提出"翻两番"的要求，也就是说：从一九八一年到本世纪末的二十年，中国经济建设总的奋斗目标是，在不断提高经济效益的前提下，力争使全国工农业的总产值翻两番，即由一九八〇年的七千一百亿元增加到二〇〇〇年的两万八千亿元左右；这时，人民的物质生活就可以达到小康水平。报告又指出：通观全局，为实现上述经济发展目标，最重要的是解决好农业问题，能源、交通问题和教育、科学问题。因此，"为了实现二十年的奋斗目标，在战略部署上要分两步走：前十年主要是打

---

[1]《邓小平文选》第2卷，第237页。

好基础，积蓄力量，创造条件；后十年要进入一个新的经济振兴时期。"[1]

这是总结了十一届三中全会以来积累起来的经验，又全面分析了中国经济情况的发展趋势后，作出的重大决策。

这个决策是符合实际的，是能够实现的。因为：大局已经稳定，指导思想已经明确并已积累起丰富的经验，人民已得到休养生息，经济振兴的物质基础已经基本具备。在二十世纪末"翻两番"这个奋斗目标由此深入人心，成为鼓舞全国各族人民投身社会主义现代化建设的巨大力量。

十二大报告还要求：在促进社会主义经济的全面高涨的同时，要努力建设高度的社会主义精神文明，要努力建设高度的社会主义民主，要坚持独立自主的对外政策，要把党建设成为领导社会主义现代化事业的坚强核心。

十二大选举产生了新一届中央委员会。它的构成特点是实现了新老干部的合作和交替。新华社报道说："在中央委员会的三百四十八名成员中，有二百一十一人，即百分之六十多，是第一次选进中央委员会。在这二百一十一人中，有一百四十多人，即三分之二以上，年龄在六十岁以下，最小的为二十八岁。"他们中包括三十九岁的甘肃省建委副主任胡锦涛。"新的中央委员会保留了十多位七十岁以上德高望重、在国内外享有巨大威望的老一辈无产阶级革命家。上一届中央委员会的其他老同志，有许多被选进中央顾问委员会和中央纪律检查委员会。""同十一届中央委员会相比，专业技术人员从九人（占百分之二点七）增加到五十九人（占百分

---

[1]《十二大以来重要文献选编》（上），人民出版社1986年10月版，第16页。

之十七）。"[1]十二届一中全会选举胡耀邦、叶剑英、邓小平、赵紫阳、李先念、陈云为政治局常委，胡耀邦为中央委员会总书记。

十二大决定成立的中央顾问委员会是一种过渡性质的组织形式。邓小平说："中央顾问委员会是个新东西，是根据中国共产党的实际情况建立的，是解决党的中央领导机构新老交替的一种组织形式。目的是使中央委员会年轻化，同时让一些老同志在退出第一线之后继续发挥一定的作用。""应当说，这一次在解决新老交替问题上迈出了相当大的一步。如果花两个五年的时间，通过这种过渡的形式，稳妥地顺当地解决好这个问题，把退休制度逐步建立起来，那就是很大的胜利。这对于我们国家以后的发展，是办了一件很好的事情。"[2]邓小平、陈云先后担任第一届和第二届中央顾问委员会主任。到中共十四大召开时，中央顾问委员会完成了它的历史任务，就决定取消了。

十二大闭幕后不久，第五届全国人民代表大会举行了第五次会议。这次会议有两个主要内容：一个是根据变化了的新情况修改《中华人民共和国宪法》。彭真作了关于宪法修改草案的报告。他说："现在，我们完成了指导思想上的拨乱反正，确立了全面开创社会主义现代化建设新局面的正确纲领。"[3]他对宪法修改草案的基本内容，联系全民讨论中提出的意见作了说明。大会通过了经过修改后的宪法。大会另一个内容是听取国务院总理赵紫阳《关于第六个五年计划的报告》，批准《中华人民共和国国民经济和社会发展第六个五年计划》。在讨论这个计划时，对中国经济在这二十年内

---

[1]《新的中央委员会体现了新老干部的合作和交替》，《人民日报》1982年9月12日。
[2]《邓小平文选》第3卷，第5、6页。
[3]《彭真文选》，人民出版社1991年5月版，第438页。

的发展是不是要分"两步走"仍存在不同意见。陈云在这次人代大会的小组中发言说：

"六五"计划的主要特点是着重于提高经济效益。只要我们经过"六五"和"七五"两个五年计划的努力，把各方面的关系理顺，并且做好一些大骨干项目的前期工作，后十年的发展速度就可以搞快一些，翻两番的奋斗目标就可以实现。如果急于求成，把本来应该放在后十年办的事也勉强拿到前十年来办，在"六五"和"七五"期间乱上基本建设项目，那末，经济又可能出现混乱，翻两番的任务反而有可能完不成。[1]

他所批评的急于求成的现象，是指当时许多地方在经济形势好转时又盲目地竞相增加投资，乱上基本建设项目，其中一种是看起来投资少、见效快、实际上是低水平重复建设的加工工业，一种是缺少原料和市场、建起来就要亏损的企业，对这些项目总是这也不能下，那也不能下，缺乏长远的全盘打算，这样下去，经济又会趋向过热。有的领导人从尽快把国民经济搞上去的愿望和满腔热情出发，急于大干快上，说："只要把问题抓准抓好，三、五年内打一个比较大的翻身仗是有充分可能的。""四化开始起飞，此其时矣。""前十年我们一些重点工程再也不能犹豫了，要抓紧时间呀。""可不能把麻烦留给后人啊！"并且主张"能挣会花"，到处鼓励各地提前翻番。在这个问题上不同看法的争论，持续了一段不短的时间。

---

[1]《陈云文选》第3卷，第318页。

如果这个问题不解决，刚刚好转的形势就难以保持下去，到一定时候又可能被迫调整，这种状况过去曾一再出现。一九八三年六月七日，中共中央政治局常委和书记处会议听取国家计委和财政部汇报。邓小平明确地指出："现在的状态是资金太分散，这样下去日子怎么能过？有些东西硬是要停下来，这可能要损失一些，宁可损失一些也要停下来。要搞重点，要想今后二十年能够搞上去，现在不搞重点不行。特别是能源、交通、通信这些重点项目，现在不抓，以后别的事情想干也干不成。现在我担心这个规划中能源到底够不够？特别是电够不够？"六月二十五日至三十日，召开中央工作会议，讨论集中财力物力保证重点建设问题。邓小平在会上又说："如果'六五'达到百分之六以上的速度，'七五'达到百分之七以上，而且在能源、交通、原材料工业等方面为今后十年打好基础，集中资金保证重点建设，那我们就能更有把握地说，后十年达到百分之八以上是可能的。这并不是冒险的计划，而是讲求实际的可行的能够达到的计划。但是，搞得不好，有可能改变十二大的决议，那就严重了！这不但在国内是个政治问题，在国际上也是个大的政治问题。不搞重点建设没有希望。能源、交通等重点项目，都是十年八年才见效的。"[1]这次中央工作会议认为："重点上不去，全局活不了。能源、交通是国民经济中最薄弱的环节，加工业搞多了，再多也是白费力气，否则还要大调整。""集中财力、物力势在必行。"[2]这样，进一步调整的方针确定了下来。

尽管遇到过一些阻力，由于中央下了决心，经过几年的调整和发展，第六个五年计划的完成情况总的是好的。拿一九八二年至

---

[1] 冷溶、汪作玲主编：《邓小平年谱（1975—1997）》（下），第911、912、918页。
[2] 《市场与调控——李鹏经济日记》（上），新华出版社、中国电力出版社2007年2月版，第4页。

一九八五年来说：一九八二年，国内生产总值又重新较快上升，比上年增长百分之九点一，工业总产值增长百分之七点八二，农业总产值更比上年猛涨百分之十一点三；一九八三年，国内生产总值增长百分之十点九，工业总产值增长百分之十一点一九，农业总产值增长百分之七点八；一九八四年，国内生产总值增长百分之十五点二，工业总产值增长百分之十六点二八，农业在这一年获得大丰收，农业总产值增长百分之十二点三；一九八五年，国内生产总值增长百分之十三点五，工业总产值增长百分之二十一点三九，而农业总产值在这一年只增长百分之三点四（它的原因，后面要讲到）。

更重要的是：经过几年的调整，在国内生产总值迅速增长的同时，国民经济主要比例关系得到明显改善，趋于协调。农业经济的发展，这几年是建国以来最好的时期。拿"六五"时期同"五五"时期相比，粮食平均年产量从三点零五亿吨增加到三点七亿吨，棉花由二百二十四万吨增加到四百三十二万吨；猪牛羊肉由九百三十七万吨增加到一千四百六十二万吨。工农之间、城乡之间的差距比过去有所缩小，这很值得注意，也是十分难得的。农业产量的迅速增长，有力地带动了其他产业的发展。轻工业方面，把民众生活需要的消费品工业放到重要位置，继续加快轻纺工业的发展。能源开发和交通建设成为国民经济中的重点建设项目，一批重点煤矿、电站、油井、建筑材料企业和铁路新线陆续建成。在国家基本建设投资中，能源和交通所占的比重从一九八〇年的百分之三十一点九提高到一九八五年的百分之三十五，缓和了原来十分紧张的矛盾。

在这段时间内，人民生活得到实实在在的改善。一九八一年至一九八三年，农民的人均纯收入增长百分之六十左右，平均每年增长百分之十六点七。随着职工工资、奖金的增加和就业人数的扩大，城市居民的收入也逐年增加。薛暮桥在一九八五年六月发表的一篇文章中写道："家庭日用工业品近几年也发生了显著的需求变化。几年前人们追求的是自行车、缝纫机、手表三大件，现在这些耐用消费品已经基本上满足需要了。人们开始追求电视机、电冰箱、洗衣机'新三大件'等高级耐用消费品。不论老三大件（主要是手表）还是新三大件，近几年价格是下降的，今后还有继续下降的趋势。"[1]

由于"文化大革命"遗留下来的党内思想、作风、组织不纯和纪律松弛的问题还相当严重，整个国家的社会生活又处于深刻变动中，一九八三年十月，中共十二届二中全会作出关于整党的决定，开始全面整党，最后还进行党员登记。这次整党在全党分期分批进行，历时三年半，在各方面都取得了进步。

随着国民经济的发展和经济运行机制的变化，经济工作中另一个争论又起来了，那就是计划和市场的关系问题，当时主要围绕着社会主义社会是否要发展商品经济而展开讨论。

计划和市场都是发展生产力的方法和手段，不是根本对立的。只要是社会化的大生产，都得有一定的计划性。只要存在商品货币关系，就必须利用市场和价值规律。新中国成立以来长期存在的问题是：实行高度集中的计划经济，忽视商品生产、价值规律和市场的作用，结果把经济工作统得很死，使它缺乏发展的活力。

一九八四年十月二十日，中共中央召开十二届三中全会。全会认真总结多年实践中的经验，通过《中共中央关于经济体制改革的

---

[1]《薛暮桥学术论著自选集》，第555页。

决定》。这个《决定》最引人注目的是：经济工作的重点从调整转向全面改革，并且强调改革是为了把经济搞活，建立充满生机的社会主义经济体制，反映出中国的经济体制改革进入一个新阶段。它写道：

> 我国建国三十五年来所发生的深刻变化，已经初步显示出社会主义制度的优越性。但是必须指出，这种优越性还没有得到应有的发挥。其所以如此，除了历史的、政治的、思想的原因之外，就经济方面来说，一个重要的原因，就是在经济体制上形成了一种同社会生产力发展要求不相适应的僵化的模式。这种模式的主要弊端是：政企职责不分，条块分割，国家对企业统得过多过死，忽视商品生产、价值规律和市场的作用，分配中平均主义严重。这就造成了企业缺乏应有的自主权，企业吃国家"大锅饭"、职工吃企业"大锅饭"的局面，严重压抑了企业和广大职工群众的积极性、主动性、创造性，使本来应该生机盎然的社会主义经济在很大程度上失去了活力。

《决定》突出地提出：要进行经济体制改革，自觉运用价值规律，发展社会主义商品经济。它写道：

> 在很长的历史时期内，我们的国民经济计划从总体来说只能是粗线条的和有弹性的，只能是通过计划的综合平衡和经济手段的调节，做到大的方面管住管好、小的方面放开放活，保证重大比例关系比较适当，国民经济大体按比例地协调发展。
> 改革计划体制，首先要突破把计划经济同商品经济对立起

来的传统观念,明确认识社会主义计划经济必须自觉依据和运用价值规律,是在公有制基础上的有计划的商品经济。商品经济的充分发展,是社会经济发展的不可逾越的阶段,是实现我国经济现代化的必要条件。只有充分发展商品经济,才能把经济真正搞活,促使各个企业提高效率,灵活经营,灵敏地适应复杂多变的社会需求,而这是单纯依靠行政手段和指令性计划所不能做到的。同时还应该看到,即使是社会主义的商品经济,它的广泛发展也会产生某种盲目性,必须有计划的指导、调节和行政管理,这在社会主义条件下是能够做到的。[1]

《决定》中"要突破把计划经济同商品经济对立起来的传统观念"这个论断,是理论上的重要突破。这里说的"商品经济",基本上是指市场经济。计划和市场的关系,是邓小平一直在思考的问题。他早在一九七九年十一月就说过:"说市场经济只存在于资本主义社会,只有资本主义的市场经济,这肯定是不正确的。社会主义为什么不可以搞市场经济,这个不能说是资本主义。"[2]十二届三中全会作出不能把计划经济和商品经济对立起来,虽然在认识的发展上还只是初步的,却成为以后提出实行社会主义市场经济体制的先导。

《决定》还有许多理论上的重要突破,如:"《决定》确认企业的所有权和经营权是可以适当分开的。这突破了把全民所有同国家机构直接经营混为一谈的传统观念。"《决定》确认,计划经济不等于指令性计划为主。这突破了计划管理同价值规律互不相容的传

---

[1]《十二大以来重要文献选编》(中),人民出版社1986年10月版,第561、562、568、569页。
[2]《邓小平文选》第2卷,第236页。

统观念。"[1]这个文件，继实现工作重点转移、进行经济调整、推动农村改革之后，对制定全面改革蓝图、推动以城市为重点的整个经济体制改革，起了重要作用。

邓小平对这个文件很满意。他在全会上说："这个决定，是马克思主义的基本原理和中国社会主义实践相结合的政治经济学。"[2]两天后，他又在中央顾问委员会全会上说：

> 这次经济体制改革的文件好，就是解释了什么是社会主义，有些是我们老祖宗没有说过的话，有些新话。我看讲清楚了。过去我们不可能写出这样的文件，没有前几年的实践不可能写出这样的文件。写出来，也很不容易通过，会被看作"异端"。[3]

改革开放的全面展开

中共十二大以后，中国已经走上一条一心一意搞建设的新路，改革开放在全国范围内迅速地全面展开。

中国的经济改革，最早在农村率先取得显著成效。通过联产承包，农民家庭取得了集体生产资料的经营权，成为相对独立的经营实体；社区性合作经济的经营体制，开始由单一的集体统一经营，变成集体统一经营和家庭分散经营相结合的双层经营体制。同时，还形成多种经营形式并存的格局。一九八二年起连续五年，中共中

---

[1] 朱镕基主编：《当代中国的经济管理》，中国社会科学出版社 1985 年 8 月版，第 131 页。
[2] 冷溶、汪作玲主编：《邓小平年谱（1975—1997）》（下），第 1006 页。
[3]《邓小平文选》第 3 卷，第 91 页。

央在每年初发出的"一号文件"都是谈农业问题的。

十二大后着重强调的是：稳定和完善农业生产责任制是当前农村工作的主要任务。一九八三年一月二日，中共中央印发的《当前农村经济政策的若干问题》中提出："这种分散经营和统一经营相结合的经营方式具有广泛的适应性，既可适应当前手工劳动为主的状况和农业生产的特点，又能适应农业现代化进程中生产力发展的需要。在这种经营方式下，分户承包的家庭经营只不过是合作经济中一个经营层次，是一种新型的家庭经济。它和过去小私有的个体经济有着本质的区别，不应混同。因此，凡是群众要求实行这种办法的地方，都应当积极支持。当然，群众不要求实行这种办法的，也不可勉强，应当始终允许多种责任制形式同时并存。"[1]一九八四年一月一日，中共中央《关于一九八四年农村工作的通知》中采取的重要措施是：延长土地承包期，鼓励农民增加投资，培养地力，实行集约经营。土地承包期一般应在十五年以上。生产周期长的和开发性的项目，如果树、林木、荒山、荒地等，承包期应当更长一些；承包地、自留地都不准买卖，不准出租，不准转作宅基地或其他非农业用地。同时还指出：农村在实行联产承包责任制基础上出现的专业户，带头勤劳致富，带头发展商品生产，带头改进生产技术，是农村发展中的新生事物，应当珍惜爱护，积极支持。

在新形势下，原来那种"政社合一"的人民公社体制已无法适应，必须改变。四川广汉县在一九七九年对人民公社管理体制进行的改革试点，主要是将"政社合一"改为"政社分开"。而一九八二年五届全国人大第五次会议通过的经过修改的《中华人民

---

[1]《十二大以来重要文献选编》（上），第256页。

共和国宪法》进一步规定：在县以下设立乡、民族乡、镇一级人民代表大会和人民政府，作为一级政权机关，行使行政权力。乡政府以下，在村一级建立村民选举产生的村民委员会，作为基层群众性的自治组织。这项变革，到一九八五年全部完成，中国农村的"人民公社"制度便不再存在。

农村改革中出现的新的令人惊喜的巨大变化，是乡镇企业的异军突起。

这种企业的来历，据费孝通教授在八十年代的考察，大体上有两类。他把它称为"苏南模式"和"温州模式"。"苏南模式"是多数，来自原来的社队企业。"这些小型工厂实际是公社或生产队结构中的一部分，由公社的书记或生产队长领导和管理。这种工厂里的工人是从本社或本队的社员家中招收的，记工分不拿工资。工厂的利润到年终结算，除了一部分作为公社或生产队的财政和公益开支外，归入生产队的工分基金，平均分配给社员。这种工厂如果有利可图，上级政府还可以上调作为自己一级政府的企业。""公社体制改革后，农工分了手。农业经营承包到户，而社队办的企业却没有分，照原样办下去。公社名称改成了乡，生产队改成了村，社队企业的名称也得改，一般称作乡镇企业。这些乡镇企业还是由乡长或村长领导和管理。""温州模式"跟它不同，是由家庭企业联合而成的。"温州当然也有和苏南类似的乡镇企业，但是主要是家庭企业，就是所谓个体户，属个体所有制。严格说，如果个体的意思是指个人，温州街上的作坊也不真是个人所有的，而是家庭所有的。家庭里有不少成员，而且通常并不限于直系亲属组成。许多是已婚的兄弟甚至亲亲戚戚合组成的家庭作坊。""不同的个体企业联合起来按'合作社'的原则来经营，这是一种合作性质的集体所有制。

这种合作组织常是以'亲戚'或街坊关系组成的作坊，也可以说是家庭所有制顺理成章的发展。"[1]

家庭联产承包责任制的实行，提高了农村劳动生产率，释放出的大批剩余劳动力，需要寻找出路。农村商品经济的发展，又带来市场的繁荣和城乡交流的扩大。社队企业便适应这种需要而很快发展起来。

这些企业最初遇到的困难很大，因为它没有列入国家计划，就没有可靠的原料供应，也没有通畅的销售渠道，只能靠供销员去跑，形成供销员满天飞的现象，有的还采取一些非正常的手段来解决问题，遭到不小的非议。中共中央对这些企业的发展采取肯定的态度。一九八三年一月中共中央印发的《当前农村经济政策的若干问题》中提出：

> 长期以来把农产品远距离运到城市加工，农村光生产原料的状况，不但造成农产品不必要的损耗浪费，而且限制了农村劳动者就业的范围和农产品综合利用的效益，这必须逐步地有计划地加以改变。今后新增加的农产品加工能力，都要尽可能接近原料产地。
>
> 现有的社队企业，不但是支持农业生产的经济力量，而且可以为农民的多种经营提供服务，应在体制改革中认真保护，勿使削弱，更不得随意破坏、分散。社队企业也是合作经济，必须努力办好，继续充实发展。[2]

---

[1]《费孝通全集》第11卷，第483、484页。
[2]《十二大以来重要文献选编》（上），第255、259页。

到这年年底，全国社、队两级企业已有一百三十四万个，从业人员三千一百三十四万人，创造产值一千二百二十二亿元，占农村总产值的三分之一，比上年翻了一番。

进入一九八四年后，中央对这个问题更加重视。这年三月一日，中共中央和国务院转发农牧渔业部党组《关于开创社队企业新局面的报告》，"同意报告提出的将社队企业名称改为乡镇企业的建议。""乡镇企业"这个名称就正式确定下来。转发这个报告的《通知》中指出：乡镇企业包括社（乡）、队（村）举办的企业、部分社员联营的合作企业、其他形式的合作工业和个体企业。它是广大农民群众走向共同富裕的重要途径。乡镇企业的发展，有利于"以工补农"，使农业合作经济组织增强实力；必将促进集镇的发展，加快农村的经济文化中心的建设，有利于实现农民离土不离乡，避免农民涌入城市。[1]

乡镇企业以令人惊异的速度和规模，迅速改变着中国农村的面貌。到一九八七年，全国乡镇企业发展到一千七百五十多万个，是一九八三年时的十多倍；产值达到四千七百六十四亿元，占农村社会总产值的百分之五十点四，第一次超过农业总产值；从业人员达到八千八百零五万人，使众多原来的农民变成新一代的工人；随着乡镇企业的发展，兴起了一大批小城镇，从一九八三年到一九八六年这几年内全国建制的镇增加七千七百五十个，平均每年增加一千六百零八个，从而逐步改变着全国城乡分布的格局，并且为走出一条有中国特色社会主义新农村的发展道路创造了重要条件。

邓小平在一九八七年的两次讲话中讲道：

---

[1]《新时期农业和农村工作重要文献选编》，第263、264页。

农村改革中，我们完全没有预料到的最大的收获，就是乡镇企业发展起来了，突然冒出搞多种行业，搞商品经济，搞各种小型企业，异军突起。这不是我们中央的功绩。乡镇企业每年都是百分之二十九的增长率，持续了几年，一直到现在还是这样。

乡镇企业容纳了百分之五十的农村剩余劳动力。那不是我们领导出的主意，而是基层农业单位和农民自己创造的。把权力下放给基层和人民，在农村就是下放给农民，这就是最大的民主。我们讲社会主义民主，这就是一个重要内容。同时，乡镇企业反过来对农业又有很大帮助，促进了农业的发展。[1]

从一九八四年开始，经济体制改革方面出现的新特点是：重点从农村转向城市。这是一个重要变化。

大家知道，城市是中国经济、政治、科学技术、教育文化的中心，在社会主义现代化建设中起着主导作用。对城市经济体制某一环节进行改革，往往会牵一发而动全身。如果在缺乏经验的情况下贸然铺开，很可能把事情搞乱而难以收拾。因此，中共中央和国务院对城市经济改革采取比农村更慎重的态度。

改革的探索是艰难的。在探索如何进行城市经济改革时，有过多种设想，其中包括能否将农村实行的承包制移用到城市企业中来。例如，在一九八三年初曾有过这样的考虑：

> 近年来，我们的一些地方、一些同志，在农业生产责任制

---

[1]《邓小平文选》第3卷，第238、252页。

的启发下,在工商业方面勇敢地搞了一些各种形式的企业责任制的试验。这种经营责任制的根本要求和根本做法,归纳起来大致可以叫做:以承包为中心的,国家、集体、个人三者利益相结合的,职工福利和劳动成果相联系的经营责任制。试点证明:小企业可以搞;大企业也可以搞;集体所有制企业可以搞;全民所有制企业也可以搞;工业可以搞,商业和交通运输业也可以搞;已建成的企业可以搞,基建工程也可以搞;盈利的企业可以搞,需要国家补贴的企业也可以搞;还有一些事业单位也可以搞。

看来,这股改革潮流,势不可挡。我们的同志要积极加以领导;使之健康地向前发展。我们要注意汲取过去在拨乱反正和推行农业生产责任制过程中出现的那种没有跟上跟好的教训。[1]

最初曾要求在城市中很快全面推行这种以承包为中心的办法,后来考虑先在北京西单、前门两条商业街试行班组和柜台按销售额承包。当时有的报上还宣传:"一包就灵,一包就活,一包就变。"但经过实践的检验看出,城市情况远比农村复杂:整个城市内部的方方面面有着密切联系和相互制约,各企业的条件和承包人的素质又有很大差别,不能把农村的承包制简单地搬到城市里来实行。在推行初期又发现:承包有一定期限,常常造成经营者的短期行为;承包内容主要是包上缴利润,容易导致企业片面生产高利润产品,而不愿生产利润低而为民众需要的产品;包干基数普遍过低,超收

---

[1] 胡耀邦:《四化建设和改革问题》,1983年1月20日。

分成比例过高，负盈不负亏，造成损公肥私；得利者很不平衡，承包人个人收入通常比一般工人高得多。这个试验并不很成功。

陈云在一封信中写道："改革必须经过试点。因为试点而使改革的进度慢了，与为了加快改革的进度而不经过试点，以致改得不好，还要回过头来重新改，这两种损失相比，前一种比后一种要小些。"[1]

以后采取的一项重大措施，是实行"利改税"。国务院在一九八三年四月十二日发出《国营企业利改税试行办法》。在十一届三中全会以前，"我国的国营企业基本上没有自有资金，盈利全部向上交，开支全部向上要，国家统负盈亏，企业事实上是国家的附属物，没有行为的能力，所以不可能成为一个法人。"采取利改税等办法后，"国营企业分得一部分税后盈利，使它有可能用自己的资金进行企业的革新改造，增加集体福利设施和对有特殊贡献的职工多发一点奖金。"[2]它使企业可以摆脱对中央各部和各级地方政府的直接隶属关系，保持相对的独立性，是税收制度上的重大改革。以税法、税率来规定国家和企业的分配关系，来调节企业的经济活动，是经济现代化所必需的。当时，国务院"总的思路是想通过利改税，来加快城市改革的步伐"。[3]这是前进了一大步，但这对城市经济改革来说仍是不够的。

对这样复杂而又缺乏经验的问题，找到一条正确的出路真不容易。一九八四年十月中共中央十二届三中全会通过的《关于经济体制改革的决定》，在经过实践反复探索的基础上对城市经济改革提

---

[1]《陈云文集》第3卷，第529页。
[2]《薛暮桥学术论著自选集》，第595页。
[3]《市场与调控——李鹏经济日记》(上)，第14页。

出了系统的全盘性的意见。它写道：

> 城市企业是工业生产、建设和商品流通的主要的直接承担者，是社会生产力发展和经济技术进步的主导力量。
>
> 具有中国特色的社会主义，首先应该是企业有充分活力的社会主义。而现行经济体制的种种弊端，恰恰集中表现为企业缺乏应有的活力。所以，增强企业的活力，特别是增强全民所有制的大、中型企业的活力，是以城市为重点的整个经济体制改革的中心环节。
>
> 要实现这个基本要求，势必牵动整个经济体制的各个方面，需要进行计划体制、价格体系、国家机构管理经济的职能和劳动工资制度等方面的配套改革。中央认为，这些改革，应该根据国民经济各个环节的内在联系和主客观条件的成熟程度，分别轻重缓急和难易，有先有后，逐步进行，争取用五年左右的时间基本实现。[1]

《决定》对这方面的改革还作出具体规定，包括：建立自觉运用价值规律的计划体制，发展社会主义商品经济；建立合理的价格体系，充分重视经济杠杆的作用；实行政企职责分开，正确发挥政府机构管理经济的职能；建立多种形式的经济责任制，认真贯彻按劳分配原则；积极发展多种经济形式，进一步扩大对外的和国内的经济技术交流；起用一代新人，造就一支社会主义经济管理干部的宏大队伍；加强党的领导，保证改革的顺利进行。《决定》规定：

---

[1]《十二大以来重要文献选编》(中)，第564、565、567页。

国有企业的所有权和经营权适当分离，使国有企业成为自主经营、自负盈亏、相对独立的商品生产者和经营者，普遍实行厂长（经理）负责制。

有了这个《决定》，从打破"大锅饭"入手，以城市为重点的整个经济体制改革便全面展开了。

在所有制结构方面，以公有制经济为主体、多种经济成分共同发展的新格局开始形成。到一九八七年，工业产值中，国有经济的比重为百分之五十九点七；集体经济从改革前的百分之二十三点四，上升为百分之三十四点六；非公有制经济从改革前的几乎为零，上升为百分之五点六，对发展生产、方便人民生活和解决就业问题发挥了明显作用。

在国有企业内部，实行企业所有权和经营权分离的原则，实行厂长（经理）负责制，进一步推行利改税，扩大经营者的经营自主权。"一九八七年同一九七八年相比，国营企业留利占利润总额的比重从百分之三点七上升到百分之四十以上（扣除各种税费，实际留利约占百分之二十），使企业增强了自我改造和自我发展的能力。"[1] 国务院发出《关于深化企业改革、增强企业活力的若干规定》，决定：全民所有制大中型企业要实行多种形式的经营责任制；各地可选择少数有条件的全民所有制大中型企业，进行股份制试点。全国人大常委会还通过《企业破产法（试行）》。

在国家的计划体制方面，国务院批转国家计委《关于改进计划体制的若干暂行规定》，并在批转这个《规定》的通知中强调：要根据"大的方面管住管好，小的方面放开放活"的精神，缩小指令

---

[1] 胡绳主编：《中国共产党的七十年》，第657页。

性计划的范围，扩大指导性计划和市场调节的范围："对关系国计民生的重要经济活动，实行指令性计划。对大量的一般经济活动，实行指导性计划。对饮食业、服务业和小商品生产等方面，实行市场调节。"[1]以后，随着物资的越来越丰富，除粮、油外的其他消费品价格陆续放开，基本取消票证，做到敞开供应。

《决定》通过后，上海市开始股份制试点。第一家向社会公开发行股票的是上海飞乐音响公司。一九八六年九月，中国工商银行上海信托投资公司静安证券部挂牌上市股票，开始股票交易。同年底，上海灯泡厂、上海电子管厂、上海电子管二三四厂、上海显像管玻璃厂、上海电真空器件研究所组成上海真空器件股份有限公司，这是建国后第一家比较规范地向社会发行股票的以国有股为主体的股份制企业。股份制搞得好的，不只可以积聚社会资金，而且在经营机制上发生了积极的变化。上述这家公司的董事长说："股份制与国有独资就是不一样。国有独资企业虽然放了权，但最后还是政府说了算。你厂长、书记都得听政府的。""现在不同了，我要对股东负责，我得听股东的，听市场的，当然大的政策方针还必须听国家的。"尽管在开始试点时并不规范，"如事先确定股息股红，不管经营情况，一律付息分红；不开股东大会，监事会形同虚设；配套措施落后等。随着改革的深入和经验的积累，这些问题在逐步克服。"[2]在实行股份制时，一个重要问题是谁控股，情况有很大不同。

城市经济体制改革过程中虽然也发生过一些混乱现象，但总的说来，城市经济生活通过有序的改革出现了前所未有的活跃局面。

---

[1]《十二大以来重要文献选编》（中），第545页。
[2] 宗寒：《国企改革三十年亲历记》，上海人民出版社2008年6月版，第124、125页。

邓小平兴奋地说："十二届三中全会以后，改革的重点转移到城市。在多年酝酿和农村改革成功的基础上，经济体制的全面改革逐步展开。""这是一件大事，表明我们已经开始找到了一条建设有中国特色的社会主义的路子。"[1]

在城乡经济体制改革全面展开的同时，中共中央一九八五年先后就科学技术体制改革和教育体制改革分别作出决定。《关于科学技术体制改革的决定》强调：应当按照经济建设必须依靠科学技术、科学技术必须面向经济建设的战略方针，尊重科学技术的发展规律，从我国的实际出发，对科学技术体制进行坚决的有步骤的改革。《关于教育体制改革的决定》中指出，教育体制改革的根本目的是提高民族素质，多出人才，出好人才。

一九八六年三月三日，著名科学家王大珩、王淦昌、陈芳允、杨嘉墀上书中共中央，提出发展高科技的建议。这个建议后来被称为"八六三计划"。邓小平在建议上批示：此事宜速作决断，不可推延。十一月十八日，中共中央、国务院关于转发《高技术研究发展计划（"八六三计划"）纲要》的通知中指出：要在几个重要的高科技领域跟踪世界水平，并把生物技术、航天技术、信息技术、先进防御技术、自动化技术、能源技术和新材料七个领域中的十五个主题项目作为重点，这个计划的实施，对我国经济和科学技术的发展、国防实力的增强有着极为重要的意义。

随着改革的全面展开，在现代化建设方面取得了大量确确实实的硕果。一九八三年，成功发射一颗科学实验卫星，并按预定计划准确返回地面；引滦入津工程向天津正式送水；研制成功中国第

---

[1]《邓小平文选》第3卷，第142页。

一台亿次计算机。一九八四年，发射试验通信卫星并定点成功；中国第一条高原铁路——西（宁）格（尔木）铁路正式交付运营。一九八五年，宝山钢铁总厂一期工程如期投产，这是当时从国外引进的最重要的建设项目，规模大，投资多，工艺技术先进，产品质量好，品种多，管理科学，对中国的现代化企业产生了广泛的示范效应；这年五月，中国第一条程控电话交换机生产线在中比合营的上海贝尔电话设备制造公司开工生产，揭开了中国通信制造业迈向现代化生产的新篇章。一九八六年，第二汽车制造厂建成，这是中国第二个汽车工业基地；郑州黄河公路大桥通车，这是当时全国最长的公路桥；发射实用通信广播卫星定点成功；首次向国外出售民用飞机。

在国民经济全面高涨的同时，一些新的问题开始露头。"从一九八四年初开始，一些同志在取得的巨大成就面前头脑显得很不清醒，以为我国经济已经进入高速成长的'起飞'阶段，于是到处加温加压，号召'提前翻番'，致使各地竞相攀比增长速度，形成了一浪高过一浪的热潮，并不可避免地出现了积累与消费同时扩大的局面。需求膨胀同'超高速'相互促进形成的浪潮，妨碍了打基础工作的稳步进行，导致部分经济结构，主要是工业内部的部门结构、产业的地区结构以及企业规模结构等的偏畸加剧，损害了经济效益。""在追求产值高指标的思想指导下，一九八四年各地普遍刮起大办各种能够立竿见影地'上产值'的一般加工工业和高产值的耐用消费品组装工业的'热风'。这不仅造成了固定资产投资的剧烈膨胀，而且使电力工业、原材料工业、交通运输等'短线'部门相对地更'短'，部门结构不协调加剧。"还有一个问题也不容忽视："一九八四年，由于部分同志在三中全会后经济建设取得的巨大成就面前，未能对我国的实际发展水平和面临的严重挑战保持清醒的认识，以为我国粮食已经'过关'，数年以后粮食将有巨额剩余，应当改变人民的饮食结构，放松商品粮销售控制，多吃肉、多销粮；同时，在计划生育上'开小口子'，使人口增长突破了原定的计划，加之急于想给人民以看得见的好处，提出了'高消费''能挣会花'等不切实际的口号，使群众对于生活的改善抱有过高的要求与期望。与此同时，一些地区、部门和单位从自身利益出发，想方设法多发、滥发各种奖金、津贴、实物补贴。""追求'高消费'对党风、政纪和社会风气造成的腐蚀作用也不可小视。"[1]

这些较深层次的问题，在经济高速增长显然加强了国家经济实力、改善了人民生活、带给人们巨大兴奋的情况下，一时没有受到多数人的足够重视。在缺乏经验（尤其缺乏在发展商品经济条件下进行宏观调控经验）的情况下，这是前进中出现的问题，是不足怪的。但经过几年积累，特别是到一九八七年以后，问题的后果便一步步暴露出来。这在后面将会谈到。

国防建设方面，重要的措施是要求军队减少数量，提高质量。一九八四年十一月，邓小平根据对国际形势的分析和判断，提出人民解放军员额减少一百万人。他在中央军委座谈会上说："即使战争爆发，我们也要消肿。肿，就是我们指导战争的能力不高。不消肿就不能应对战争。"[2]这是一个大动作。根据邓小平的提议，总参谋部提出《军队改革体制、精简整编方案》。一九八五年六月四日，邓小平又在军委扩大会议上说："我们下这样大的决心，把中国人

---

[1] 国务院发展研究中心课题组：《十一届三中全会以来建设和改革经验的研究》（吴敬琏、胡季、李剑阁执笔），1987年2月。
[2] 冷溶、汪作玲主编：《邓小平年谱（1975—1997）》，第1012页。

民解放军的员额减少一百万,这是中国共产党、中国政府和中国人民有力量、有信心的表现。""减少一百万,实际上并没有削弱军队的战斗力,而是增强了军队的战斗力。"[1]这次裁军,实际上是对人民解放军的体制进行一次重组。军一级部队走向诸兵种的合成部队,成立了集团军。导弹部队、电子对抗部队、潜艇部队等得到加强。中国人民解放军进一步朝着现代化的方向前进。

对外开放,这时也迈出新的步伐。它是由沿海到内地、由点到面逐步推进的。

经济特区靠中央给予的特殊政策和灵活措施,在这方面走在前列,但也引起一些非议。原中共深圳市委书记厉有为回忆道:"深圳经济特区的迅速崛起令世人瞩目。随着外商外资的不断涌入,引起了国内外各阶层人士的广泛关注。在得到多数人理解和支持的同时,也遭到国内外少数不同意见者的怀疑和指责,说什么'在深圳这块土地上,除了五星红旗是红的外,其他一切都是"黄"的了';说什么'辛辛苦苦几十年,一夜之间变成解放前'。"[2]

一九八四年一二月间,邓小平视察了深圳、珠海、厦门三个经济特区和上海的宝山钢铁总厂。深圳的工业产值比兴办特区前的一九七八年已增长十倍多。这次视察,使邓小平十分兴奋。回到北京后,他对几个中央负责人说:

这次我到深圳一看,给我的印象是一片兴旺发达。

特区是个窗口,是技术的窗口,管理的窗口,知识的窗

---

[1]《邓小平文选》第3卷,第126页。
[2] 厉有为:《世纪伟业,历史丰碑》,《回忆邓小平》(下),第470页。

口,也是对外政策的窗口。从特区可以引进技术,获得知识,学到管理,管理也是知识。特区成为开放的基地,不仅在经济方面、培养人才方面使我们得到好处,而且会扩大我国的国际影响。

除现在的特区之外,可以考虑再开放几个港口城市,如大连、青岛。这些地方不叫特区,但可以实行特区的某些政策。我们还要开发海南岛,如果能把海南岛的经济迅速发展起来,那就是很大的胜利。[1]

经济特区也得到其他中央领导人的一致支持。陈云在中共十二大结束后不久的一九八二年十月三十日对广东关于试办经济特区初步总结的报告上批示:"特区要办,必须不断总结经验,力求使特区办好。"[2]以后,他又说过:"先念同志和我虽然都没有到过特区,但我们一直很注意特区建设,认为特区要办,必须不断总结经验,力求使特区办好。这几年,深圳特区经济已经初步从进口型转变成出口型,高层建筑拔地而起,发展确实很快。现在我们国家的经济建设规模比过去要大得多、复杂得多,过去行之有效的一些做法,在当前改革开放的新形势下很多已经不再适用。这就需要我们努力学习新的东西,不断探索和解决新的问题。"[3]

根据邓小平的建议,同年五月,中共中央、国务院批转《沿海部分城市座谈会纪要》,决定进一步开放天津、上海、大连、秦皇岛、烟台、青岛、连云港、南通、宁波、温州、福州、广州、湛江、

---

[1] 《邓小平文选》第3卷,第51、52页。
[2] 《陈云文集》第3卷,第516页。
[3] 《陈云文选》第3卷,第379页。

北海十四个沿海港口城市。对这些城市在利用外资和引进技术方面给予更多的自主权，实行经济特区的某些特殊政策，并在这些城市划出一定区域兴办经济技术开发区，给前来投资和提供先进技术的外商以优惠待遇，为他们创造良好的投资环境。一九八四年，全国批准外商投资项目一千八百五十六个，超过了前五年的总和。到一九八七年，这十四个沿海开放城市引进技术改造项目五千项。

一九八五年二月，中共中央、国务院又决定将长江三角洲、珠江三角洲和闽南厦（门）漳（州）泉（州）三角地区开辟为沿海经济开发区，赋予这些地区在对外经济活动方面相应的权限，实行十四个沿海港口开放城市的部分政策。

根据邓小平的指示，这年五月聘请新加坡前副总理吴庆瑞担任沿海开发经济顾问，后来又聘他兼旅游业顾问。

陈云还提出一个重要建议："对外开放不一定都是人家到我们这里来，我们也可以到人家那里去。"[1]

对外贸易体制的改革继续推进：改革汇率和外贸补贴机制；实行出口退税制度；改变出口创汇的指令性计划任务；放开外贸经营权。"当时，许多同志都明白一个简单的道理：只靠外贸部门的十几个专业公司就使十几亿人口的中国外贸有大的发展，那是绝不可能的。"[2]一九八六年七月，中国提出恢复关贸总协定缔约国地位的申请，以后演变为参加世界贸易组织的谈判。

当时加强利用外资是一个相当突出的问题。人们认识到："从许多国家经济发展的历史来看，无论发达国家还是发展中国家，都将利用外资作为它们开展国际经济合作、加快本国经济发展的重要

---

[1]《陈云文集》第3卷，第537页。
[2] 李岚清：《突围——国门初开的岁月》，第327页。

手段；无论是吸收外国间接投资或直接投资，只要使用得当，都有助于弥补资金、技术的不足，促进经济建设的发展。"[1]从中国的具体国情来说，这个问题更有它的迫切性。建设速度是现代化建设中的一个迫切问题。在国际经济发展的激烈竞争中，赢得时间极为重要。而中国底子薄，资金积累有限，又经过"文化大革命"的长期破坏，资金不足和技术落后成为现代化建设中的突出困难。吸引外资正是引进先进技术、设备和管理经验的一条有效途径。

改革开放中的引进外资，同旧中国时期帝国主义在华的资本输入有着本质的区别。它是以维护国家主权为前提的，是按照独立自主、平等互惠、有利于促进民族经济和增强国家经济实力的原则进行的。

一九八三年九月，中共中央、国务院发出《关于加强利用外资工作的指示》，指出：利用外资、引进先进技术，对加快社会主义现代化建设具有重要的战略意义，要把利用外资作为发展经济的一个长期方针。应尽可能利用外国政府和国际金融机构的中低利、中长期贷款，加快一些重点项目和基础设施的建设；同时，也要尽可能多吸收一些直接投资，进一步放宽鼓励外商投资的优惠政策，以吸收外国先进技术和管理经验。

吸引和利用外资在这些年内取得不小的进展。一九七九至一九八五年，中国对外签订利用外资的协议，总额达三百七十五亿五千万美元，实际利用的外资金额为二百十七亿九千一百万美元，在建设资金仍很短缺的情况下，对中国发展社会生产力起了有益的补充作用。

---

[1] 石林主编：《当代中国的对外经济合作》，中国社会科学出版社1989年11月版，第308页。

在加快物质文明建设的同时，中共中央把加强社会主义精神文明建设提到重要位置上来。

这是一个根本性的问题。中国进行的是社会主义现代化建设，而不是搞别的什么现代化。这要求既把工作着重点放在物质文明建设上，也就是发展生产力；同时，必须不断加强精神文明建设，始终坚持社会主义方向，提高人民的思想文化素质。忽视这一点，就会偏离正确的航向，走到邪路上去。为什么邓小平在提出改革开放这个最重要的战略决策后，很快又提出坚持四项基本原则的问题，成为党的基本路线的两个基本点，道理就在这里。

不久，邓小平敏锐地察觉到，改革开放进程中必须十分重视反对错误思想倾向。他在一九八一年为此作了多次讲话。三月二十七日，他提出："要加强坚持四项基本原则的宣传、教育"。"解放思想也是既要反'左'，又要反右。三中全会提出解放思想，是针对'两个凡是'的，重点是纠正'左'的错误。后来又出现右的倾向，那当然也要纠正。""对'左'的错误思想不能忽略，它的根子很深。重点是纠正指导思想上'左'的倾向，但只是这样还不能完全解决问题，同时也要纠正右的倾向。"七月十七日，他又提出尖锐的批评："党对思想战线和文艺战线的领导是有显著成绩的，这要肯定。工作中也存在某些简单化和粗暴的倾向，这也不能否认和忽视。但是，当前更需要注意的问题，我认为是存在着涣散软弱的状态，对错误倾向不敢批评，而一批评有人就说是打棍子。"他列举了一些错误言论后说："像这一类的事还有不少。一句话，就是要脱离社会主义的轨道，脱离党的领导，搞资产阶级自由化。""这种现象有它的社会历史原因，主要是十年动乱的后遗症，同时也是由于外来资产阶级思想的侵蚀。""资产阶级自由化的核心就是反对党的领导,而没有党的领导也就不会有社会主义制度。对待这些问题,我们不能再走老路,不能再搞什么政治运动,但一定要掌握好批评的武器。"[1]这大概是邓小平第一次使用反对"资产阶级自由化"的说法。他批评对思想战线的领导"涣散软弱",话是讲得很重的。

陈云在不久前同样说过很重的话:"经济工作搞不好,宣传工作搞不好,会翻船的。我讲的宣传工作,不只是讲报纸宣传工作,实际上包括党的整个思想政治工作。"[2]

以后,邓小平一再强调社会主义精神文明的重要性,要求加强党对思想战线的领导。一九八三年四月,他在一次谈话中说:

> 在社会主义国家,一个真正的马克思主义政党在执政以后,一定要致力于发展生产力,并在这个基础上逐步提高人民的生活水平。这就是建设物质文明。过去很长一段时间,我们忽视了发展生产力,所以现在我们要特别注意建设物质文明。与此同时,还要建设社会主义的精神文明,最根本的是要使广大人民有共产主义的理想,有道德,有文化,守纪律。[3]

同年十月十二日,邓小平在中共十二届二中全会上作了《党在组织战线和思想战线上的迫切任务》的长篇讲话,更加系统地阐述了他在这方面的看法:

---

[1]《邓小平文选》第2卷,第379、389、390、391页。
[2]《陈云文集》第3卷,第475页。
[3]《邓小平文选》第3卷,第28页。

思想战线上的战士,都应当是人类灵魂工程师。在当前这个转变时期,在社会主义精神文明建设和整个社会主义建设事业中,他们在思想教育方面的责任尤其重大。十年内乱的消极后果和历史遗留的种种因素,新形势下出现的新的复杂问题,在人们的思想上引起各种反映,包括一部分模糊和错误的认识。作为灵魂工程师,应当高举马克思主义的、社会主义的旗帜,用自己的文章、作品、教学、讲演、表演,教育和引导人民正确地对待历史、认识现实,坚信社会主义和党的领导,鼓舞人民奋发努力,积极向上,真正做到有理想、有道德、有文化、守纪律,为伟大壮丽的社会主义现代化建设事业而英勇奋斗。大多数人正是在不同程度上这样做的。但是,一些人却同时代和人民对他们的要求背道而驰,用他们的不健康思想、不健康作品、不健康表演,来污染人们的灵魂。精神污染的实质是散布形形色色的资产阶级和其他剥削阶级腐朽没落的思想,散布对于社会主义、共产主义事业的不信任情绪。前年党中央召开了思想战线问题的座谈会,批评了某些资产阶级自由化倾向和领导上的软弱涣散现象,那个会收到了一些效果,但没有完全解决问题。领导上的软弱涣散状态仍然存在;资产阶级自由化倾向有的有所克服,有的没有克服,有的发展得更严重了。

不要以为有一点精神污染不算什么,值不得大惊小怪。有的现象可能短期内看不出多大坏处。但是如果我们不及时注意和采取坚定的措施加以制止,而任其自由泛滥,就会影响更多的人走上邪路,后果就可能非常严重。从长远来看,这个问题关系到我们的事业将由什么样的一代人来接班,关系到党和国家的命运和前途。

我们在强调开展积极的思想斗争的时候，仍然要防止"左"的错误。过去那种简单片面、粗暴过火的所谓批判，以至残酷斗争、无情打击的处理方法，决不能重复。无论是开会发言、写文章，都要进行充分的说理和实事求是的科学分析……批评或自我批评都要站在马克思主义立场上，不能站在"左"的立场上。对于思想理论方面"左"的错误观点，仍然需要继续进行批评和纠正。但是，应当明确指出，当前思想战线首先要着重解决的问题，是纠正右的、软弱涣散的倾向。[1]

一九八六年九月，中共中央十二届六中全会通过了《中共中央关于社会主义精神文明建设指导方针的决议》。它一开始就提出社会主义精神文明的战略地位问题，写道："以马克思主义为指导的社会主义精神文明是社会主义社会的重要特征。在社会主义时期，物质文明为精神文明的发展提供物质条件和实践经验，精神文明又为物质文明的发展提供精神动力和智力支持，为它的正确发展方向提供有力的思想保证。社会主义精神文明建设，是关系社会主义兴衰成败的大事。"它指出："精神文明建设，包括思想道德建设和教育科学文化建设两个方面，渗透在整个物质文明建设之中，体现在经济、政治、文化、社会生活的各个方面。"[2]因此，《决定》要求：用共同理想动员和团结全国各族人民，树立和发扬社会主义的道德风尚，加强社会主义民主、法制和纪律的教育，普及和提高教育科学文化。这一切，是为了提高整个中华民族的思想道德素质和科学

[1]《邓小平文选》第3卷，第40、45、47页。
[2]《十二大以来重要文献选编》（下），人民出版社1988年5月版，第1174、1176页。

文化素质。

在讨论这个《决议》时，会上发生不同意见的争议，主要是决议中要不要提反对资产阶级自由化。邓小平即席讲话。他说：

> 反对资产阶级自由化，我讲得最多，而且我最坚持。为什么？第一，现在在群众中，在年轻人中，有一种思潮，这种思潮就是自由化。第二，还有在那里敲边鼓的，如一些香港的议论，台湾的议论，都是反对我们的四项基本原则，主张我们把资本主义一套制度都拿过来，似乎这样才算真正搞现代化了。自由化是一种什么东西？实际上就是要把我们中国现行的政策引导到走资本主义道路。
>
> 搞自由化，就会破坏我们安定团结的政治局面。没有一个安定团结的政治局面，就不可能搞建设。
>
> 看来，反对自由化，不仅这次要讲，还要讲十年二十年。这个思潮不顶住，加上开放必然进来许多乌七八糟的东西，一结合起来，是一种不可忽视的、对我们社会主义四个现代化的冲击。[1]

作为党的总书记的胡耀邦，拨乱反正和改革开放以来是有重要贡献的，对纠正"左"的错误旗帜鲜明、态度坚决，但对来自右的方面的资产阶级自由化思潮却警惕不够，斗争不力，对它的危害性估计不足。这年年底，合肥、北京等地一些高等学校的部分学生上街游行闹事，就是受着自由化思潮的影响和煽动。极少数别有用心

---

[1]《邓小平文选》第3卷，第181、182页。

的人，如中国科技大学副校长方励之等，从中进行反对共产党、反对社会主义制度的煽动。有些地方发生了影响社会稳定和治安的情况。邓小平指出："大学生闹事，主要责任不在学生，而是少数别有用心的人煽动，其中主要是少数党内高级知识分子。"为什么邓小平如此看重这件事？他说："中国要实现四个现代化，摆脱落后状态，必须有一个安定团结的政治局面，必须有领导有秩序地进行建设。闹事就使我们不能安心建设，我们已经有了'文化大革命'的经验教训，这样一闹，就会出现新的'文化大革命'。"[1]由于中央态度鲜明，这场学潮很快平息下来。胡耀邦作了自我批评，辞去总书记职务，仍留任中共中央政治局委员、常委。赵紫阳代理中共中央总书记。

邓小平在这次闹事平息下去后一再强调保持社会稳定对进行现代化建设的极端重要性。他说："我们坚定不移的原则是要有稳定的政治局面，以保证有秩序地进行四个现代化建设。"确实，有过"文化大革命"十年动乱那样的沉重教训，中国再也不能折腾了。搞自由化，以种种不同形式动摇人们对社会主义的信念，制造动乱，破坏稳定，中国就将没有什么社会主义现代化可言。

为了一心一意地搞社会主义现代化建设，在国内需要有一个稳定的政治局面，在国外则需要有一个和平的国际环境。邓小平已考虑到："我们确定了两个阶段的目标，就是本世纪末达到小康水平，然后在下个世纪用三十到五十年的时间达到中等发达国家的水平。"这是一个更长远更实际的目标，是一个要以一百年左右时间走完许

---

[1]《邓小平文选》第3卷，第204、208页。

多发达国家几百年所走的路程的令人自豪的目标。他强调："实现这两个阶段的目标，需要两个条件，一个是国际上的和平环境，另一个是国内安定团结的政治局面，使我们能有领导有秩序地进行社会主义建设。"[1]

进入二十世纪八十年代的时候，在世界范围内来说，"美苏争霸陷入僵持状态，国际形势总体上趋向缓和。""邓小平对于这个问题的看法有一个历史过程。一九七七年他说，'可以延缓战争的爆发'。一九八五年提出，'在较长时间内不发生大规模的世界战争是有可能的'。一九八七年进一步指出，'争取比较长期的和平是可能的，战争是可以避免的'。"[2]这就根本改变了认为世界战争不可避免而且迫在眉睫的看法，改变了对战争与和平的看法。对国际形势作出的这种新的判断，为中国一心一意地进行社会主义现代化建设提供了重要的科学依据。

中国的对外政策一贯坚持独立自主的原则，不屈从于任何外来压力，也不顺从任何外国的指挥棒，这在旧中国是难以想象的。邓小平在中共十二大的开幕词中说了一段使中国人深感自豪的话：

> 独立自主，自力更生，无论过去、现在和将来，都是我们的立足点。中国人民珍惜同其他国家和人民的友谊和合作，更加珍惜自己经过长期奋斗而得来的独立自主权力。任何外国不要指望中国做他们的附庸，不要指望中国会吞下损害我国利益的苦果。我们坚定不移地实行对外开放政策，在平等互利的基础上积极扩大对外交流。同时，我们保持清醒的头脑，坚决抵

---

[1]《邓小平文选》第3卷，第210页。
[2] 刘华秋：《国际风云录》，人民出版社2005年9月版，第2、207、208页。

制外来腐朽思想的侵蚀,决不允许资产阶级生活方式在我国泛滥。中国人民有自己的民族自尊心和自豪感,以热爱祖国、贡献全部力量建设社会主义祖国为最大光荣,以损害社会主义祖国利益、尊严和荣誉为最大耻辱。[1]

这是一个为中华民族的独立和解放奋斗了一生的老人说出来的话,也道出了无数有爱国心的中国人的共同心声。

自一九八二年前后起,中国在外交政策方面逐步进行调整:"从本国人民和世界人民的根本利益出发,把反对霸权主义、维护世界和平,发展同各国友好合作和促进共同经济繁荣,作为自己对外工作的根本目标。"[2]

为什么要对中国的外交政策进行调整?它的前提,是要对当今世界面对的主要问题作出正确的判断。"文化大革命"期间曾经有一种流行的说法:当今世界是处在帝国主义走向全面崩溃、社会主义走向全世界胜利的时代。对中国面对的战争威胁也估计得比较严重。从这种判断出发,只能引导人们对国际问题的注意力集中到支持世界革命的问题上,或者是备战问题上。十一届三中全会以后,中国领导人在处理繁忙的国内事务的同时,一直密切地关注着世界形势的每一步发展,从实际出发,调整思路,重新作出判断。一九八四年,邓小平在几次谈话中明确指出:"国际上有两大问题非常突出,一个是和平问题,一个是南北问题。还有其他许多问题,但都不像这两个问题关系全局,带有全球性、战略性的意

---

[1]《邓小平文选》第3卷,第3页。

[2]《当代中国外交》,第339页。

义。"[1]他所说的"南北问题"就是发展问题，特别是第三世界国家的发展问题。以后，他又概括地说："世界和平与发展这两大问题，至今一个也没有解决。"[2]根据这个判断，自然就要把反对霸权主义，维护世界和平，发展同各国友好合作，促进各国共同发展共同繁荣，作为中国对外工作的根本目标了。

中美关系是中国对外关系中最重要的关系之一，事关中国的外交全局。中美实现建交，是一件有利于和平与发展的大事。中美建交后不久，邓小平率团访问美国，在白宫南草坪宣布：中美关系史上的一个新时代开始了。他这次访问，进一步加深了中美双方的相互了解，产生了巨大影响。美国舆论说："邓小平一九七九年一月的美国之行，以他的坦诚、开放、幽默和平易近人的风格，深深打动了美国人的心。"但中美关系的发展并不是一帆风顺的，还存在不少困难和障碍：先是美国通过了《与台湾关系法》，后来又向台湾增加出售武器。"邓小平同志历来主张，要从世界的全局着眼，用长远的政治和战略观点来看待和处理中美关系。只有这样才能做出正确判断，采取正确政策，中美关系才能不断地改善和发展。'中美两国之间尽管有些纠葛，有这样那样的问题和分歧，但归根到底中美关系是要好起来才行。这是世界和平和稳定的需要。'从这一战略考虑出发，邓小平同志对中美关系发展中出现的每一个积极变化都极为高兴，给予热情赞扬。对不利于中美关系发展的看法、言论和行为，总要利用各种机会，进行纠正、批驳和劝导。"[3]

中共十二大召开前夜，中美两国发表了《联合公报》。这是

---

[1]《邓小平文选》第3卷，第96页。
[2]《邓小平文选》第3卷，第383页。
[3] 刘华秋：《国际风云录》，第193页。

中美关系中又一件大事。为什么会发表这个《公报》？当时担任中国外交部长的黄华在回忆录中叙述了它的由来："一九八〇年一月，里根当选为美国总统。就职前夕，他的外交顾问克莱因访问台湾，一到台湾就大放厥词，说中国军力落后，不足以牵制苏联，美国在战略上无求于中国，可以加强美台关系而不必顾忌中国的反对。""一九八一年六月，美国国务卿黑格访华。十四日和十五日，我先同他谈了两次。""在会谈中，我提出了美国售台武器问题。我说：建交后，美国国会通过的《与台湾关系法》，在许多重要方面违背建交公报，实际上重新恢复了美台《共同防御条约》，向台湾提供防御物资和防御服务。武器不是一般商品，向台湾出售武器不是民间往来……建交之初，我们就声明反对美国卖武器给台湾，希望经过一段时间能解决这个问题。现在一年多了，如果这样继续下去，我们不能容忍，不得不作出强烈反应，两国关系不仅不能发展，连停滞都不可能，如果中美关系倒退，将给战略全局带来严重后果。黑格说：战略全局是大车轮，台湾问题是大车轮中的小车轮，大车轮应该继续影响和制约小车轮。美国今后仍要为台湾提供仔细选择的、性能适度的防御性武器。我于是说，向台湾继续出售武器不是小车轮、小问题，而是大车轮、大问题，是影响两国关系和战略全局的大问题，希望能引起你们的严肃注意。十六日，小平同志会见黑格，再次谈美国售台武器问题，他强调说：我们的容忍是有限度的，干扰太厉害会使中美关系停滞甚至后退，希望美国政府从更广的角度考虑这个问题。黑格只说，美国会十分谨慎地处理这个问题。"[1]

---

[1]《亲历与见闻——黄华回忆录》，人民出版社2007年8月版，第258—260页。

经过持续一年的艰苦谈判，两国终于达成协议，在一九八二年八月十七日发表《联合公报》，通常称为"八一七公报"。这个《公报》不仅是解决美国售台武器的公报，而且由美国政府更明确地承诺对待台湾问题的态度。《公报》写道：

> 在中华人民共和国政府和美利坚合众国政府发表的一九七九年一月一日建立外交关系的联合公报中，美利坚合众国承认中华人民共和国政府是中国的唯一合法政府，并承认中国的立场，即只有一个中国，台湾是中国的一部分。在此范围内，双方同意，美国人民将同台湾人民继续保持文化、商务和其他非官方关系。在此基础上，中美两国关系实现了正常化。
>
> 美国政府声明，它不寻求执行一项长期向台湾出售武器的政策，它向台湾出售的武器在性能和数量上将不超过中美建交后近几年供应的水平，它准备逐步减少对台湾的武器出售，并经过一段时间导致最后的解决。在作这样的声明时，美国承认中国关于彻底解决这一问题的一贯立场。[1]

声明发表后，美国驻华大使恒安石说"公报是持久的，美准备完全忠实地执行公报"。[2]它使中美关系确有重要发展。一九八四年，里根总统访华；第二年，李先念主席访美，布什副总统访华。中美在许多领域的交往与合作逐步取得进展。在一段时间内，美国卖武器给台湾比较谨慎，但以后美方并没有信守自己在对售台武器问题上所作的承诺。

---

[1]《人民日报》1978年8月18日。

[2]《亲历与见闻——黄华回忆录》，第267页。

中国是一个发展中国家，一直坚持同第三世界国家的团结合作，特别是重视同周边国家的睦邻友好的关系。"中国继续把加强同第三世界国家的团结与合作作为自己对外政策的基本立足点，并根据国际形势的新特点，把维护世界和平与促进共同发展摆到了中国同第三世界国家团结合作的主要位置。中国继续坚决支持第三世界维护国家独立和民族权益的正义斗争，坚决支持第三世界国家要求改变国际经济旧秩序、建立国际经济新秩序的正义立场，中国致力于探索开展南南合作及中国同第三世界各国双边合作的新途径。"[1]邓小平十分看重这个问题。他在一九八四年说："中国永远属于第三世界。中国现在属于第三世界，将来发展富强起来，仍然属于第三世界。中国和所有第三世界国家的命运是共同的。中国永远不会称霸，永远不会欺侮别人，永远站在第三世界一边。"[2]

这个时期内，中国同苏联、东欧国家，同日本，同西欧及加拿大、澳大利亚、新西兰的关系，都取得进一步发展。

随着改革开放的全面发展，在国内各方面呈现出一派蒸蒸日上的局面，城乡居民的收入水平和消费水平明显提高；在国外，广交朋友，越来越得到国际社会的尊重。一九八四年，举行中华人民共和国成立三十五周年国庆活动，天安门前的庆祝游行队伍中，北京大学一些学生行经天安门城楼时自发地打出他们事先准备好的"小平您好"的横幅，这是从来没有过的事情，充分反映出全国人民的喜悦和兴奋心情。

---

[1] 韩念龙主编：《当代中国外交》，第357页。
[2]《邓小平文选》第3卷，第56页。

积极推进祖国统一大业

进入八十年代前后，推进祖国的完全统一这个重大问题也突出起来了。邓小平在一九七九年元旦一次座谈会上说："把台湾归还祖国、完成祖国统一的大业提到具体的日程上来了。"[1]

以怎样的构想来实现祖国的统一大业？基本方针是"和平统一、一国两制"。这个构想的提出，是从考虑如何解决台湾问题开始的。这年一月三十日，邓小平访美时在美国参、众两院发表的演说中说："我们不再用'解放台湾'这个提法了。只要台湾回归祖国，我们将尊重那里的现实和现行制度。"[2]第二天，他同美国广播电视界雷诺兹谈话时说："我们力求用和平方式来解决台湾归回祖国和完成我国的统一。问题是如果我们承诺我们根本不使用武力，那就等于将我们的双手捆缚起来，结果只会促使台湾当局根本不同我们谈判和平统一。这反而只能导致最终用武力解决问题。"[3]

这时，台湾的情况也有很大变化。一九七五年四月，蒋介石去世。一九七八年三月，蒋经国当选为"总统"。他为了应变求存，开始在政治上作出一些调整。一九八六年三月，国民党召开的十二届三中全会上，蒋经国提出"政治革新"的主张，并相继采取了一系列措施，包括解除戒严、开放党禁报禁、实行地方自治法制化等。这些措施，"虽仍没有突破'动员戡乱体制'的范围，但解严、开禁确是四十多年来台湾政治中的一个重大变革，台湾的政治体制由此发生了重大变化，开始由军事戒严和一党专政向标榜实行西方的

---

[1]《邓小平文选》第2卷，第154页。
[2]《人民日报》1979年2月1日。
[3]《邓小平论祖国统一》，团结出版社1995年2月版，第5页。

政治制度的方向过渡。"[1]

台湾经济这些年取得较大的发展。五十年代，台湾基本上以农业为主。以后，经历了两次"进口替代"：第一次是利用低廉工资，大力发展加工出口工业以带动经济发展；第二次是着重发展资本密集和技术密集的产品，主要是发展重化工业产品，以替代同类的进口产品，建立较完整的工业体系，同时大力建设电力、交通等基础设施。从六十年代起，台湾经济高速增长。七十年代，增长速度更快。"一九七二至一九八〇年间实质年均增长率达到百分之八点九，工业生产和出口年均实质增长率分别达到百分之十一点四和十二点八的高增长速度。"[2]这种高速发展有很多原因：首先是台湾地区人民吃苦耐劳的辛勤劳动，还有国民党当局从大陆带去不少资金和人才，美国政府也给了它一定程度的援助。一九八〇年，设立新竹科学工业园区，吸引岛内外厂商前往投资高科技工业。八十年代，产业升级已初见成效，资本和技术密集型工业在制造业中所占比重不断上升，其中信息产业的发展尤为突出。但台湾资源短缺，市场狭小，对外依赖程度较高，形成"浅碟子经济"的特点，严重制约着它的进一步发展。

这个时期内，岛内主张"台湾独立"的分裂活动日见猖獗。"'台独'思潮与活动的产生有复杂的历史、社会、政治原因，也是美国、日本反华势力支持的产物。蒋氏父子统治时期，台湾当局采取打击'台独'活动的措施，'台独'势力在岛内难以生存，不得不移到海外。七十年代后期，台岛的'反蒋民主'运动兴起，'台独'分子披着'争民主、争人权'的外衣大肆活动。八十年代中期蒋经国开

---

[1] 陈云林主编：《中国台湾问题》，九洲图书出版社1998年4月版，第13页。
[2] 陈孔立主编：《台湾历史纲要》，第463页。

始推行'政治革新'之后，一九八六年九月民进党成立。民进党成立之初，是各种反国民党势力的复杂组合，但领导权基本上被'台独'分子把持，'台独'思潮在该党内泛滥。该党一大通过的党纲即主张台湾前途由台湾全体住民决定。以后，该党又陆续通过一些决议，宣称'台湾人民有主张台湾独立的自由'、'台湾国际主权独立'等等。"[1]这股"台独"分裂势力越来越构成对两岸关系发展与祖国和平统一的严重威胁。

七十年代初，中华人民共和国在联合国合法席位得到恢复，尼克松访华，中国和日本建立正式外交关系，台湾当局在国际上日益陷于孤立。

在这种情况下，一九七九年元旦，全国人大常委会发出《告台湾同胞书》，恳切陈词："自从一九四九年台湾同祖国不幸分离以来，我们之间音讯不通，来往断绝，祖国不能统一，亲人无从团聚，民族、国家和人民都受到了巨大的损失。所有中国同胞以及全球华裔，无不盼望早日结束这种令人痛心的局面。""如果我们还不尽快结束目前这种分裂局面，早日实现祖国的统一，我们何以告慰于列祖列宗？何以自解于子孙后代？"[2]

一九八一年九月三十日，叶剑英以全国人大常务委员会委员长名义，向新华社记者发表谈话，对如何解决台湾问题提出了九条意见：

（一）为了尽早结束中华民族陷于分裂的不幸局面，我们建议中国共产党和中国国民党两党对等谈判，实行第三次合

---

[1] 陈云林主编：《中国台湾问题》，第17页。
[2] 《一国两制重要文献选编》，中央文献出版社1997年5月版，第1、2页。

作,共同完成祖国统一大业。双方可先派人接触,充分交换意见。(二)海峡两岸各族人民迫切希望互通音讯、亲人团聚、开展贸易、增进了解。我们建议双方共同为通邮、通商、通航、探亲、旅游,以及开展学术、文化、体育交流提供方便,达成有关协议。(三)国家实现统一后,台湾可作为特别行政区,享有高度的自治权,并可保留军队。中央政府不干预台湾地方事务。(四)台湾现行社会、经济制度不变,生活方式不变,同外国的经济、文化关系不变。私人财产、房屋、土地、企业所有权、合法继承权和外国投资不受侵犯。(五)台湾当局和各界代表人士可担任全国性政治机构的领导职务,参与国家管理。(六)台湾地方财政遇有困难时,可由中央政府酌情补助。(七)台湾各族人民、各界人士愿回祖国大陆定居者,保证妥善安排,不受歧视,来去自由。(八)欢迎台湾工商界人士回祖国大陆投资,兴办各种经济事业,保证其合法权益和利润。(九)统一祖国,人人有责。我们热诚欢迎台湾各族人民、各界人士、民众团体通过各种渠道,采取各种方式提供建议,共商国是。[1]

一九八三年六月,邓小平会见美国杨力宇教授时说:

问题的核心是祖国统一。和平统一已成为国共两党的共同语言。但不是我吃掉你,也不是你吃掉我。我们希望国共两党共同完成民族统一,大家都对中华民族作出贡献。

---

[1]《叶剑英选集》,第563—564页。

> 祖国统一后，台湾特别行政区可以有自己的独立性，可以实行同大陆不同的制度。司法独立，终审权不须到北京。台湾还可以有自己的军队，只是不能构成对大陆的威胁。大陆不派人驻台，不仅军队不去，行政人员也不去。台湾的党、政、军等系统，都由台湾自己来管。中央政府还要给台湾留出名额。[1]

一年后，邓小平分别会见两批香港人士时，更加明确地提出"一个国家，两种制度"的主张。他说：

> 我们的政策是实行"一个国家，两种制度"，具体说，就是在中华人民共和国内，十亿人口的大陆实行社会主义制度，香港、台湾实行资本主义制度。近几年来，中国一直在克服"左"的错误，坚持从实际出发，实事求是，来制定各方面工作的政策。经过五年半，现在已经见效了。正是在这种情况下，我们才提出用"一个国家，两种制度"的办法来解决香港和台湾问题。
>
> 实现国家统一是民族的愿望，一百年不统一，一千年也要统一的。怎么解决这个问题，我看只有实行"一个国家，两种制度"。世界上一系列争端都面临着用和平方式来解决还是用非和平方式来解决的问题，总得找出个办法来，新问题就得用新办法来解决。[2]

---

[1]《邓小平文选》第3卷，第30页。
[2]《邓小平文选》第3卷，第58、59页。

这些话，把"一国两制"的基本内容说得很清楚。

"和平统一，一国两制"的主张提出后，台湾当局在对大陆政策的策略和具体做法上有所调整，但调整的幅度并不大，整个政策仍很僵硬。但到一九八七年有一个重大突破，那就是台湾当局允许居民赴大陆探亲。

这个突破是在多方面因素的影响下出现的。祖国大陆改革开放以来取得巨大变化，中英达成解决香港问题的协议，使岛内知识界、新闻界和工商界越来越多地发出要求当局调整大陆政策、松动两岸关系的呼声。在台湾有着一九四九年前后随国民党当局来到台湾的上百万军人和平民。"将近四十多年没有家里的消息，不知故乡的老父母是否安在，甚至不曾见过离家时还在腹中的儿女。"一九八七年二月，一些人发起返乡运动，发表《自由返乡运动宣言》。四月，第一张传单《我们已沉默了四十年》印发了三十万份。传单上写道："难道我们没有父母？而我们的父母是生是死不得而知？我们只要求：'生'则让我们回去奉上一杯茶；'死'则让我们回去献上一炷香。"这些哀戚的语言，深深打动了社会各界。这年五月十日是母亲节，一些老兵穿着写有"想家"两个大字的T恤衫走上街头。六月二十八日，老兵组成的合唱团在一次集会上演唱《母亲您在何方？》。"夏夜里，这首《母亲您在何方？》，让台上台下的老兵哭成一片。""看着一群六七十岁的老先生像孩子般的痛哭，所有人都为他们揪心。"[1]

这是一股难以阻挡的巨潮。这年十月十四日，国民党中常会通过台湾居民赴大陆探亲的方案。十五日，台湾当局宣布自一九八七

---

[1]《回家这条路，走了二十年》，台湾《新新闻》周报2007年11月14日，见《参考消息》2007年11月20日。

年十一月二日起，允许除现役军人和公职人员以外的台湾居民，可经第三地转赴大陆探亲。国务院有关部门负责人在台湾当局宣布台胞赴大陆探亲实施细则的前一天发表谈话，欢迎台胞赴大陆探亲，保证来去自由，尽力提供方便和照顾；并要求台湾当局允许大陆同胞到台湾探亲，不应有不合情理的限制。十月十六日，国务院办公厅又公布有关接待办法。同年十一月以后，海峡两岸同胞近三十八年的隔绝状态终于被打破了。

闸门一旦打开，两岸人员往来和经济文化交流的洪流便再也无法阻遏。两岸人员的往来逐年递增，规模越来越大，一九九二年已超过一百万人次。两岸经贸交流越来越频繁，经济关系愈益密切。双方文化等交流也大幅增加。

"一国两制"构想的提出，最初并不是从香港、澳门问题开始的。但香港和澳门问题却以快得多的速度在八十年代得到原则上的解决。这是中国历史上的一件大事。

香港自古便是中国珠江三角洲的组成部分。这个地名在两千年前的汉朝已经确定下来。一八四〇年，英国发动鸦片战争。一八四二年签订的《南京条约》，将香港强行割给英国。它的居民绝大多数依然是中华儿女，香港主要是依靠他们建设和发展起来的。一百多年来，这件事一直是中国人心头的隐痛。一八六〇年，第二次鸦片战争后签订的《北京条约》，又将九龙半岛的尖端割给英国。一八九五年，英国乘列强在中国划分势力范围的机会，胁迫清政府签订《展拓香港界址专条》，强行租借九龙半岛的大片土地及附近二百多个岛屿（以后统称"新界"），租期九十九年，到一九九七年六月三十日期满。"新界"的面积占香港地区的百分之九十二。在当时中国极端贫弱、国势岌岌可危的情况下，英国政府根本没有到期归还的打算。中国人民一直反对这些不平等条约，不承认英国对香港的占领。

中华人民共和国恢复在联合国的合法席位后，当时联合国非殖民化特别委员会曾把香港和澳门列入非殖民宣言的名单。黄华回忆道："一九七二年三月八日，经请示中央和外交部，我作为中国常驻联合国代表致函联合国非殖民化特别委员会主席萨利姆，指出：'香港、澳门是帝国主义强加于中国的一系列不平等条约的结果。香港和澳门是被英国和葡萄牙当局占领的中国一部分领土，解决香港和澳门问题完全是属于中国主权范围内的问题，根本不属于通常的所谓殖民地范畴'。因此，中国代表团要求'立即从反殖民化特别委员会的文件及联合国其他一切文件中取消关于香港、澳门是属于所谓殖民地范畴的这一错误提法'。非殖民化特别委员会就此进行了讨论，并向联合国大会提出报告，建议将香港、澳门从殖民地名单中删除。一九七二年十一月，第二十七届联合国大会以九十九票赞成和五票反对通过决议，从反殖民宣言中适用的殖民地地区名单中删除了香港、澳门。""在联合国里，将香港、澳门从非殖民化名单中删除，为日后中英两国就解决香港回归问题提供了重要的政治上和法理上的依据。"[1]

一九七九年，离英国政府强行租借新界地区的最后期限只剩下十八年了。英国政府已忐忑不安，派香港总督麦理浩在三月间访问北京，实际上是要试探中国政府对香港问题的态度。麦理浩向邓小平表示：在香港的投资者对未来不放心。邓小平明确地告诉他：

---

[1]《亲历与见闻——黄华回忆录》，第345、346页。

"香港是中国的一部分,这个问题本身不能讨论。但可以肯定的一点,就是即使到了一九九七年解决这个问题时,我们也会尊重香港的特殊地位。现在人们担心的,是在香港继续投资靠不靠得住。这一点,中国政府可以明确地告诉你,告诉英国政府,即使那时作出某种政治解决,也不会伤害投资人的利益。请投资的人放心,这是一个长期的政策。""在本世纪和下世纪的相当长的时期内,香港还可以搞它的资本主义,我们搞我们的社会主义。就是到一九九七年香港政治地位改变了,也不影响他们的投资利益。"[1]这次谈话后,中国政府把解决香港问题提上了现实议事日程。

一九八二年九月二十二日,刚上任不久的英国首相撒切尔夫人访华。这是第一位在任的英国首相访问中国。二十四日,撒切尔夫人在北京同邓小平会谈。她是有名的强硬派,被西方舆论称为"铁娘子"。会谈中,"她坚称三个不平等条约仍然有效,咄咄逼人地提出,如果中国同意英国一九九七年后继续管治香港,英国可以考虑中国提出的主权要求。这就是所谓的'主权换治权'的提法。她还危言耸听地说,没有英国的管理,投资者就会失去信心,资金会外流,香港经济就会崩溃,产生灾难性影响。要保持香港的繁荣与信心,就得保持英国对香港的管辖,至少要超过十五年。"[2]

邓小平针对撒切尔夫人这番话,坦率地、斩钉截铁地回答:

> 主权问题不是一个可以讨论的问题。现在时机已经成熟了,应该明确肯定:一九九七年中国将收回香港。就是说,中国要收回的不仅是新界,而且包括香港岛、九龙。中国和

---

[1] 冷溶、汪作玲主编:《邓小平年谱(1975—1997)》(上),第500、501页。
[2] 《亲历与见闻——黄华回忆录》,第350页。

英国就是在这个前提下来进行谈判，商讨解决香港问题的方式和办法。如果中国在一九九七年，也就是中华人民共和国成立四十八年后还不把香港收回，任何一个中国领导人和政府都不能向中国人民交代，甚至也不能向世界人民交代。如果不收回，就意味着中国政府是晚清政府，中国领导人是李鸿章！……如果十五年后还不收回，人民就没有理由信任我们，任何中国政府都应该下野，自动退出政治舞台，没有别的选择。

香港继续保持繁荣，根本上取决于中国收回香港后，在中国的管辖之下，实行适合于香港的政策。香港现行的政治、经济制度，甚至大部分法律都可以保留，当然，有些要加以改革。香港仍将实行资本主义，现行的许多适合的制度要保持。我们要同香港各界人士广泛交换意见，制定我们在十五年中的方针政策以及十五年后的方针政策。这些方针政策应该不仅是香港人民可以接受的，而且在香港的其他投资者也能够接受，因为对他们也有好处。

至于说一旦中国宣布一九九七年要收回香港，香港就可能发生波动，我的看法是小波动不可避免，如果中英两国抱着合作的态度来解决这个问题，就能避免大的波动。我还要告诉夫人：中国政府在做出这个决策的时候，各种可能都估计到了。我们还考虑了我们不愿意考虑的一个问题，就是如果在十五年的过渡时期内香港发生严重的波动，怎么办？那时，中国政府将被迫不得不对收回的时间和方式另作考虑。[1]

---

[1]《邓小平文选》第3卷，第12—14页。

会谈结束后，还发生一个小小的偶然插曲。陪同邓小平会见撒切尔夫人的黄华回忆道："两人谈笑风生，却不乏唇枪舌剑，针锋相对，然而又峰回路转。就这样，原定一个半小时结束的会谈延长了五十分钟。会谈结束后，撒切尔夫人可能心思太重，从人民大会堂北门出来时不慎在台阶上失足跪倒，我马上把她搀扶起来。新闻媒体对此情景作了种种渲染报道。"[1]

经过九个多月的僵持和协商，一九八三年七月，中英两国政府代表团举行第一轮正式谈判。又经过两年十几轮的艰苦谈判，一九八四年九月二十六日，双方草签了两国《联合声明》和三个附件。十二月十九日，由中国国务院总理赵紫阳和英国首相撒切尔夫人在北京正式签署关于香港问题的联合声明，明确规定：中国政府于一九九七年七月一日对香港恢复行使主权。一九八五年五月二十七日，两国政府代表在北京互换议会批准书，中英联合声明正式生效。这是两国处理香港问题和实行平稳过渡的法律基础。

香港问题的解决，为澳门问题提供了榜样。澳门问题的解决比较顺利。

澳门原属广东省香山县。一五五三年（明朝嘉靖三十二年），葡萄牙人用欺骗和贿赂手段，买通明朝官员，佯言商船遭遇风暴，请求在澳门居住，晾晒货物。不到十年，在澳门的葡萄牙人达到万人，开始在澳门长期居住。一八八七年，他们又强迫衰败的清政府签订《中葡会议草约》和《中葡北京条约》，规定"葡国永驻管理澳门以及属澳之地，与葡国治理他处无异"。此后葡萄牙一直占领着澳门。

---

[1]《亲历与见闻——黄华回忆录》，第350页。

一九七九年中葡建交时，双方就澳门问题达成原则谅解，葡政府承认澳门是中国领土。中英解决香港问题的谈判结束后，一九八五年葡萄牙总统埃内亚斯访华，双方同意在近期内举行谈判来解决澳门问题。第二年七月，双方谈判开始。一九八七年四月十三日，两国总理共同签署《关于澳门问题的联合声明》，明确宣布：澳门地区是中国领土，中华人民共和国政府将于一九九九年十二月二十日对澳门恢复行使主权。中国政府并声明根据"一个国家，两种制度"的方针将对澳门实行的各项基本政策。这个联合声明，自一九八八年一月十五日起生效。

第二十六章　在风浪中奋勇前进

中共十三大在更深入地认识国情和总结历史经验的基础上，系统地阐明了社会主义初级阶段的理论和党在社会主义初级阶段的基本路线，使社会主义中国前进的方向更明确了。

但前进的道路并不平坦。这以后不久，巨大的风浪迭起：在国内发生了一九八九年那场政治风波；在国际上发生了苏联解体和东欧剧变，发生了西方七国的对华"制裁"。中国能不能排除重重困难，进一步打开一个新局面，再一次面对严峻的考验。

在此期间，中国共产党形成以江泽民为核心的新的中央领导集体。中国的社会主义现代化建设事业在惊涛骇浪中继续奋勇前进。

社会主义初级阶段基本路线的确立

一九八七年十月二十五日至十一月一日，中国共产党第十三次全国代表大会在北京召开。这次大会在改革开放全面展开的进程中占着重要地位。它的历史性功绩是系统论述了中国正处在社会主义的初级阶段，全面阐发了"一个中心，两个基本点"的基本路线，使中国特色社会主义的道路更加清楚、更加具体化了。

这些基本思想，在十一届三中全会以来近九年的实践中已经逐渐形成，需要在党的这次全国代表大会上作出更清晰的概括，以便在全党和全国人民中达成共识，成为人们继续前进的明确指针。

邓小平不愧为中国社会主义改革开放和现代化建设的总设计师。他在十三大前经过深思熟虑，高瞻远瞩地作出这种概括。他在这年的几次谈话中，先后提出一切要从中国社会主义初级阶段的实际出发，在以经济为中心的社会主义现代化建设中必须坚持"两个基本点"，以及现代化建设要分"三步走"等关系中国今后几十年发展的全局性大思路，以这些鲜明的理论观点为中共十三大定下了基调。他说：

> 我们党的十三大要阐述中国社会主义是处在一个什么阶段，就是处在初级阶段，是初级阶段的社会主义。社会主义本身是共产主义的初级阶段，而我们中国又处在社会主义的初级阶段，就是不发达的阶段。一切都要从这个实际出发，根据这个实际制订规划。
>
> 搞社会主义现代化建设是基本路线。要搞现代化建设使中国兴旺发达起来，第一，必须实行改革、开放政策；第二，必须坚持四项基本原则，主要是坚持党的领导，坚持社会主义道路，反对资产阶级自由化，反对走资本主义道路。这两个基本点是相互依存的。
>
> 我们的第一个目标是解决温饱问题，这个目标已经达到了。第二个目标是在本世纪末达到小康水平，第三个目标是在下个世纪的五十年内达到中等发达国家水平。我们现在真正要做的就是通过改革加快发展生产力，坚持社会主义道路，用我

们的实践来证明社会主义的优越性。[1]

这些话,从大视野出发,言简意赅地把中国现阶段的实际国情和前进规划的基本依据说得非常透彻,把中国社会主义现代化建设必须遵循的原则说得十分明确,把中国今后几十年的路应该怎么走、需要经历哪几个阶段说得清清楚楚。

中共十三大上,赵紫阳受第十二届中央委员会的委托,在会上作《沿着有中国特色的社会主义道路前进》的报告。报告系统地阐述了关于社会主义初级阶段的理论和党在社会主义初级阶段的基本路线,指出:"正确地认识我国社会现在所处的历史阶段,是建设有中国特色的社会主义的首要问题,是我们制定和执行正确的路线和政策的根本依据。"报告明确地说明,我国正处在社会主义初级阶段。这个论断包括两层含义:第一,我国社会已经是社会主义社会,我们必须坚持而不能离开社会主义;第二,我国的社会主义社会还处在初级阶段,我们必须从这个实际出发,而不能超越这个阶段。报告提出:

> 在社会主义初级阶段,我们党的建设有中国特色的社会主义的基本路线是:领导和团结全国各族人民,以经济建设为中心,坚持四项基本原则,坚持改革开放,自力更生,艰苦创业,为把我国建设成为富强、民主、文明的社会主义现代化国家而奋斗。[2]

---

[1]《邓小平文选》第3卷,第252、248、256页。
[2]《十三大以来重要文献选编》(上),人民出版社1991年10月版,第9、15页。

这条基本路线的主要内容，后来被简要地概括为"一个中心、两个基本点"。

报告还说明，中共十一届三中全会以后，我国现代化建设的战略部署大体上分三步走：第一步，实现国民生产总值比一九八〇年翻一番，解决人民的温饱问题，这个任务已经基本实现；第二步，到本世纪末，使国民生产总值再增长一倍，人民生活达到小康水平；第三步，到下世纪中叶，人均国民生产总值达到中等发达国家水平，人民生活比较富裕，基本实现现代化。

这样，中国共产党便在全国人民面前，为此后七十年内的中国提出了清晰具体的发展战略（第三步的设想，是邓小平在一九八二年八月的两次谈话中初步提出、而在一九八七年四月完整地提出来的）。中国正是沿着这条路一步一步前进的。

十一月二日召开的十三届一中全会，选举赵紫阳、李鹏、乔石、胡启立、姚依林为中央政治局常委，赵紫阳为总书记；决定邓小平为中央军委主席；批准陈云为中央顾问委员会主任，乔石为中央纪律检查委员会书记。邓小平、陈云、李先念等不再担任中央政治局常委，退到二线。这是新老交替的重要一步。第二年三月至四月举行的第七届全国人民代表大会第一次会议，选举杨尚昆为国家主席、万里为人大常委会委员长，决定李鹏为国务院总理，选举邓小平为国家军事委员会主席。

前进中的新情况和新问题

中共十三大的召开，正处在第七个五年计划的第二年。

第七个五年计划从一九八六年至一九九〇年，事实上正处在从高度集中的计划经济体制向社会主义市场经济体制转变的过程中。经济体制改革的步伐加快，在这个过程中两种经济体制并存，常发生激烈冲突，遇到许多新情况和新问题。

"七五"计划的头几年，经济发展的速度是很快的。一九八六年，国内生产总值比上年增长百分之八点八，在历史上第一次突破一万亿元大关，工业总产值增长百分之十一点六七，农业总产值增长百分之三点四。中共十三大召开的一九八七年，国内生产总值比上年增长百分之十一点六，工业总产值增长百分之十七点六九，农业总产值增长百分之五点八。一九八八年，国内生产总值比上年增长百分之十一点三，工业总产值增长百分之二十点九，农业总产值增长百分之三点九。值得提到，中国大陆的第一条高速公路——上海至嘉定高速公路是在这年十月建成通车的。这种发展速度的步子跨得很大，整个国民经济提高到一个新的水平。但是，"这一次与过去的大跃进不同，大跃进发展最快的是重工业，引起人民生活显著下降；这一次发展最快的是投资省、收效快的加工工业，能源、原材料供应愈来愈紧张，而人民生活还是有显著的改善。"[1]

十三大以后，邓小平又提出一个重要论断：科学技术是第一生产力。他说："马克思说过，科学技术是生产力。事实证明这话讲得很对。依我看，科学技术是第一生产力。"这是一个富有远见卓识和深远影响的战略思想。在他讲话后，一九八八年九月和十月间，中国先发射一颗试验性气象卫星"风云一号"，这是中国自行研制和发射的第一颗极地轨道气象卫星；接着，在东海海域进行核潜艇水下发射运输火箭试验，又取得成功；中国第一座高能加速

---

[1]《薛暮桥晚年文稿》，生活·读书·新知三联书店1999年3月版，第79页。

器——北京正负电子对撞机也对撞成功,这是中国在高科技领域取得的一项重大突破性成就。

在深化改革方面,最重要的突破是:以公有制为主体、多种所有制经济共同发展的新格局开始逐步形成。

改革开放以前,中国的所有制结构是单一的公有制。中共十一届三中全会以后,最初是农村中各类手工业者、小商小贩等经批准允许个体经营;以后,随着大批知识青年返城和其他就业安置,城镇中的个体工商业户也恢复和发展起来,到一九八五年已超过一千万户。"个体经营户一般规模都很小,有的是肩挑手提,走街串巷,卖一些居民需要而大商店不经营的零星廉价产品或时鲜菜蔬,活跃了群众生活,满足了群众的需要,又增加了这一部分劳动者的收入。"[1]有些人还进行短途贩运。它对发展生产(特别是小商品生产)、搞活商品流通、增加就业、方便人民生活等方面都起了积极作用。私营企业首先从农村萌生,通过个体经济不断积累、扩大规模而来。并利用自身机制灵活、贴近市场的长处而迅速得到发展。一些私人经营的工商业的雇工人数逐步增加。这时,"二道贩子"问题、雇工人数问题等,成为人们议论的热点。一九八七年八月五日,国务院发布了《城乡个体工商户管理暂行条例》,采取鼓励个体工商业发展、加强管理、逐步引导的做法。同天的《人民日报》发表报道:"变单一经营为集体个体双轨并进,宁波乡镇企业结构出现新格局。"

十三大报告中更明确地提出:"在公有制为主体的前提下继续发展多种所有制经济。"这里所说的"多种所有制经济",包括私营

---

[1] 宗寒:《国企改革三十年亲历记》,第38页。

经济在内。它写道：

> 社会主义初级阶段的所有制结构应以公有制为主体。目前全民所有制以外的其他经济成分，不是发展得太多了，而是还很不够。对于城乡合作经济、个体经济和私营经济，都要继续鼓励它们发展。
>
> 私营经济是存在雇佣劳动关系的经济成分。但在社会主义条件下，它必然同占优势的公有制经济相联系，并受公有制经济的巨大影响。实践证明，私营经济一定程度的发展，有利于促进生产，活跃市场，扩大就业，更好地满足人民多方面的生活需求，是公有制经济必要的和有益的补充。必须尽快制订有关私营经济的政策和法律，保护他们的合法利益，加强对它们的引导、监督和管理。[1]

一九八八年四月第七届全国人大第一次会议通过的宪法修正案中，将"国家允许私营经济在法律规定的范围内存在和发展，私营经济是社会主义公有制的补充。国家保护私营经济的合法权利和利益，对私营经济实行引导、监督和管理"以及"土地的使用权可以依照法律的规定转让"等载入宪法。这年六月，国务院发布《中华人民共和国私营企业暂行条例》和《中华人民共和国企业法人登记管理条例》。各地工商行政管理机关开始办理私营企业的注册登记。

这是一个新的关系全局的重大决策。随后，私营企业便以相当快的速度发展起来。

---

[1]《十三大以来重要文献选编》(上)，第31、32页。

国有企业的改革,在这段时间内采取了不少措施,那时叫作"放权让利",但进展并不顺利。"转变国有企业经营机制,一直是国有企业改革的重点。一九八八年四月十三日,第七届全国人民代表大会通过的《中华人民共和国全民所有制工业企业法》,对扩大企业自主权,转变企业经营机制,已经作了若干规定。但落实的情况很不理想。原因是,人们的认识不一致,执行时便出现矛盾;有些现行政策未与《企业法》衔接配套,甚至与其相冲突;《企业法》本身有些规定也不明确,难于操作,等等。"[1]

在扩大对外开放方面,这时一个重要措施是:第七届全国人大第一次会议通过设立海南省和建立海南岛经济特区的决定。

这一系列深化改革,是改革开放中跨出的重要一步。有的学者指出:"我国改革开放的过程,实际上是从计划经济向市场经济转变的过程。农村家庭联产承包,国有企业扩大经营管理自主权,非公有制经济的广泛发展,为市场经济塑造了经营主体——微观基础。在宏观上,则是从改革价格管理体制,逐步扩大市场调节范围开始的。"[2] 无论从微观或是宏观上看,这些都是必要的,不可避免的。

总起来说,这几年经济发展和改革取得的成绩很大,功劳不小。邓小平说:"经济发展隔几年上一个台阶,是能够办得到的。""经济发展比较快的是一九八四年至一九八八年。""怎样全面地来看那五年的加速发展?那五年的加速发展,也可以称作一种飞跃,但与'大跃进'不同,没有伤害整个发展的机体、机制。"他又说:"如果不是那几年跳跃一下,整个经济上了一个台阶,后来

---

[1] 苏星:《新中国经济史》,第731页。
[2] 苏星:《新中国经济史》,第764页。

三年治理整顿不可能顺利进行。"[1]

当然，以这样高的速度发展，又跨出这样涉及社会方方面面的重大改革步伐，对中国人来说，是以往从来没有经历过的、几乎完全缺乏经验的新事情。在新旧交替的大变动过程中，它所带来的问题很多在事先很难预计到，人们的认识也需要有个过程。这是一段艰难的旅程。薛暮桥概括道："十二届三中全会制定经济体制改革的方针无疑是完全正确的，可惜的是在新旧两种体制交替中，我们还没有学会利用财政税收、银行信贷等经济杠杆进行宏观控制，旧体制削弱了，新体制没有及时建立起来，留下一段空白，使经济秩序陷于混乱。"[2]

这些"使经济秩序陷于混乱"的新问题，并不是一下子就清楚地显露出来并引起人们重视，而是经历了在几年时间内逐步积累和发展的过程。正如邓小平所说："看起来我们的发展，总是要在某一个阶段，抓住时机，加速搞几年，发现问题及时加以治理，尔后继续前进。"[3]当时出现的前进中的主要问题有以下几个。

第一，一段时间以来，随着经营管理权力的不断下放，中央掌握的财政收入比重大幅度下降，地方、部门、企业掌握的资金比重急剧上升。从一九八四年第四季度起，各地经济工作再度出现相当普遍的头脑发热，对改变面貌急于求成。为了争取"提前翻番"，加上"放权让利"失控，宏观控制的有效手段又尚未形成，出现了两种越演越烈的现象：一是急于铺摊子，什么好事都想办，而且都要在短期内办成，到处大兴土木，基本建设规模急速扩大，工业生

---

[1]《邓小平文选》第3卷，第376、377页。
[2]《薛暮桥晚年文稿》，第78页。
[3]《邓小平文选》第3卷，第377页。

产超高速增长,特别是低水平重复的一般建设项目和加工工业项目上得太多;二是各单位在扩大自主权后,又纷纷争发工资和奖金,相互攀比,企业亏损了仍照样滥发工资和奖金,还自设"小金库",造成消费基金大膨胀。也就是说,出现投资和消费这两方面同时膨胀。当时国力有限,并没有那么多钱,缺口就靠把银行当财库和账房,要求他们扩大信贷投放和多发票子,来应付投资和消费这两方面的需求,通货膨胀迅猛发展。

薛暮桥在一九八八年写道:"货币发行量一九八三年比一九七八年增加三百多亿元,五年大约增加一点五倍。一九八七年比一九八三年又增加九百多亿元,四年增加一点七倍,今年增长的幅度将明显地超过过去四年,五年合计可能增长二点五至三倍。"他又写道:尽管金融管理体制改变后要求银行以存支贷,自主经营,"但对银行贷款的行政干预并未迅速消除,各省市县作出庞大的建设计划,要求银行贷款支持,银行难于抗拒。'首长项目'、'条子工程'多如雨后春笋。上级领导部门批准设立一个公司,没有自有资金,也可以靠银行贷款来经营"。[1]

它的恶果,突出地表现在两方面:一是建设规模如此膨胀,你挤我,我挤你,形成打乱仗,引起能源和原材料供应极度紧张,许多重点建设项目受到影响,全国缺电严重,又一次出现经济比例关系严重失调;二是这样大幅度的通货膨胀必然引起多年未见的物价高速上涨,造成群众不满。从一九八五年起,政府采取了一些措施力图加以控制,但又存在顾虑,担心经济"滑坡",对各地投资过热和互相攀比的现象并没有制止住。一九八六年二三月之交再次放

---

[1] 《薛暮桥学术论著自选集》,第668、670页。

松银根，又出现一次新的过热。情况越来越严重。

第二，一部分党政机关和党政干部中腐败行为开始蔓延滋长。为了弥补财政力量不足，一度曾盲目鼓励各单位自行"创收"，把它说成"新生事物"，视为"势在必行"。不少党政机关、事业单位以至学校、研究机构、军队纷纷以很大力量去经商、办公司，其中绝大多数属于流通领域或兼有流通性业务。有的还在利益驱动下，利用权势非法牟利，甚至公然进行走私。当时实行计划价格和市场价格"双轨制"。从推行市场经济改革来看，"采用'双轨制'的过渡办法能分散改革的风险，使改革易于推行。""然而，价格的'双轨制'作为双重体制的集中表现，又不可避免地存在消极作用。"不少人通过各种关系，以计划价格套取物资，再以市场价格出售，甚至由"公司"层层转手倒卖，获取暴利。"在一九八四至一九八五年的短时间内，全国办起了二十万家'公司'，其中相当一部分一无资金，二无场地设备，三无确定的业务方向，专靠倒卖牟取暴利。"[1]还有人利用手中掌握的审批权力，索贿受贿。经济犯罪大量增加。

一九八四年，中共中央、国务院发布《关于严禁党政机关和党政干部经商办企业的决定》。但直到一九八六年中共中央、国务院再次为此作出《规定》时，仍指出："这股不正之风还没有完全刹住。有的党政机关和党政干部仍采取各种手法继续经商、办企业；有的党政领导干部还继续兼任企业职务；有的家属利用领导干部的关系及影响经商、办企业；经商、办企业中的一些严重违法行为，特别是牵涉到某些领导干部的问题，至今得不到应有的处理。"[2]这些，

---

[1]《吴敬琏自选集》，第120、122页。
[2]《十二大以来重要文献选编》(中)，第901页。

自然引起群众越来越大的不满。

　　第三，农村、农业、农民的"三农"问题又逐渐被忽视。改革开放的最初阶段本来是从农村改革起步的，成效突出，城乡差距明显有所缩小。"六五"期间粮食产量继续稳步增长，一九八四年突破了四亿吨。但从这年秋收后起许多地区对农业发展形势估计过高，认为粮食已经过关，可以把主要精力从抓粮食生产转移到抓钱上来了，又出现重工轻农和重副轻粮的倾向，对种植业特别是粮食生产的投入减少。一九八五年九月陈云在中共全国代表会议上郑重提醒："现在有些农民对种粮食不感兴趣，这个问题要注意。""问题是'无工不富'的声音大大超过了'无农不稳'。十亿人口吃饭穿衣，是我国一大经济问题，也是一大政治问题。'无粮则乱'，这件事不能小看就是了。"[1]提醒是及时的，但这种趋势并没有得到扭转。一九八五年粮田面积又调减过多，全国粮食播种面积比上年减少五六千万亩，粮食比上年减产百分之七。

　　粮食产量在一九八四年大丰收后连续几年徘徊不前。一九八八年，"粮食减产二百亿斤，一九八四年以来人口增加六千万，人均从八百斤降到七百二十斤。"[2]

　　农民收入，一九七八年至一九八四年快速增长，年均增长百分之十六点五；一九八五年至一九八八年明显放缓，年均增长率大幅度下降到百分之四点九；一九八九年至一九九一年，年均增长只有百分之一点九，其中一九八九年出现改革开放以来唯一一次负增长。[3]中国的城乡差距日益拉大，从一九八四年第四季度以后开始。

---

[1]《陈云文选》第3卷，第350页。

[2]《市场与调控——李鹏经济日记》（中），第623页。

[3]李剑阁等：《改革开放以来我国农村经济发展的若干重大变化》，2007年3月19日。

这是十分值得注意的。

第四，思想政治工作明显削弱，错误思潮泛滥，领导存在软弱涣散现象。邓小平在一九八九年六月尖锐地指出："四个坚持、思想政治工作、反对资产阶级自由化、反对精神污染，我们不是没有讲，而是缺乏一贯性，没有行动，甚至讲得都很少。不是错在四个坚持本身，而是错在坚持得不够一贯，教育和思想政治工作太差。""建国以来我们一直在讲艰苦创业，后来日子稍微好一点，就提倡高消费，于是，各方面的浪费现象蔓延，加上思想政治工作薄弱，法制不健全，什么违法乱纪和腐败现象等等，都出来了。我对外国人讲，十年最大的失误是教育，这里我主要是讲思想政治教育，不单纯是对学校、青年学生，是泛指对人民的教育。对于艰苦创业，对于中国是个什么样的国家，将要变成一个什么样的国家，这种教育都很少，这是我们很大的失误。"[1]

进入一九八七年和一九八八年，几年来积累的矛盾开始激化。物价不仅大幅度上涨而且轮番涨价，成为异常突出的问题。一九八七年，全年零售物价总水平比上年增长百分之七点三，引起较大范围的职工实际收入下降。一九八八年一月，国家计委、财政部、中国人民银行、国家物资局都强烈地提出稳定物价、稳定经济的问题。当时在第一线主持工作的赵紫阳却说：不要有了一个物价问题，就满脑子物价，只见树木，不见森林。在这种情况下，一九八八年全国又增加货币发行六百七十九点六亿元，比上年增发四百四十三亿元，是新中国历史上货币发行最多的一年；全国零售物价继续猛涨，总水平上升百分之十八点五（其中十二月份比

---

[1]《邓小平文选》第3卷，第305、306页。

上年同月上升百分之二十六点七），是改革开放以来物价上升最快的一年，远远超出人们能承受的程度。一九八九年，已采取了一些稳定物价的措施，全年零售物价总水平仍比上年上升百分之十七点八。物价问题，直接牵涉家家户户的实际生活和切身利益。中国人在二十世纪前半期吃够了恶性通货膨胀的苦头，对这个问题格外敏感。最近多少年来，在国家控制下，中国物价长期保持着稳定状态，人们已经习惯。突然面对物价如此大幅度上涨的状况，是多年来没有见过的，自然难以接受。于是人心惶惶，处处都在谈论物价问题。

正在这时，随着计划经济向市场经济逐步转变，价格改革问题又被突出地提到议事日程上来。提出这个问题，特别是理顺价格体系，不能不说有它的客观需要。"在计划经济体制下，我国的价格体系和价格管理体制极不合理。十年'文化大革命'中价格基本冻结，加剧了这种不合理状态。""企业基本上没有定价权，不能根据市场供求变化灵活地制定与调整价格。这种价格体系和价格管理体制，不仅不利于工农业生产发展和人民生活的提高，而且已经成为改革和开放的障碍，非进行调整和改革不可了。"[1]

已退居二线的邓小平看到这个问题。他在一九八八年五月十九日说："理顺物价，改革才能加快步伐。物价问题是历史遗留下来的。过去，物价都由国家规定。""这种违反价值规律的做法，一方面使农民生产积极性调动不起来，另一方面使国家背了一个很大的包袱，每年用于物价补贴的开支达几百亿元。这样，国家财政收入真正投入经济建设的就不多了，用于发展教育、科学、文化事业的

---

[1] 苏星：《新中国经济史》，第764、765页。

就更少了。所以，不解决物价问题就不能放下包袱，轻装前进。"[1]同时，他又冷静地提醒：中国的物价改革这一关很不容易过，要担很大风险。这就要求我们每走一步都兢兢业业，大胆细心，及时总结经验，发现问题就及时调整，使之符合实际情况。

中国的社会主义改革开放，是史无前例的全新事业。许多事情只能在实践中边摸索边总结边前进。当时在价格改革问题上确实面对着两难的处境：一方面，在通货大幅度膨胀、物价上涨迅猛、人心惶恐不安、经济秩序特别是流通秩序又十分混乱的情况下，进行价格改革的风险是很大的；另一方面，随着改革的深入，向市场经济转变，原来那种被严重扭曲的价格关系成为无法绕开的障碍。问题在于调整的时机和力度，特别是要极大地注意遏制通货膨胀。赵紫阳主张下决心在价格改革上"闯关"；同时，保持适度通货膨胀，使经济能持续增长；认为不这样做就会失去时机。一九八九年五月二十五日，他会见美国客人时说："现在中国的改革进入了关键阶段，到了不进则退的阶段。今后一段时间，主要将对物价进行改革。"二十八日，陈云同李鹏等谈话，提醒他们说："物价不可能一下子理顺，任何国家都有补贴。""农业到本世纪末，也过不了关。""农民生活确实改善了，因此有人认为中国不会出现波兰、匈牙利的情况，但在城市二亿人口中可能存在闹事的危险。""发行货币要控制。""党政机关都经商不是好现象。"[2]

五月三十日至六月一日，中共中央政治局讨论"五年理顺价格"问题，并提出一个补偿的办法："必须相应地解决工资问题，改革应当使人民得益。"以为这样就可以保障价格改革平稳地进行了。

---

[1]《邓小平文选》第3卷，第262页。

[2]《市场与调控——李鹏经济日记》（上），第533、534页。

事实上，两难的矛盾并没有因此得到解决。根据会议精神，《人民日报》在六月九日发表题为《改革有险阻，苦战能过关》的社论，重点仍在要通过"苦战"达到"过关"。它写道：

> 一个多月来，一些大城市先后调整了肉、蛋、菜、糖等四类主要副食品的零售价格，同时给职工适当补贴，变暗补为明补。这样，本来就为广大群众所瞩目的物价问题，更加成为千家万户讨论的热点。
>
> 中国的改革发展到今天，已经到了一个关键性的阶段，到了非解决物价问题不可的时刻。我们的目标是打破产品经济的模式，建立社会主义商品经济的新秩序，促进社会生产力的大发展，为此，中心问题是必须理顺价格体系，坚决按价值规律办事。离开这一点，所谓社会主义商品经济就是一句空话。在过去九年中，我们进行了多方面的改革，取得了显著的成就，但是大体说来，那些都是放权让利性质的改革，是浅层次的、比较容易做的改革，也能较快地给群众带来实惠。而更深层次的、更起决定作用的经济关系，还没有很好地触动。随着改革的深入发展，价格体系不合理的问题愈益突出，价格改革成为制约、影响经济体制改革的其他很多方面的关键问题。
>
> 根本的出路就是下决心对价格体系进行大的改革。总的方向是，除了少数重要商品的价格由国家管理外，其他大量商品的价格完全放开，实行市场调节。非如此，价格体系就永远理不顺；为企业和生产者创造一个平等竞争、发展商品生产的市场环境，也永远不会出现。
>
> 很多群众对物价改革最大的顾虑，在于害怕降低自己的生

活水平……我们的党和政府是把物价改革同工资改革联系在一起考虑的，并不是理顺物价之后再调整工资，而是在理顺物价的同时相应地理顺工资。这次四类副食品调价，给职工以适当补助，初步体现了这一原则。在今后的物价改革中，将更好地体现这一原则。

八月十五日至十七日，中共中央在北戴河举行政治局会议，原则通过《关于价格、工资改革的初步方案》，准备再提交中央工作会议和十三届三中全会讨论和审议。十八日，这次政治局会议精神立刻由新华社作了报道："会议认为，价格改革的总方向是，少数重要商品和劳务价格由国家管理，绝大多数商品价格放开，由市场调节，以转换价格形成机制，逐步实现'国家调控市场、市场引导企业'的要求。"[1]

物价大幅度上涨，是人人都感受得到的现实，人心普遍恐慌。"相应地理顺工资"的许诺，并未能使人放下心来。新华社这个报道强调了"绝大多数商品价格放开"的"总方向"，十九日由《人民日报》发表，并由中央人民广播电台广播。许多人以为价格立刻就要全面放开和上涨。国务院批准名烟名酒提价后，各地商品又自发地"搭车"涨价。银行宣布九月一日提高利率，更造成九月一日将普遍地大幅度地涨价的错觉。

民众心理最怕货币贬值。从十九日报上消息发表那天起，各地到处出现抢购商品、进而掀起向银行挤兑的风潮。据国家统计局统计：八月份社会商品零售总额比去年同月猛增百分之三十八

---

[1]《中央政治局召开第十次全体会议　原则通过价格工资改革初步方案》，《人民日报》1988 年 8 月 19 日。

点六。这次抢购风潮的特点是:(一)来势迅猛,波及面大。抢购风自八月中旬在少数地区掀起后,迅速蔓延到全国大部分城市和一部分农村。(二)持续时间长,抢购商品范围广泛。(三)购买数量大,销量剧增。如:洗衣机销售增长一点三倍,电视机增长百分之五十六,电冰箱增长百分之八十二点八。这种销量剧增是不正常的。(四)抢购的盲目性大,被动性强。抢购的目的,不完全是出于消费的需要,相当程度上是为了保值或担心商品将进一步大幅度涨价。(五)参与抢购者遍及社会各阶层。挤兑风潮同样猛烈。八月份居民从银行提取储蓄存款三百八十九点四亿元,比上年同期增长一点三倍,大大超过储蓄存款增长百分之七十点三的幅度。各地反映,部分商品库存量已越过最低警戒线。

这场突然袭来的挤提存款、抢购商品的风潮,反映出改革的力度必须同人民承受力的程度相适应,也反映出当时市场环境和秩序缺乏宏观监管的严重混乱状况。李鹏在八月二十七日的日记中写道:"晚七时半,赵紫阳主持讨论经济形势。他对目前各地愈演愈烈的抢购风甚为着急,说这是没有预料到的。""他提出了整顿改革环境的问题,实际上就是稳定经济。""针对当前出现地方不听中央号令的情况,他表示,放权这么多年,是应该整顿一下了。"[1]经过研究,中共中央认为价格工资改革的方向不变,但步骤要更稳妥些;从现在起以至明年,要集中力量治理经济环境,整顿和建立正常的经济秩序,这是价格改革顺利出台和全面深化改革的必要条件,它本身也是非常重要的改革。八月三十日,国务院发出《关于做好当前物价工作和稳定市场的紧急通知》。《通知》的内容共六条,

---

[1]《市场与调控——李鹏经济日记》(上),第569、570页。

主要是：

一、经中央政治局第十次会议原则通过的价格工资改革初步方案中所讲的"少数重要商品和劳务价格由国家管理，绝大多数商品价格放开，由市场调节"，指的是五年或更长一些时间的长远目标，目前改革方案还在进一步修订完善之中。明年作为实现五年改革方案的第一年，价格改革的步子是不大的，国务院将采取有力措施，确保明年社会商品零售价格上涨幅度明显低于今年。要据此向群众做好宣传解释工作，消除疑虑。

二、必须坚决贯彻执行国务院关于今年下半年不出台新的涨价措施的决定。国务院有关部门管理的商品价格和收费标准，各地一律不得擅自提高。地方管理的商品价格和收费标准，也不得任意提高。企业也不得违反规定乱涨价。违者要严肃追究主要负责人的责任。

三、为了稳定金融和保护人民群众的利益，由人民银行开办保值储蓄业务，使三年以上的长期存款利息不低于或稍高于物价上涨幅度。[1]

九月一日，李鹏在日记中写道："小平同志对我讲，你们提的控制物价的措施，我赞成，喘一口气，有好处，但改革方向不变。""今年，国家的提价措施并没有多少，各地却上涨这样多！像现在这样，你哄过来，我哄过去，不听号令，各行其是，非把国家搞乱了不行。"李鹏日记中还摘录记下上一天《经济日报》评论员

---

[1]《十三大以来重要文献选编》（上），第253—254页。

文章的一段话:"一段时间以来,有令不行,有禁不止,甚至阳奉阴违、我行我素的现象严重存在。一些单位和地方,从局部和部门利益出发,由'搭车涨价'发展到'抢先开车',严重破坏了物价纪律,损害了人民和改革的利益。"[1]

这个时期经济工作中暴露的种种问题,相当程度上反映出在放开搞活的过程中,急于求成,而对宏观调控和综合平衡严重忽视。薛暮桥指出:"在还没有建立运用价格、税收、信贷等经济杠杆进行宏观控制的新体制的时候,就过多地削弱了中央在计划、财政、银行、外贸等方面必要的管理权力,从过分集中走向过分分散,使宏观经济环境遭到破坏。并且在新的经济体制还未初步形成的条件下而急于提高增长速度,发生经济过热现象,产生新的比例失调。"[2]这是沉重的教训,也是吃了苦头才更明白的。

九月十二日,邓小平同政治局常委谈话,指出通货膨胀是多种因素造成的,因此,治理通货膨胀也是多方面的事情。他说:"改革要成功,就必须有领导有秩序地进行。没有这一条,就是乱哄哄,各行其是,怎么行呢?""我赞成边改革、边治理环境整顿秩序。要创造良好的环境,使改革能够顺利进行。""不仅是价格一个方面的改革,而且是多方面的、综合的改革。只有多方面的、综合的改革,才能为价格改革创造条件。"[3]几天后,他又对一位外宾说:"通货膨胀主要是管理不严造成的,我们缺乏经验。""十亿人口的大国,应力求稳定。走一步,总结一下经验,有错误就改,不

---

[1]《市场与调控——李鹏经济日记》(上)第571、572页。
[2]《薛暮桥晚年文稿》,第91页。
[3]《邓小平文选》第3卷,第277、278页。

要使小错误变成大错误,这是我们遵循的原则。"[1]

九月十五日至二十一日,中央召开工作会议,明确了深化改革不仅是指价格、工资改革,而且是多方面的改革,应该先把工作重点放在治理经济环境、整顿经济秩序上。事实上,物价如此迅猛上涨的原因,首先是经济过热导致的通货大幅度膨胀,其次是市场秩序失控的严重混乱。薛暮桥认为:由于人们往往看不到经济过热,只看到物价上升幅度越来越大,而不懂得物价上涨正是经济过热所引起的。因此,这次进行治理整顿,难度就更大一点。九月二十六日至三十日,中共十三届三中全会在北京举行。全会指出当前突出的问题是经济生活中出现了明显的通货膨胀,物价上涨幅度过大,造成这种情况的根本原因是经济过热,社会总需求超过总供给,这是多年积累下来的。全会批准中央政治局提出的治理经济环境、整顿经济秩序、全面深化改革的方针、政策和措施,确定治理环境、整顿秩序是明后两年改革和建设的重点。

治理经济环境、整顿经济秩序的含义是什么?全会《公报》这样说:

> 治理经济环境,主要是压缩社会总需求,抑制通货膨胀。整顿经济秩序,就是要整顿目前经济生活中特别是流通领域中出现的各种混乱现象。在这两方面都要采取坚决有力的措施。治理经济环境,整顿经济秩序,必须同加强和改善新旧体制转换时期的宏观调控结合起来,必须同努力增加农副产品、适销的轻纺产品以及能源原材料等方面的有效供给结合起来。[2]

---

[1] 冷溶、汪作玲主编:《邓小平年谱(1975—1997)》(下),第1249、1250页。
[2] 《十三大以来重要文献选编》(上),第286—287页。

中共十三届三中全会后，十月三日，中共中央、国务院发出《关于清理整顿公司的决定》。《决定》指出：近几年来，全国成立了一大批新公司，在生产、流通领域中起了一定的作用，但其中有相当一部分公司政企不分，官商不分，转手倒卖，牟取暴利。这些问题的存在和发展，损害国家和群众的利益，造成社会分配不公，扰乱经济秩序，败坏社会风气，严重干扰和阻碍改革。《决定》规定了清理整顿公司的各项具体措施。国务院也先后发出《关于清理固定资产投资在建项目、压缩投资规模、调整投资结构的通知》《关于进一步控制货币、稳定金融的决定》《关于加强物价管理、严格控制物价上涨的决定》，落实十三届三中全会提出的各项政策措施。

邓小平在十月十七日会见外宾时说："我们最近经济发展过热、速度过快，需要总结经验。所以十三届三中全会提出控制经济发展速度，治理经济环境，整顿经济秩序。初步确定搞两年。一个是降低经济发展速度，保持比较适当的发展速度。一个是努力消除一些腐败现象。为此应该加强党中央和国务院的控制能力，采取一些积极的措施和妥善的办法来加强管理。"[1]

已退居二线的陈云在十月八日找赵紫阳谈话。陈云说："在我们这样一个社会主义国家里，学习西方市场经济的办法，看来困难不少。你们正在摸索，摸索过程中碰到一些问题是难免的，还可以继续摸索，并随时总结经验。"他着重谈了八点意见，其中说：

粮食问题始终是一个大问题。
从全局看，在几大平衡中，最基本的，是财政平衡。要扭

---

[1] 冷溶、汪作玲主编：《邓小平年谱（1975—1997）》（下），第1254页。

转当前混乱的经济局面，首先要靠财政平衡，特别是中央财政平衡。现在票子发得太多。票子发行的权力要高度集中，我看还是要"一枝笔"。

我在一九七九年三月说过，六十年来，无论苏联或中国的计划工作中出现的主要缺点：只有"有计划按比例"这一条，没有在社会主义制度下还必须有"市场调节"这一条。所以，我们需要改革。但在改革中，不能丢掉有计划按比例发展经济这一条，否则整个国民经济就会乱套。

提高人民生活水平，要掌握一定的幅度，不能过高、过快。还是那两句老话：一要吃饭，二要建设。好事要做，又要量力而行。

中央的政治权威，要有中央的经济权威作基础。没有中央的经济权威，中央的政治权威是不巩固的。在经济活动中，中央应该集中必须集中的权力。搞活经济是对的，但权力太分散就乱了，搞活也难。[1]

邓小平、陈云的意见是一致的，指出了问题的症结所在。但是，当时已陷于十分混乱的经济环境和经济秩序，要治理整顿很不容易。何况这次治理整顿是在物价大幅度上涨，出现全国性的挤提存款和抢购商品的情况下被迫进行的，过热的头脑一时不易冷静下来，实际做起来遇到的阻力重重，对一些大项目这也不想下那也不想下，效果很不明显。国家统计局对十一月份情况的统计，"物价比上月上涨百分之三十一的幅度低零点七个百分点"，"经济过热形势仍然

---

[1]《陈云文选》第3卷，第365—367页。

十分严峻。"[1]第二年二月,国家统计局报告一九八八年物价状况时写道:"去年货币超量发行,物价上涨过猛,出现了明显的通货膨胀。社会商品零售价格总水平上升百分之十八点五,其中蔬菜、肉禽蛋、水产品价格上升百分之三十一至三十七,约有百分之三十四点九的家庭纯因物价上涨造成实际收入下降。这次经济过热是在粮、棉、油生产连年徘徊下出现的。增加生产和商品涨价带来的利益大都留在企业和中间环节,国家拿不到多少。"[2]在这种状况下,人们对种种腐败现象,特别是利用特权在"中间环节"牟取暴利的"官倒"等行为格外感到愤怒。

一九八九年的政治风波

一九八九年《人民日报》的元旦献词很引人注目。它一开始就写道:"刚刚过去的一九八八年是难忘的。"在讲了这一年取得的成就后,着重指出:"在这一年,我们也遭到了前所未有的严重问题,最突出的就是经济生活中明显的通货膨胀,物价上涨幅度过大,党政机关和社会上的某些消极腐败现象也使人触目惊心。""对于在改革的第十年遇到的严重困难和问题,上上下下,党内党外绝大多数人缺乏足够的思想准备,一时间议论纷纷。这是很自然的。"怎样看待突然面对的这些问题,应该怎么办?它写道:"改革的确是一场非常复杂、非常艰巨的革命。理想化的方案是没有的,不可能一帆风顺,不可能一改就灵。""当前最需要的是,认真总结经验,提高对改革的规律性的认识,从而坚定改革的信心,紧紧团结在党中

---

[1]《市场与调控——李鹏经济日记》(上),第 598 页。

[2]《市场与调控——李鹏经济日记》(中),第 625 页。

央的周围，同心同德，振奋精神，艰苦奋斗。"它还强调："在新的一年里，我们一定要进一步从严治党，从严治政，特别是在廉政方面采取更切实有力的措施，把消极腐败现象限制在最小的范围之内。"[1]

国务院总理李鹏在春节团拜会的致词中也坦率地说："有些困难和问题的形成，是同我们在工作指导上的某些缺点和失误分不开的。我们一定要认真总结经验，克服缺点，争取在新的一年里把各方面的工作做得更好一些。同时也要看到，由于经济和社会发展中的矛盾错综复杂，因此解决起来会有相当难度，需要有一个过程。对这一点，也希望大家能够理解。"他着重地说："经过今年的努力，我们要在控制物价上涨的幅度、缓解社会分配不公的矛盾，以及消除腐败现象等广大群众和干部普遍关心的问题上，取得实实在在的进展。我们要把稳定、改革、发展这三者很好地统一起来，审时度势，兴利除弊，在稳定中搞好改革，在稳定中求得经济的发展。"[2]

面对原来没有预料到的物价大幅度上涨突然袭来，当党和政府已开始认识工作中的缺点和失误、着手总结经验教训、采取措施来解决这些问题的时候，特别需要有一个稳定的政治秩序，需要全国人民齐心协力为扭转当前困难局面而共同奋斗。

国际和国内敌对势力却认为这正是可乘之机，力图利用人们对物价上涨和腐败现象的正当不满来制造分裂，把中国搞乱，改变中国的社会主义制度。"长期以来，一些西方国家的政治势力有计划地通过种种渠道对社会主义国家进行思想、政治渗透，竭力支

---

[1]《同心同德，艰苦奋斗》(元旦献词)，《人民日报》1989年1月1日。
[2]《李鹏在春节团拜会上的讲话》，《人民日报》1989年2月7日。

持和扶植各种反共反社会主义活动。"[1]这时，他们打着要求"民主"的旗号，活动异常频繁，政治意图十分露骨。"一九八八年夏以后，搞资产阶级自由化的一些人如方励之等，攻击政府的声音越来越强了。他频频接受外国记者采访，公开否定四项基本原则，批评'反精神污染'，批评'反对资产阶级自由化'，提倡'全盘西化'。""一九八八年秋冬，北京一些高校里也有各种'研究会'、'讨论会'、'沙龙'等，搞自由化的一些人经常到这些地方发表演讲。一九八九年一月六日，方励之致电邓小平，要求大赦政治犯、释放魏京生。一月二十八日，方励之等在北京'都乐书屋'搞'新启蒙沙龙'活动。参加者除中国人之外，还有一些美国、法国、意大利的驻京记者，共百余人。方励之在会上说：'现在中国主要是人权问题，需要行动。'"[2]

这一切，已使人有"山雨欲来风满楼"之感。一场猛烈的政治风波正在酝酿中。

邓小平敏锐地察觉到这种值得警惕的政治动向。他在二三月间多次谈话中一再指出：压倒一切的是稳定；中国不能乱。他对来访的美国总统布什说："中国的问题，压倒一切的是需要稳定。没有稳定的环境，什么都搞不成，已经取得的成果也会失掉。中国一定要坚持改革开放，这是解决中国问题的希望。但是要改革，就一定要有稳定的政治环境。""中国正处在特别需要集中注意力发展经济的进程中。如果追求形式上的民主，结果是既实现不了民主，经济也得不到发展，只会出现国家混乱、人心涣散的局面。对这一点我们有深切的体验，因为我们有'文化大革命'的经历，亲眼

---

[1] 中共中央党史研究室：《中国共产党简史》，中共党史出版社2001年6月版，第197页。
[2] 张神根：《世纪的辉煌》，河南人民出版社2002年12月版，第6页。

看到了它的恶果。中国人多，如果今天这个示威，明天那个示威，三百六十五天，天天会有示威游行，那么就根本谈不上搞经济建设了。我们是要发展社会主义民主，但匆匆忙忙搞不行，搞西方那一套更不行。如果我们现在十亿人搞多党竞选，一定会出现'文化大革命'中那样'全面内战'的混乱局面。"他同赵紫阳谈话时说："我同布什谈了，中国的问题，压倒一切的是需要稳定。凡是妨碍稳定的就要对付，不能让步，不能迁就。不要怕外国人议论，管他们说什么，无非是骂我们不开明。多少年我们挨骂挨得多了，骂倒了吗？总之，中国人的事中国人自己办。中国不能乱，这个道理要反复讲，放开讲。不讲，反而好像输了理。要放出一个信号：中国不允许乱。"[1]这些话，是语重心长的。

四月十五日，胡耀邦因心脏病突发逝世。当晚，中共中央发表讣告。中共中央在悼词中对胡耀邦在改革开放中作出的重要贡献和他毕生为党为人民的奋斗，作了充分肯定和全面评价。但是，极少数人却借胡耀邦逝世这件事在缺乏社会经验的青年学生中散布谣言，煽动闹事，公然喊出"反对专制独裁"等口号。从四月十八日起，局势迅速恶化。当时担任国务委员兼公安部部长的王芳回忆道：

> 北京有数千名学生到天安门非法游行，有些人发表煽动性演讲，并到人民大会堂前和中南海新华门静坐、请愿，少数学生还多次冲击新华门闹事。一些高校相继宣布成立非法学生组织。上海、西安、武汉、南京等地部分高校学生到省、市人民

---

[1]《邓小平文选》第3卷，第284—286页。

政府门前游行示威，有些人还冲击省、市人民政府。一些大小字报、标语、传单大肆攻击党的领导和社会主义制度。有的高校甚至出现了"打倒共产党"的反动标语。有些人借公安干警、武警战士驱散冲击新华门的学生一事大肆造谣，声称发生了所谓"新华门血案"，煽动学生罢课抗议。天津、武汉等少数学生开始到北京串联，扩大事态。而海外敌对势力电台则连篇累牍、造谣煽动。

四月二十四日，北京四十所高校近六万名学生罢课。一些人到市内交通要道、繁华地段演讲、募捐，张贴标语，散发传单，恣意造谣，攻击社会主义制度与党和国家领导人。有的人还在高校贴出大字报，妄图煽动工人、农民起来推翻政府。事态越来越严重。[1]

这一切，都使人回想起"文化大革命"中常见的现象。"文化大革命"十年动乱，给中国留下惨痛的令人难忘的回忆。安定团结的局面得来不易。如果听任那种动荡的事态发展下去，最后将难以收拾，可能出现许多原来根本没有想到的后果，国家又会陷入严重混乱局面，不但治理整顿无法进行下去，甚至可能使十年改革取得的成果毁于一旦。四月二十六日，《人民日报》发表社论，指出："全党同志、全国人民必须清醒地认识到，不坚决地制止这场动乱，将国无宁日。这场斗争事关改革开放和四化建设的成败，事关国家民族的前途。"[2]

当时担任中共中央总书记的赵紫阳对反对资产阶级自由化却一

---

[1]《王芳回忆录》，浙江人民出版社2006年9月版，第365、366页。
[2]《必须旗帜鲜明地反对动乱》(社论)，《人民日报》1989年4月26日。

直持消极的态度。他出国访问归来后,没有征求任何政治局常委的意见,在五月四日发表了一篇同中央的立场和方针不同的谈话,把中央内部的意见分歧公开暴露于世。五月六日,他又对中央主管宣传、思想工作的负责人说:放开了一点,游行作了报道,新闻公开程度增加一点,风险不大。赵紫阳的这种态度,使舆论阵地上迅速出现支持学潮的错误报道。本来已趋向平缓的局势又骤然紧张起来,不少已经复课的学生重新卷入学潮,社会上谣言四起。这时,邓小平、陈云、李先念等老一代领导人已退居二线,并不过问中央日常工作,中央内部又出现两种声音,如何应对事变一时十分混乱,矛盾没有得到缓和。五月十三日起,一部分学生到天安门广场绝食,在人民英雄纪念碑前树立"民主女神"像。参与的社会成分越来越复杂,北京秩序近于失控。

面对如此严重的形势,公安部发出《关于当前形势和工作意见的通知》,指出:"绝大多数学生主要是出于对一些腐败现象和党政工作中的失误不满而参加游行的,但确有极少数别有用心的人幕后活动,企图借机制造混乱,以达到否定党的领导、否定社会主义制度的目的。还有一些刑事犯罪分子混水摸鱼,趁机搞打砸抢烧等犯罪活动。各种矛盾交织在一起,情况十分复杂。"[1]

五月十五日,戈尔巴乔夫来华访问。这是中苏两国改善关系而举世瞩目的大事。但这样的活动也难以正常进行,欢迎仪式无法在人民大会堂东门外广场举行,不得不改到北京机场。这是新中国成立以来罕见的事情。第二天上午,邓小平同戈尔巴乔夫会谈。十八日,《中苏联合公报》发表,宣布两国关系正常化。

---

[1]《王芳回忆录》,第368页。

为了防止局势进一步恶化,在北京市警力严重不足,已无法维持正常的生产、工作、交通和生活秩序的情况下,十九日晚,中共中央和国务院召开中央和北京市党政军干部大会。李鹏在讲话中说:"我们的党和政府多次说过,广大青年学生的心灵是善良的,他们在主观愿望上是不想搞动乱的。他们有爱国热情,希望促进民主,整治腐败,这同党和政府要努力实现的目标是一致的。他们提出的一些问题和意见,已经对改进党和政府的工作起到积极作用。但是,任意采取游行、示威、罢课乃至绝食请愿等方式,破坏了社会稳定,不仅不利于问题的解决,而且事态的发展已经完全不以青年学生们的主观愿望为转移,正在越来越走向他们愿望的反面。"李鹏"要求大家紧急动员起来,采取坚决有力的措施,旗帜鲜明地制止动乱,恢复社会正常秩序,维护安定团结,以保证改革开放和社会主义现代化建设的顺利进行"。[1]

赵紫阳引人瞩目地拒绝出席这次大会。二十日,国务院发布命令:在北京部分地区实行戒严。

六月三日,部分戒严部队按计划向戒严地区开进。一些非法组织头头策动在路口设置路障,阻碍部队前进,并且发生抢夺解放军枪支和焚烧军车等严重事件。当晚,戒严部队不得不采取断然行动,强行开进,在部分地区发生了冲突。四日晨,停留在天安门广场的几千名学生在戒严部队劝告下和平撤离。北京局势很快稳定下来。方励之逃往美国驻华使馆。

在这前后,"上海、广州、武汉、西安、成都、贵阳、哈尔滨、兰州等一些大城市,接连发生暴徒冲击省、市政府和基层公安机关,

---

[1]《十三大以来重要文献选编》(上),第518、519、517页。

破坏和阻断交通、焚烧商店、残害无辜等严重事件。特别是，六月五日，成都市一些暴徒放火焚毁了'全国十佳商场'之一的成都市人民商场，损失财物时值一点二亿多元人民币……全国二十多个大中城市的不少学生听信海外电台蛊惑，上街游行、静坐"。[1]不难看出，如果北京的政治风波不能迅速平息下来，很可能会发生全国范围的大动乱。那样的话，解决起来必将付出更大得多的代价。这场政治风波的发生，有着深刻的社会政治背景。邓小平在六月九日接见首都戒严部队军以上干部讲话中说：

这场风波迟早要来。这是国际的大气候和中国的小气候所决定了的，是一定要来的，是不以人们的意志为转移的，只不过是迟早的问题，大小的问题。

事情一爆发出来，就很明确。他们的根本口号主要是两个，一是要打倒共产党，一是要推翻社会主义制度。他们的目的是要建立一个完全西方附庸化的资产阶级共和国。人民要求反腐败，我们当然接受。那些别有用心的人提出的所谓反腐败的口号，我们也要当好话来接受。当然，这个口号仅仅是他们的一个陪衬，而其核心是打倒共产党，推翻社会主义制度。

处理这一事件的主要难点在于，我们从来没有遇到过这种情况，一小撮坏人混杂在那么多青年学生和围观的群众中间，阵线一时分不清楚，使我们许多应该采取的行动难以出手。如果没有我们党这么多老同志支持，甚至连事件的性质都难以确定。一些同志不了解问题的性质，认为这只是单纯的对待群众

---

[1]《王芳回忆录》，第372页。

的问题，实际上，对方不只是一些是非不分的群众，还有一批造反派和大量的社会渣滓。他们是要颠覆我们的国家，颠覆我们的党，这是问题的实质。不懂得这个根本问题，就是性质不清楚。

经历了这样一场政治风波后，中共十一届三中全会制定的路线、方针、政策，包括"三步走"的发展战略正确不正确，中共十三大概括的"一个中心、两个基本点"对不对，成为全国人民以至举世瞩目的问题，成为迫切需要回答的问题。邓小平斩钉截铁地作了回答："我们没有错。""以后我们怎么办？我说，我们原来制定的基本路线、方针、政策，照样干下去，坚定不移地干下去。""要认真总结经验，对的要继续坚持，失误的要纠正，不足的要加点劲。总之，要总结现在，看到未来。"[1]

邓小平这个讲话极其重要。他是在共产党和社会主义制度面临严峻考验的历史关键时刻讲这番话的。当时，国内外许多人十分关注中国的改革开放会不会因为发生这场政治风波而改变，还有些人对这场政治风波为什么会发生仍感到困惑。邓小平的讲话，以斩钉截铁的语言，帮助大家清醒地认识这场政治风波的实质，认识坚定不移地维护党的领导和社会主义制度的极端重要性；在惊涛骇浪的重要历史关头把住了正确的航向，决不因一时的险恶形势而动摇党自十一届三中全会以来的基本路线、方针和政策，并且把这种态度毫不含糊地向全世界宣告，使很多人的心安了下来。在经过近二十年后的今天回头来看，更感到它所产生的影响多么深远。

---

[1]《邓小平文选》第3卷，第302、303、305、307、308页。

中共十三届四中全会

这场政治风波一平息，中共中央就在当月（六月二十三日至二十四日）召开十三届四中全会。这次重要会议，不仅对当时稳定全国局势具有重大作用，而且对于此后保证十一届三中全会以来党的路线、方针、政策的连续性有着深远影响。

十三届四中全会发表公报："全会分析了近两个月来全国的政治形势，指出极少数人利用学潮，在北京和一些地方掀起一场有计划、有组织、有预谋的政治动乱，进而在北京发展成了反革命暴乱。"

全会讨论了赵紫阳在这场政治风波中的严重错误，审议并通过李鹏代表政治局提出的《关于赵紫阳同志在反党反社会主义的动乱中所犯错误的报告》。据此，全会决定撤销他的中央委员会总书记等职务。

全会对中央领导机构作了调整：选举江泽民为中央委员会总书记，中央政治局常委会由江泽民、李鹏、乔石、姚依林、宋平、李瑞环六人组成。四中全会前后，邓小平多次表示："新的领导一经建立有秩序的工作以后，我就不再过问、不再干预大家的事情。""我多年来就意识到这个问题，一个国家的命运建立在一两个人的声望上面，是很不健康的，是很危险的。不出事没问题，一出事就不可收拾。新的领导一建立，要一切负起责任，错了也好，对了也好，功劳也好，都是你们的事。这样你们可以放手工作，对于新的集体自我锻炼也有好处。"他又叮嘱："整个帝国主义西方世界企图使社会主义各国都放弃社会主义道路，最终纳入国际垄断资本的统治，纳入资本主义的轨道。现在，我们要顶住这股逆流，旗帜要鲜明。因为如果我们不坚持社会主义，最终发展起来也不过成为一个附庸国，而且就连想要发展起来也不容易。""只有社会主义才能救中国，只有社会主义才能发展中国。""现在国际舆论压我们，我们泰然处之，不受他们挑动。但是，我们要好好地把自己的事情搞好，这次事件确实把我们的失误也暴露得足够了。我们确实有失误呀！而且失误很不小啊！"[1]同年十一月的中共十三届五中全会通过《关于同意邓小平同志辞去中共中央军委主席职务的决定》，并决定江泽民为中央军委主席。这样，以邓小平为核心的中国共产党第二代中央领导集体同以江泽民为核心的党的第三代领导集体顺利地实现了交接。江泽民在十三届四中全会的讲话中说：

> 我们党已经制定和形成了一条建设有中国特色社会主义的路线和一系列基本政策。概括地说，就是小平同志多次指出、最近再次强调的，以经济建设为中心，坚持四项基本原则，坚持改革开放。这是我们有信心做好工作的根本的、坚实的基础。这次中央领导机构作了一些人事调整，但是，党的十一届三中全会以来的路线和基本政策没有变，必须继续贯彻执行。在这个最基本的问题上，我要十分明确地讲两句话：一句是坚定不移，毫不动摇；一句是全面执行，一以贯之。[2]

当前的工作应该怎么做？四中全会的《公报》写道：

> 当前，要特别注意抓好四件大事：一是彻底制止动乱、平息反革命暴乱，严格区分两类不同性质的矛盾，进一步稳定全

---

[1]《邓小平文选》第3卷，第310、311、312页。
[2]《江泽民文选》第1卷，人民出版社2006年8月版，第57页。

国局势；二是继续搞好治理整顿，更好地坚持改革开放，促进经济持续、稳定、协调地发展；三是认真加强思想政治工作，努力开展爱国主义、社会主义、独立自主、艰苦奋斗的教育，切实反对资产阶级自由化；四是大力加强党的建设，大力加强民主和法制建设，坚决惩治腐败，切实做好几件人民普遍关心的事情，决不辜负人民对党的期望。[1]

以江泽民为核心的新的中央领导集体，受命于动荡艰难的时刻，有条不紊地开展工作。中国的航船，继续沿着十一届三中全会以来确定的方向前进。

十三届四中全会结束后，中共中央、国务院首先聚精会神地抓几件使人民满意的事情，在七月二十八日作出《关于近期做几件群众关心的事的决定》，八月十七日作出《关于进一步清理整顿公司的决定》。那时候，全国共有二十九万多个公司。一些公司经营混乱和实行脱离中国国情的高工资、高福利，少数人利用职权贪污盗窃、投机倒把、行贿受贿，加剧了社会分配不公的矛盾，是群众不满的热点所在。《决定》要求下决心砍掉一大批公司，重点是砍流通领域中过多过滥的从事商业、外贸、物资供应的公司和金融性公司。中央军委随后坚决果断地停止军队、武警部队的一切经商活动。江泽民在一九八九年十一月十二日的军委扩大会议上说："军队从总体上来说应该'吃皇粮'。""军队不能走自己养自己的道路。如果把精力都放在经商赚钱上，这样下去是非常危险的。"[2]

中共中央还发出《关于加强党的建设的通知》，全国人大常委

---

[1]《十三大以来重要文献选编》（中），第545页。
[2]《江泽民文选》第1卷，第78页。

会通过《中华人民共和国集会游行示威法》。各方面对治理整顿、特别是压缩社会总需求，采取了许多有力措施。原来十分混乱的局势迅速稳定下来。

打破西方七国的对华"制裁"

当中国平息政治风波以后，西方七个大国却在"人权问题"的名义下对中国实行所谓"制裁"，粗暴干涉中国内政，也使中国的对外开放政策面对新的严重考验。

对华"制裁"是由美国政府领头的。在平息风波的第二天，也就是六月五日，美国政府就宣布：中止一切中美两国政府间和商业性的向中国的武器出口，中断中美两国军事领导人之间的互访活动。二十日，美国政府又宣布停止同中华人民共和国政府官员的所有高层接触。同一天，白宫发言人菲茨沃特宣布：美国将力求推迟考虑国际金融机构向中国提供新的贷款。

但是，"制裁"中国并不符合美国的全球战略和长远利益。这样做，未必对它自身有利。因此，它暗中又同中国高层接触，留下转圜的余地。当时担任中国外交部长的钱其琛回忆道："那一段时间里，布什总统几次私下向中国传递口信，表明他重视中美关系，解释说，目前对中国的制裁，是在美国国会和社会的压力下采取的行动，希望中国领导人能够谅解。一九八九年六月二十一日，布什总统秘密致函邓小平同志，要求派特使秘密访华，与小平同志进行完全坦率的谈话。第二天，小平同志就复信布什总统，指出中美关系目前面临严峻的挑战，他对此感到担心，因为这种关系是双方多年共同培养起来的。为了避免中美关系继续下滑，小平同志表示同意布什总统的建议,在双方绝对保密的情况下,欢迎美国总统特使访华,并愿亲自同他进行真诚坦率的交谈。布什总统接到回信后十分高兴,决定派国家安全事务助理斯考克罗夫特将军作为总统特使于七月一日访华,随行人员只有副国务卿伊格尔伯格和一名秘书,不带警卫和其他人员。"[1]

这次会见,是在极端秘密情况下进行的。七月二日,邓小平会见斯考克罗夫特。他在会见前对陪同的李鹏、钱其琛说:"今天谈原则,不谈具体问题。制裁措施我们不在意,吓不倒我们。"会见时,他向斯考克罗夫特说:"现在中美关系确实处在一个很微妙,甚至可以说相当危险的地步。中国没有触犯美国,美国在很大范围内直接触犯了中国的利益和尊严。我要明确告诉阁下,中国的内政决不允许任何人加以干涉,不管后果如何,中国都不会让步。中国的内政要由中国来管,什么灾难到来,中国都可以承受,决不会让步。中国领导人不会轻率采取和发表处理两国关系的行动和言论,现在不会,今后也不会,但在捍卫中国的独立、主权和国家尊严方面也决不含糊。"[2]

七月十四日至十六日,美国、加拿大、日本、英国、意大利、法国、联邦德国七国首脑和欧洲共同体委员会主席在巴黎举行第十五届七国首脑会议。会议发表的《政治宣言》中对中国横加指责,并对中国采取中止高层政治接触及延缓世界银行贷款等"制裁"措施,同中国之间的双边经济联合委员会和科学技术合作委员会等会议都停止召开,连关于香港问题的中英联合联络小组的会议也拖延了三个月。十七日,中国外交部发言人发表谈话说:"七国首脑会

---

[1] 钱其琛:《外交十记》,世界知识出版社 2003 年 10 月版,第 170、171 页。
[2] 冷溶、汪作玲主编:《邓小平年谱(1975—1997)》(下),第 1284 页。

议粗暴干涉中国内政,向中国施加压力,违反了最起码的国际关系准则,是中国政府所绝对不能接受的。它们的这种做法也是不明智的,到头来只会给它们自己带来损害。"同时明确地宣布:"中国政府是根据中国人民的根本利益和国际形势发展的总趋势来制定内外政策的,不会因为一些暂时因素而改变自己的既定基本方针。中国将坚定不移地执行改革开放政策和独立自主的和平外交政策。"[1]

这个时期内,中国同第三世界国家的关系继续顺利地发展,这些国家给了中国很大支持;同苏联和东欧国家之间的正常国家关系也有了进展。

西方七国的对华"制裁",固然给中国的改革和经济建设造成严重困难,也对它们自己的切身利益带来严重损害。随着中国国内的政治局势和社会秩序很快稳定,它们便相继放松以至改变对中国实行的"制裁"。

最早同中国改善关系的是日本。七月十日,日本首相宇野宗佑就表示反对"制裁"中国。十二月一日,以樱内义雄为团长的日本国际贸易促进协会访华代表团访问中国。邓小平会见他们时说:"在国际垄断资本对我国实行制裁时,你们带来了这么大一个代表团来我国访问,这是真正友情的表现。"他又说:"在过去的工作中我们虽然有一些失误,但今年发生的事件的原因也来自国际上的大气候。西方世界,特别是美国开动了全部宣传机器进行煽动,给中国国内所谓的民主派,实际上是中华民族的败类以很多的鼓励和方便,因此才形成了当时那样混乱的局面。他们在许多国家煽动动

---

[1]《外交部发言人发表谈话》,《人民日报》1989年7月18日。

乱,实际上是搞强权政治、霸权主义,要控制这些国家,把过去不能控制的国家纳入他们的势力范围。看清了这一点,就有助于认清问题的本质,总结经验教训。这次动乱从反面教育了我们,国家的主权、国家的安全要始终放在第一位,对这一点我们比过去更清楚了。"[1]一九九〇年一月和六月,国务委员邹家华和李铁映应日本政府邀请访问日本。同年七月,日本政府正式作出恢复第三批对华政府贷款的决定。一九九一年初,日本大藏大臣桥本龙太郎、通产大臣中尾荣一、外务大臣中山太郎相继访华。同年八月,日本首相海部俊树访问中国,成为西方对中国实行"制裁"后第一位访华的政府首脑。一九九二年四月,江泽民总书记访问日本。同年十月,日本明仁天皇和美智子皇后访问中国,这是日本天皇在历史上第一次访问中国。

西欧国家"制裁"中国的立场也在松动。钱其琛回忆道:"值得一提的是,在中国外交面临严峻的艰难时刻,许多西方国家仍然对中国保持了友善的态度,其中令我记忆深刻的是西班牙。在当时一片反华声浪中,西方国家中没有随波逐流的是西班牙。西班牙对中国的情况表示理解,并一直执行中西两国已签约的贷款协议和经济合作项目,积极恢复与中国的政府交往。"[2]一九九〇年十月二十三日欧洲共同体各国外长在卢森堡举行会议后,宣布除政府首脑以上交往和军事往来、合作及军品贸易外,取消一九八九年六月以来实行的针对中国的其他限制性措施,立即恢复同中国的正常关系。

美国虽然带头实行对中国的"制裁",私下却同中国接触不断,

---

[1]《邓小平文选》第3卷,第347、348页。
[2] 钱其琛:《外交十记》,第197页。

但这种关系也经历了一波三折。一九八九年十月,美国前总统尼克松访华。邓小平会见他时,向他指出:结束严峻的中美关系,要由美国采取主动。十二月,布什派遣斯考克罗夫特作为特使,以通报美苏首脑马耳他会晤情况为由,访问中国。他这次访问和上次不同,是公开访问,实际上打破了美国不同中方进行高层互访的决定。会见时,邓小平对他说:"中美两国之间尽管有些纠葛,有这样那样的问题和分歧,但归根到底中美关系是要好起来才行。这是世界和平和稳定的需要。"[1]这次访问,使中美关系出现了改善的趋向。但就在这时,东欧局势发生剧变,美国的态度又发生变化,要观察中国是不是能抗得住这次风浪,而不急于同中国改善关系。"对于美方的短视行为,小平同志于(一九九〇年)五月十四日托来华访问的埃及总统穆巴拉克转告布什总统,提醒他不要因东欧事情过分兴奋,也不要用同样的方式来处理中国问题和中美关系。否则,双方很难不发生摩擦,甚至导致冲突。这对两国都不利。"[2]

美国的对外行为,确如邓小平所提醒它的,往往很"短视"。正在这时,伊拉克突然出兵入侵和吞并科威特,美国准备发动海湾战争。为了获得联合国安全理事会的授权,必须得到中国的支持。而中国已成功地抗住了东欧剧变引起的那场风浪。美国的对华态度又发生变化。一九九一年十一月,美国国务卿贝克访华,双方的谈判也取得进展。这样,西方七国对中国持续了两年多的"制裁",几经曲折,终于被基本上打破了。

---

[1]《邓小平文选》第3卷,第350页。
[2] 钱其琛:《外交十记》,第185页。

深入开展治理整顿

一九八九年和一九九〇年,是改革开放以来国民经济增长缓慢的两年:一九八九年年初,邓小平还叮嘱:"保证一定的速度,百分之七至八是需要的。"[1]这个平均速度可以保证国民经济在本世纪末翻两番。这年年底,总理办公会议在那场政治风波后讨论下一年计划盘子时,对经济增长速度定为百分之五。但实际执行的结果,一九八九年的国内生产总值比上年只增长百分之四点一,一九九〇年更是只比上年增长百分之三点八。中共十一届三中全会以后的二十多年中,唯有这两年的增长率低于百分之五。

出现这种状况的原因是多方面的:同前几年的经济过热和对它进行必要的治理整顿自然有关;一九八九年的政治风波,对治理整顿和深化改革是很大的干扰,给经济造成相当大的损害,在社会发生那样大的政治风波的情况下要保持经济的正常发展是不可能的;还有,西方国家对中国实行"制裁",一九九〇年的进口总额比上年下降百分之九点八,一些急需的设备和原料不能进口,更加重了经济困难。这些事实说明,政治和社会的稳定,对中国经济的发展何等重要。

在国内政治风波得到平息后,在经济上必须更冷静地实事求是地估计面对的困难,总结经验教训,加大治理整顿的力度,并且有针对性地深化改革。一九八九年十一月六日至九日,中共中央召开十三届五中全会,通过《关于进一步治理整顿和深化改革的决定》。《决定》一开始就强调:我们既要充分肯定成绩,又要如实估计困

---

[1]《市场与调控——李鹏经济日记》(中),第609页。

难，当前主要应该注意的是对困难估计不足。《决定》写道："当前的经济困难是多年积累下来的，只有看清楚这一点才能深刻理解治理整顿的必要性和艰巨性。"它指出，这些问题主要是：社会总需求远远超过社会总供给，现有国力和社会生产能力已支撑不了庞大的建设规模和严重膨胀的社会消费需求；工农业比例关系严重失调，现有农业已支撑不了过大的工业生产规模；基础工业、基础设施与加工工业的比例关系严重失调，能源、交通、原材料的供应能力已支撑不了过大的加工工业；资金、外汇、物资的分配权过度分散，国家宏观调控能力严重削弱；生产、建设、流通领域中普遍存在高消耗、低效益，高投入、低产出，高消费、低效率的现象，各方面浪费严重。

中共中央在《决定》中作了严肃的自我批评，写道："党中央、国务院对我国经济生活中出现的困难和问题负有重要责任，应当从中吸取深刻的经验教训。十一届三中全会以来，党中央、国务院在执行正确路线、方针、政策的过程中，对经济建设和改革开放的具体指导也有失误。从一九八四年下半年开始，我国就出现了经济过热、货币发行过多、国民收入超额分配等现象，但党中央、国务院未能及时采取果断措施加以解决；一九八七年虽然提出了财政信贷双紧方针，但又没有坚决加以贯彻，以致问题越积越多。这些年来，对农村形势的估计一度过于乐观，对加工工业的盲目发展纠正不力；在改革统得过多、管得过死的经济体制过程中，忽视了必要的适当集中；在强调微观搞活的同时，忽视了综合平衡和加强宏观调控。由于对国情缺乏全面深刻的认识，对国力缺乏清醒的估计，在建设和改革两方面都存在急于求成的偏向。经济工作中的问题，同党的领导和思想政治工作的削弱也是分不开的。出现这些问题的责任不在下面。"[1]这个严肃的自我批评是中肯的。它提出的综合平衡和加强宏观调控的问题,是前一阶段被忽视而又极为重要的问题;至于急于求成的偏向,更是新中国经济工作中一再出现的顽症。《决定》要求:用三年或者更长一些时间基本完成治理整顿任务。江泽民在全会闭幕时的讲话中说:

> 这次中央《决定》总的精神和指导思想,就是要通过进一步治理整顿和深化改革,努力实现国民经济的长期持续稳定协调发展。全会认为,四十年来,我国经济工作取得了伟大成就,但也有失误。最重要的教训,就是往往脱离国情、超越国力、急于求成、大起大落。这种失误,严重挫伤了干部和群众的积极性,造成了巨大的损失。
>
> 要保持国民经济持续稳定协调发展,已经提出来多年了,但是并没有真正为全党同志共同接受和认真贯彻执行。因此,必须进一步明确和强调这个指导思想,从上到下都要牢固树立起来,而且在整个社会主义现代化建设过程中都要始终坚持,不能动摇。
>
> 我们所说的持续,就是要长期保持正常发展的速度;稳定,就是不能大起大落;协调,就是重大经济关系比较合理。说到底,就是要有计划按比例地稳步前进,不断提高经济效益和社会效益。这样的速度,才是最有效、最可靠的。[2]

由于中共中央和国务院下了更大决心,一九九〇年的治理整

---

[1]《十三大以来重要文献选编》(中),第681、683页。
[2]《十三大以来重要文献选编》(中),第711、712页。

顿,在一九八九年下半年工作的基础上,取得了明显成效:压缩固定资产投资规模和抑制消费基金过快增长,使通货膨胀得到控制,社会商品零售价格指数比上年只增长百分之二点四九(而一九八九年比上年增长了百分之十七点八);产业结构调整开始起步,在基本建设投资中农业、能源和交通运输等薄弱环节的比重上升,重点建设步伐加快;流通领域的混乱现象得到初步整顿,到一九九〇年底,全国已撤并公司十万多个,占原有各类各级公司总数的百分之三十五点二,党政机关办的各种公司绝大多数已经撤销或同机关脱钩,市场秩序进行了初步整顿。刘国光在这年十二月下旬评论治理整顿取得的成效说:"通货膨胀开始抑制下来,特别是一九九〇年的物价,原来预计百分之十四至十六,现在看来到年终也只在百分之二至三。""经济秩序,特别是流通领域的秩序,经过初步整顿,也有好转,社会比较稳定,老百姓有稳定感,不像前二年那样,人心惶惶。"[1]没有这样力度很大的治理整顿,经济状况要从原来那样混乱和困难的局面中走出来是不可能的。中国经济在十分困难的条件下比较快地扭转局势,走上健康发展的轨道,这是很不容易的事情。

从更广阔的视野来看,一九九〇年是第七个五年计划的最后一年,而且是中共十二大提出的"两步走"发展战略中前十年的最后一年。我们来分别看一看这五年和十年的总貌:

拿第七个五年计划来说,从一九八六年到一九九〇年这五年间,"国内生产总值平均增长速度百分之七点九,工业总产值平均每年增长百分之十三点二,农业总产值平均每年增长百分之四点

---

[1]《刘国光文集》第6卷,中国社会科学出版社2006年12月版,第270页。

八，财政总收入平均每年增长百分之七点九，财政总支出平均每年增长百分之九"。[1]

拿中共十二大"两步走"的战略部署来看，原来要求一九九〇年的国民生产总值比一九八〇年翻一番，基本解决人民的温饱问题。实行的结果，这个目标提前实现了："一九九〇年同一九八〇年相比，国民生产总值由四千四百七十亿元增加到一万七千四百亿元，按不变价格计算，增长一点三六倍，平均每年增长百分之九。国民收入由三千六百八十八亿元增加到一万四千三百亿元，按不变价格计算，增长一点三一倍，平均每年增长百分之八点七。生产门类更加齐全，资源开发能力明显提高。一些重要工农业产品产量跃居世界前列。钢、化学纤维由世界的第五位升至第四位，有色金属由第七位升至第四位，发电量由第六位升至第四位，煤炭、水泥由第三位升至第一位，乙烯由第十五位升至第八位，粮食、棉花、肉类、布匹已居世界首位。由于我国人口众多，产品的人均占有量还比较低，但国家整体经济实力的增强是极为明显的。"[2]

这个时期内中国经济的增长，是八十年代世界平均增长速度的三倍，为以后十年实现比一九八〇年翻两番、进入小康社会打下了坚实的基础。

在第七个五年计划胜利完成后，一九九〇年十二月二十五日至三十日，中共中央举行十三届七中全会，通过了《关于制定国民经济和社会发展十年规划和"八五"计划的建议》。这个《建议》的特点，是把制定"八五"计划和十年规划结合起来。它的原因是：经济和社会发展的许多问题是有连续性的，需要有较长时间的考

---

[1]《中国经济发展五十年大事记》，第433页。
[2]《十三大以来重要文献选编》（下），人民出版社1993年12月版，第1482页。

虑；一些重大建设项目、科技攻关课题，以及人才培养等，也往往不是在一个五年计划期间就能够完成的。根据十年经济发展的总趋势和奋斗目标来确定五年计划，可以把眼光放得更远些，步子走得更扎实可靠些。

全会开始的上一天，邓小平同几位中央负责人谈话，提出"要善于把握时机来解决我们的发展问题"。他说：

> 现在国际形势不可测的因素多得很，矛盾越来越突出。过去两霸争夺世界，现在比那个时候要复杂得多，乱得多。怎样收拾，谁也没有个好主张。第三世界有一些国家希望中国当头。但是我们千万不要当头，这是一个根本国策。
>
> 本世纪末实现翻两番，要稳扎稳打。在翻两番的基础上，再用三十年到五十年时间，我国综合国力达到世界前列，社会主义的优越性就真正体现出来了。我们必须从理论上搞懂，资本主义与社会主义的区分不在于是计划还是市场这样的问题。社会主义也有市场经济，资本主义也有计划控制。资本主义就没有控制，就那么自由？最惠国待遇也是控制嘛！不要以为搞点市场经济就是资本主义，没有那么回事。计划和市场都得要。不搞市场，连世界上的信息都不知道，是自甘落后。
>
> 共同致富，我们从改革一开始就讲，将来总有一天要成为中心课题。社会主义不是少数人富起来、大多数人穷，不是那个样子。社会主义最大的优越性就是共同富裕，这是体现社会主义本质的一个东西。如果搞两极分化，情况就不同了，民族矛盾、区域间矛盾、阶级矛盾都会发展，相应地中央和地方的

矛盾也会发展，就可能出乱子。[1]

在酝酿和制定《建议》的过程中，江泽民提出："中央和国务院都坚持在治理整顿中，深化改革，不走回头路。全党要充分利用有利时机，坚定不移地把经济搞上去，充分发挥社会主义制度的优越性。当前最重要的是要启动市场。启动要符合经济规律，不能再搞经济过热。大家要齐心协力找到一条计划经济与市场调节相结合的具体化的路子。"李鹏提出："计划的主导思想是'适当集中，办几件大事，保持经济后劲。'""今后十年发展总方针仍然是'持续、稳定、协调'。""强化宏观调控手段，主要是银行利率、财政、税收、海关和基建审批权。"[2]

全会通过的《关于制定国民经济和社会发展十年规划和"八五"计划的建议》规定：从一九九一年到二〇〇〇年，要实现现代化建设的第二步战略目标，把国民经济的整体素质提高到一个新水平。基本要求是：在大力提高经济效益和优化经济结构的基础上，使国民生产总值按不变价值计算，到本世纪末比一九八〇年翻两番；人民生活从温饱达到小康；发展教育事业，推动科技进步，改善经济管理，调整经济结构，加强重点建设，为二十一世纪初叶我国经济和社会的持续发展奠定物质技术基础；初步建立适应以公有制为基础的社会主义有计划商品经济发展的、计划经济和市场调节相结合的经济体制和运行机制；社会主义精神文明建设达到新的水平，社会主义民主和法制建设进一步健全。

《建议》提出了一些值得注意的重大措施，如：农村在实行以

---

[1]《邓小平文选》第3卷，第363、364页。
[2]《市场与调控——李鹏经济日记》，第760、761、753、754页。

家庭联产承包为主的责任制的同时,建立统分结合的双层经营体制;贫困地区在解决大多数群众温饱的基础上,转入以脱贫致富为主要目标的扶贫开发阶段;加强基础工业和基础设施的建设;把发展电子工业放到突出位置;继续坚持以公有制为主体,适当发展其他经济成分,形成适合现阶段生产力水平的所有制结构;计划经济不限于指令性计划,指令性计划和指导性计划都是实行计划经济的具体形式;坚持实行政企职责分开、所有权与经营权适当分离,逐步使绝大多数国营企业真正成为自主经营、自负盈亏的社会主义商品生产者和经营者;积极稳妥地推进价格改革;改革财政税收体制,现行的是财政包干制,改革的方向是在划清中央和地方事权范围的前提下实行分税制,等等。

江泽民在全会闭幕时讲话。他说:

> 尽管国际风云变幻,尽管我们在前进道路上遇到这样那样的困难,但是我们党、国家和人民经受住了考验,我们胜利地走过来了。
>
> 建设有中国特色的社会主义是一篇大文章。邓小平同志已经为它确定了基本思路和基本原则。这是在新的历史条件下对马列主义、毛泽东思想的重大发展。我们希望,全党同志特别是党的高级干部,都要把心思用在这里,经过实践,集思广益,继续把这篇大文章作好。[1]

中共十三届七中全会后,一九九一年,中国各方面的工作在外

---

[1]《十三大以来重要文献选编》(中),第 1428、1430 页。

有压力、内有困难的情况下,迅速走上大踏步前进的行程。经过三年的治理整顿和改革的深化,中国经济发展已基本趋于正常,并继续向好的方向发展。

这一年,与战胜淮河流域和太湖地区严重水灾同时,中国的国民经济跨出了很大的步子。到这年年底,全国国内生产总值达到两万一千六百十七亿八千万元,首次突破两万亿元大关,比上年增长百分之九点二。"同时物价平稳,商品零售价格仅比上年上升百分之三点四。"[1]治理整顿的主要任务基本完成,社会总供求恢复基本平衡,通货膨胀得到控制,使人们放下心来。国民经济转向全面增长。

这一年,在工业方面,国内生产总值增长百分之十三点九,先后建成宝钢二期工程、年产各三十万吨的扬子和齐鲁乙烯工程、长江葛洲坝水利枢纽第二期工程。中国大陆第一座自行设计制造的核电站——秦山核电站,这年十二月十五日在浙江海盐的杭州湾畔并网发电成功,国际原子能机构在运行前的安全评审时认为:"没有发现任何影响安全的问题。"[2]国务院发出《关于批准国家高新技术产业开发区和有关政策规定的通知》。企业集团的组建、股份制和租赁制的试点正在继续展开。随着生产的发展,人民的收入提高,生活持续改善,储蓄不断增加,失业减少,保证了经济稳定和社会安定。社会保障制度和住房制度改革的范围不断扩大。利用国外资金和外商来华直接投资,都是历史上最多的一年。

当然,事情还有另外一面。中国的经济发展虽已步入正常阶

---

[1] 马洪、刘中一、陆百甫主编:《中国宏观经济政策报告1997》,中国财政经济出版社1997年8月版,第4页。

[2] 艾俊平:《秦山,向世界宣告》,《共和国的记忆》,第278页。

段，但基础尚不稳固。经济回升速度虽较快，经济效益仍处在低谷。特别令人焦虑的是：国有企业的亏损面和亏损额双双增加，技术水平提高慢，经济效益低，产业结构不合理。这年九月召开的中央工作会议，着重讨论如何搞好国营大中型企业这个大问题。江泽民在会上指出：

> 要把搞好国营大中型企业作为坚持社会主义道路的一件大事，摆到突出位置，集中精力抓下去。进一步搞好国营大中型企业，不仅是经济问题，而且是政治问题。没有经济的发展、繁荣与稳定，也不可能有政治的稳定。
>
> 我们是发展中的社会主义国家，在经济上要赶上发达国家，就要保持必要的发展速度。这种速度，要建立在提高经济效益的基础上。没有一定的速度，经济搞不上去。但是忽视效益的速度，会造成浪费，增加经济发展的困难，而且也不能持久。
>
> 发展有计划的商品经济，不能盲目追求产值，而要推动企业去研究市场，研究消费者的需要，开发适销对路的产品，合理地组织生产。[1]

开发浦东新区，是这个时期的一项重大决策。上海是中国最大的工业城市，在人才、技术和管理方面都有明显的优势，所处地理位置的辐射面宽。发挥上海这个经济中心城市的作用，对促进长江三角洲乃至整个长江流域经济的腾飞，对加快全国经济的发展，都

---

[1]《十三大以来重要文献选编》（下），第1700—1702页。

有极重要的意义。但上海原来市区的发展余地有限,而同市区隔黄浦江相望的浦东地区却有巨大的发展潜力,没有很好得到利用。一九九〇年初,邓小平来到上海。上海市委书记兼市长朱镕基等向他汇报工作,提出开发开放浦东。同年三月,邓小平回到北京,向几位中央负责人说:"要研究一下哪些地方条件更好,可以更广大地开源。比如抓上海,就算一个大措施。上海是我们的王牌,把上海搞起来是一条捷径。"[1]四月,国务院总理李鹏到上海,宣布中共中央和国务院的决定:"同意进一步开发浦东,主要发展外向型和高科技经济,执行经济特区某些政策,以发挥上海的工业基础优势、人才优势、科技力量优势。"[2]同年,在浦东新区设立封闭式管理的外高桥保税区,这是中国批准设立的第一个保税区。

一九九一年一二月间,邓小平再次视察上海时说:"开发浦东,这个影响就大了,不只是浦东的问题,是关系上海发展的问题,是利用上海这个基地发展长江三角洲和长江流域的问题。抓紧浦东开发,不要动摇,一直到建成。只要守信用,按照国际惯例办事,人家首先会把资金投到上海,竞争就要靠这个竞争。金融很重要,是现代经济的核心。金融搞好了,一着棋活,全盘皆活。上海过去是金融中心,是货币自由兑换的地方,今后也要这样搞。中国在金融方面取得国际地位,首先要靠上海。那要好多年以后,但现在就要做起。"[3]三月,中央确定在上海和深圳试点实行股票上市。这又是改革开放中的新事物。这一年,开发浦东已进入实质性的启动阶段。

---

[1]《邓小平文选》第 3 卷,第 355 页。
[2]《市场与调控——李鹏经济日记》(中),第 724 页。
[3]《邓小平文选》第 3 卷,第 366—367 页。

一九九一年农业总产值比上年增长百分之三，在大灾中夺得了丰收年。这年内，国务院在总结经验的基础上，发出《关于加强农业社会化服务体系建设的通知》；中共中央举行十三届八中全会，又通过《关于进一步加强农业和农村工作的决定》。《决定》突出地强调"三农"的极端重要性，写道：

> 农业是经济发展、社会安定、国家自立的基础，农民和农村问题始终是中国革命和建设的根本问题。没有农村的稳定和全面进步，就不可能有整个社会的稳定和全面进步；没有农民的小康，就不可能有全国人民的小康；没有农业的现代化，就不可能有整个国民经济的现代化。[1]

价格改革，在一九八八年前后社会经济中曾是焦点问题，并造成过巨大风波。经过三年的治理整顿，投资和消费双膨胀的状况基本上得到抑制，社会总供求基本取得平衡，原来欠的账基本上还掉了，取得了主动，因此在一九九一年得以跨出重大的步子："政府对可能导致物价上涨的各种因素比较警惕，同时也利用比较宽松的宏观环境，进行大幅度的价格改革，并注意积极扩大商品市场机制的作用范围与培育市场。"它所采取的措施包括：调整了二十五年没有动过的城镇居民定量平价粮的销售价格，改变了因多次提高国家定额粮油收购价格而不动销售价格所造成的购销价格严重倒挂现象；提高了长期偏低的部分基础工业品的价格，如原油及成品油价格；提高钢铁及水泥等产品的计划内价格，对部分原来实行'双轨

---

[1]《新时期农业和农村工作重要文献选编》，第760页。

制'的产品实行计划内外两种价格并轨或缩小差距;还下放一批轻工商品价格管理权限,放开粮食、卷烟等一大批商品价格,初步改变高度集中的价格管理体制,形成多种价格形式并存的局面。这些措施,时机比较恰当,条件已较成熟,步子比较稳重,对理顺价格关系起了积极作用。"全年商品零售价格上涨幅度为百分之二点九,比计划目标低三点一个百分点。"[1]

对一九九一年在中国工业化进程中的地位,经济学家马洪有一个判断:"工业化进入中期阶段的指标是:工业产值比重大于百分之六十,工业就业比重大于百分之四十五,城市人口比重大于百分之三十五,人均国内生产总值达到一千美元以上。""从一九九一年开始,中国经济发展的上述指标就已经达到或接近工业化中期阶段的水平。"他又说:"如果认为中国工业化已于一九九一年基本跨过第一个转折点,即由工业化的前期阶段进入中期阶段的话,那么,我国从一九五三年到一九九一年三十八年所走的历程,美国约走了八十年,日本约走了四十年。"[2]

在国防建设方面,作为中央军委主席的江泽民十分重视研究这一年一月海湾战争提出的新课题。他说:"国际形势总的继续走向缓和,但天下仍很不太平。世界上重大突发事件接连不断,地区冲突和局部战争此起彼伏。""在日新月异的科技进步推动下,世界军事迅猛发展。一九九一年的海湾战争表明,现代战争已开始成为高技术战争。"[3]根据这一新的判断,制定了在新的历史条件下的战略总方针,指出要实施科技强军战略,依靠科技进步来提高军队的战斗

---

[1] 马洪、刘中一、陆百甫主编:《中国宏观经济政策报告1997》,第269、270页。
[2] 马洪:《序言》,中国工业经济联合会编《中国工业现代化进程》,卷前。
[3] 《江泽民文选》第2卷,第451—452页。

力，要把战争准备的基点放在打赢一场现代技术、特别是高技术条件下的局部战争上。提出在军队建设的指导思想上，要走有中国特色的精兵之路。

在推进祖国和平统一大业方面，《中华人民共和国香港特别行政区基本法》，经过四年多的调查研究、起草、磋商和修改，已由一九九〇年举行的第七届全国人民代表大会第三次会议通过并颁布。《澳门特别行政区基本法（草案）》也由全国人大常委会审议公布，不久经全国人民代表大会通过。海峡两岸的贸易额和来大陆的台资迅速增长，探亲、旅游以及文化、科技、学术、体育等交流持续发展。

在这个过程中，也遇到一些新问题。

一个突出问题是"三角债"。由于抑制前一阶段通货膨胀和信贷过分投放而收紧了银根，加上抢购风潮平息后出现销售疲软，许多企业流动资金不足，相互拖欠货款。国务院用了很大力量来处理这个问题，一九九一年关于搞好国营大中型企业的二十条政策措施中就把清理三角债作为突破口。但工作难度很大，往往是前清后欠，有些企业还有"欠债有理、欠债有利"的错误思想。这个问题成为经济生活正常运转的严重障碍，困扰了经济工作好几年。

另一个更令人焦虑的问题，是不少国营企业的经济效益继续下降，亏损严重。事实表明，经济生活中的突出问题已不是速度上不去，而是效益提不高。这又同前几年经济过热时低水平重复建设过多有关，同企业的经营机制没有很好转换有关。江泽民在这一年指出："历史经验证明，在经济工作中，主观上的急于求成必然造成片面追求速度，不讲效益。当前和今后一个时期，我们必须下功夫调整结构和提高效益，把扩大再生产的重点放在技术改造上，而不能主要靠铺新摊子。经济的发展要依靠科技进步和提高劳动者素质。"新任国务院副总理的朱镕基尖锐地指出："现在相当大比例的国营企业亏损或濒于亏损。更为严重的是，有许多企业，问题不只是亏损，而是坐吃山空。不少企业该提的折旧费和新产品开发基金没有按国家规定提足用好，实际上是吃了老本。亏损了，职工奖金照发；企业办糟了，厂长易地做官；产品积压，工厂照样生产；任务不足，一个人也不精简；企业内部奖罚不明，干多干少、干好干坏一个样，这些都是属于机制方面的问题。这些问题不解决，企业效益不可能提高，有些企业死水一潭的局面也不可能改观。"他提出了"实行关停并转，调整工业内部结构"的问题。[1]

这些都是中国的改革开放和社会主义现代化建设事业发展过程中出现的新问题，是以前不曾遇到过的。它只能靠深化改革来解决，只能在发展中解决。改革和发展都需要有新的思路，迈出更大的步子。中国人民正是在异常复杂的环境中，在缺乏现成经验的情况下，以坚定的步伐，继续大胆地往前闯，边摸索边前进，迎接新局面的到来。

---

[1]《十三大以来重要文献选编》(下)，第1701、1816、1817、1808页。

第二十七章　建立社会主义市场经济体制

八十年代和九十年代之交，国际局势发生了令人震惊的巨大变化。苏联解体，东欧剧变。它带来两方面的变化：冷战结束，世界政治格局走向多极化，对中国的改革开放和现代化建设创造了有利条件；但世界社会主义运动处于低潮，西方有些人得意洋洋地说二十世纪最大遗产是社会主义的试验和失败，国内也有一些人感到惶惑。面对这种严峻的局势，中国应该怎么办？邓小平冷静地指出：

> 别人的事情我们管不了，只讲一个道理：中国的社会主义是变不了的。中国肯定要沿着自己选择的社会主义道路走到底。谁也压不垮我们。只要中国不垮，世界上就有五分之一的人口在坚持社会主义。我们对社会主义的前途充满信心。
>
> 总之，对于国际局势，概括起来就是三句话：第一句话，冷静观察；第二句话，稳住阵脚；第三句话，沉着应付。不要急，也急不得。要冷静、冷静、再冷静，埋头实干，做好一件事，我们自己的事。[1]

---

[1]《邓小平文选》第3卷，第320—321页。

"做好一件事,我们自己的事",那就是要把中共十一届三中全会以来开创的中国特色社会主义事业扎扎实实地不断推向前进。

一九九二年邓小平南方谈话和中共十四大,标志着中国的改革开放和社会主义现代化建设进入一个新的阶段。进入新阶段的特征:一是抓住机遇,加快发展;二是明确中国经济体制改革的目标是建立社会主义市场经济体制。在这种思想指引下,中国大地上不但没有出现西方有些人期望的那样放弃社会主义或经济停滞不前,而是到处热气腾腾,国民经济出现蓬勃发展的新势头,社会主义制度在自我完善和发展中更加充满生机和活力。

邓小平南方谈话和中共十四大

邓小平在一九九二年一月十八日至二月二十一日到武昌、深圳、珠海、上海等地视察。这位退休老人的心依然密切关注着建设中国特色社会主义的事业,关注着改革开放和社会主义现代化建设事业的发展。这时,中国的经济建设和改革事业正走到一个重要关头。邓小平在视察南方的谈话中,以一个战略家的眼光和胆识,回答了长期以来人们关注而思想上尚未完全弄清楚的许多重大问题。他说:

> 不坚持社会主义,不改革开放,不发展经济,不改善人民生活,只能是死路一条。基本路线要管一百年,动摇不得。只有坚持这条路线,人民才会相信你,拥护你。
>
> 判断的标准,应该主要看是否有利于发展社会主义的生产力,是否有利于增强社会主义国家的综合国力,是否有利于提

高人民的生活水平。

计划多一点还是市场多一点，不是社会主义与资本主义的本质区别。计划经济不等于社会主义，资本主义也有计划；市场经济不等于资本主义，社会主义也有市场。计划和市场都是经济手段。社会主义的本质，是解放生产力，发展生产力，消灭剥削，消除两极分化，最终达到共同富裕。

要抓住机会，现在就是好机会。我就担心丧失机会。不抓呀，看到的机会就丢掉了，时间一晃就过去了。

我国的经济发展，总要力争隔几年上一个台阶。当然，不是鼓励不切实际的高速度，还是要扎扎实实，讲求效益，稳步协调地发展。

现在，我们国内条件具备，国际环境有利，再加上发挥社会主义制度能够集中力量办大事的优势，在今后的现代化建设长过程中，出现若干个发展速度比较快、效益比较好的阶段，是必要的，也是能够办到的。我们就是要有这个雄心壮志！

一些国家出现严重曲折，社会主义好像被削弱了，但人民经受锻炼，从中吸取教训，将促使社会主义向着更加健康的方向发展。因此，不要惊慌失措，不要认为马克思主义就消失了，没用了，失败了。哪有这回事！

我们要在建设有中国特色社会主义道路上继续前进。资本主义发展几百年了，我们干社会主义才多长时间！何况我们自己还耽误了二十年。如果从建国起，用一百年时间把我国建设成中等水平的发达国家，那就很了不起！从现在起到下世纪中叶，将是很要紧的时期，我们要埋头苦干。我们肩膀上的担子重，责任大啊！[1]

邓小平把这篇讲话作为三卷本《邓小平文选》的结束篇，可以看成是他留给中国共产党和中国人民的重要政治交代。由于谈话内容重要，中共中央在二月二十八日发出《关于传达学习邓小平同志重要谈话的通知》，要求把这个谈话的精神逐级传达到全体党员和干部，认真贯彻落实。三月上旬，中共中央政治局召开会议，讨论邓小平的谈话。会议指出：从现在起到本世纪末是一个关键时期，我们要认清形势，把握机遇，真抓实干，讲求效益。加快经济发展速度，力争几年上一个台阶。

从三月二十日到四月三日，第七届全国人民代表大会举行第五次会议。李鹏在大会上作政府工作报告，要求抓紧有利时机，加快经济发展；加快改革步伐，扩大对外开放；为经济建设和改革创造更好的社会政治环境。这次大会通过了《关于兴建长江三峡工程的决议》。这是一项中国人民期待、准备了多年而又举世瞩目的宏伟工程，经过长期筹备，在一九九四年十二月正式开工。人代会后不久，六月下旬，国务院召开长江三角洲及长江沿江地区经济规划座谈会，要求以上海浦东开发开放和三峡工程建设这两件大事为契机，推动长江三角洲及长江沿岸地区的开发开放和经济发展，这是继沿海地区开放以后促使中国经济振兴的又一个重大战略决策。

在这前后，针对当时工作中迫切需要解决的问题，还采取了一系列有力措施：中共中央政治局通过《中共中央关于加快改革、扩大开放、力争经济更好更快地上一个新台阶的意见》；中共中央、

---

[1]《邓小平文选》第3卷，第370、371、372、373、375、377、383页。

国务院作出《关于加快发展第三产业的决定》；国务院通过《全民所有制工业企业转换机制条例》。除了扩大沿海地区的开放以外，进一步开放黑龙江、吉林、内蒙古、新疆、云南、广西的一批边境城市，加强同周边国家的经济文化交流和合作。

本来，一九九一年全国人大七届四中全会通过的"八五"计划和十年规划纲要规定国民生产总值平均每年增长百分之六。这同那时的形势和认识判断有关：一是制定这个计划时，国际和国内的政治经济形势都十分严峻，需要继续观察，需要强调稳定，在稳定中增长；二是原定到二〇〇〇年实现国民生产总值翻两番的战略目标，只要保持年增长百分之六这个速度已可完成；三是考虑到定计划要留有余地，不可把弦绷得太紧，宁可在实际执行中超额完成。后来从实践情况来看，原来计划所定的百分之六的年增长速度，偏低了一些。到一九九二年，客观形势已有变化：国际形势渐趋稳定，中国的回旋余地较大；新的科技革命正在发展，产业结构继续在国际范围内调整，发达国家企业有不少正向发展中国家转移；中国周边一些国家和地区都在加快发展。在这种情况下，加快经济发展，实现比原计划更高一些的速度，是必要的，也是有可能的。邓小平敏锐地察觉到这些变化，及时提出要抓住时机、加快发展，对推进中国经济的快速发展起了举足轻重的作用。

这时，中国共产党正积极筹备召开第十四次全国代表大会。

六月九日，江泽民在中央党校省部级干部进修班上作了《深刻领会和全面落实邓小平同志的重要讲话精神，把经济建设和改革开放搞得更快更好》的讲话。这个讲话，是为了使全党和全国人民对中共十四大将要作出的重大决策在思想上有所准备。

讲话中，最重要的是谈了经济体制改革问题。他说：加快经济体制改革的根本任务，就是要尽快建立社会主义的新经济体制。而建立新经济体制的关键，是要正确认识计划和市场问题及其相互关系，就是要在国家宏观调控下，更加重视和发挥市场在资源配置中的作用。这也是邓小平南方谈话中着重谈的一个问题。

对这个问题的认识，是在实践中逐步深化的。江泽民在讲话中对中共十一届三中全会以来对计划和市场问题及其相互关系的认识过程，作了一个客观的历史回顾。他说："党的十二大时，讲的是计划经济为主、市场调节为辅；党的十二届三中全会通过的《关于经济体制改革的决定》提出了社会主义经济是在公有制基础上的有计划的商品经济的新概念；党的十三大时，提出了社会主义有计划商品经济的体制应该是计划与市场内在统一的体制；党的十三届四中全会以来，提出了建立适应有计划商品经济发展的计划经济与市场调节相结合的经济体制和运行机制。我这里讲的是党的正式文件中的一些提法，至于学术界、理论界在讨论中的不同意见、不同提法就更多了。"

根据十几年来实践和认识的发展，江泽民明确地提出了"社会主义市场经济"的新概念。他说：

> 我想在党的十四大报告中，总得最后确定一种大多数同志都赞同的有关经济体制的比较科学的提法，以利于进一步统一全党同志的认识和行动，以利于加快我国社会主义的新经济体制的建立。我个人的看法，比较倾向于使用"社会主义市场经济体制"这个提法。有计划的商品经济，也就是有计划的市场经济。社会主义经济从一开始就是有计划的，这在人们的脑子里和认识上一直是清楚的，不会因为提法中不出现"有计划"

三个字，就发生是不是取消了计划性的疑问。[1]

六月十二日，邓小平在住地同江泽民谈话，赞成使用"社会主义市场经济"的提法。"他说：实际上我们是在这样做，深圳就是社会主义市场经济。不搞市场经济，没有竞争，没有比较，连科学技术都发展不起来。产品总是落后，也影响到消费，影响到对外贸易和出口。他还说：在党校的讲话可以先发内部文件，反映好的话，就可以讲。这样党的十四大也就有了一个主题了。"[2]这个提法，也得到陈云、李先念的支持。

刘国光当时这样解读："中国经济体制改革的实质，是以市场机制为基础的资源配置方式取代以行政命令为主的资源配置方式。资源配置是近十年才在中国出现的一个概念。一个国家的资金、物资、人力、土地资源是有限的。有限的资源如何合理配置，对一个国家经济的发展关系极大。从世界范围来看，有这样两种方式：第一种是通过价格供求变化，就是通过市场配置资源，第二种是政府用行政命令和指标来分配资源。中国以前一直使用的是第二种。不过从世界历史发展以及中国经济改革现实来看，市场经济作为资源配置的手段被认为更加有效。"[3]

他接着写道：计划经济并非一无是处。在一定的历史条件下，它是有效的。中国在建国初期，经济发展水平低，靠计划集中资源搞了一百五十六项工程，成绩也是很大的。当经济规模扩大、结构复杂、需求和技术不断变化时，集中管理的弊病就出现了。在和平

---

[1]《江泽民文选》第1卷，第201、202页。
[2] 陈锦华：《国事忆述》，第228页。
[3]《刘国光文集》第7卷，第135页。

的环境中要把经济搞上去，随着经济生活的多样化、复杂化，市场显得越来越重要。实践证明，市场取向的改革进行越深入的地方、部门、企业，其经济活力就越大，经济发展就越快。从根本上说，过分集中、统得过死的计划经济体制束缚了生产力的发展。这种观念的转变，是中国人认识上的一个飞跃。

中国共产党第十四次全国代表大会在一九九二年十月十二日至十八日举行。江泽民代表第十三届中央委员会作了《加快改革开放和现代化建设步伐，夺取有中国特色的社会主义事业的更大胜利》的报告。

报告指出：十一届三中全会以来的十四年，是真正集中力量进行社会主义现代化建设的十四年，是人民生活水平提高最快的十四年。报告对邓小平提出的建设有中国特色社会主义理论的主要内容，从社会主义的发展道路、发展阶段、根本任务、发展动力、建设的外部条件、建设的政治保证、建设的战略步骤、领导力量和依靠力量、祖国统一问题九个方面作了概括，使人们对这个理论的完整科学体系有一个更清晰的认识。江泽民说：

十四年伟大实践的经验，集中到一点，就是要毫不动摇地坚持以建设有中国特色社会主义理论为指导的党的基本路线。

这个理论，第一次比较系统地初步回答了中国这样的经济文化比较落后的国家如何建设社会主义、如何巩固和发展社会主义的一系列基本问题，用新的思想、观点，继承和发展了马克思主义。

报告在谈到九十年代改革和建设的任务时指出：当前要紧紧抓住有利时机，加快发展，有条件能搞快一些的就快一些，只要有质量高、效益好、适应国内外市场需求变化的，就应当鼓励发展。他说：

> 九十年代我国经济的发展速度，原定为国民生产总值平均每年增长百分之六，现在从国际国内形势的发展情况来看，可以更快一些。根据初步测算，增长百分之八到九是可能的。我们应该向这个目标前进。在提高质量、优化结构、增进效益的基础上努力实现这样的发展速度，到本世纪末我国国民经济整体素质和综合国力将迈上一个新的台阶。

报告指出：我国经济体制改革确定什么样的目标模式，是关系整个社会主义现代化建设全局的一个重大问题。这个问题的核心，是正确认识和处理计划与市场的关系。江泽民在报告中明确地提出：中国经济体制改革的目标是建立社会主义市场经济体制。他对这个目标作了具体的解释：

> 我们要建立的社会主义市场经济体制，就是要使市场在社会主义国家宏观调控下对资源配置起基础性作用，使经济活动遵循价值规律的要求，适应供求关系的变化；通过价格杠杆的竞争机制的功能，把资源配置到效益较好的环节中去，并给企业以压力和动力，实现优胜劣汰；运用市场对各种经济信号反应比较灵敏的优点，促进生产和需求的及时协调。同时也要看到市场有其自身的弱点和消极方面，必须加强和改善国家对经

济的宏观调控。[1]

把社会主义基本制度和市场经济体制紧紧结合在一起，作为经济体制改革的目标，是一项前无古人的开创性事业，是社会主义发展史上的重大突破，是中国共产党在新的历史时期的重大决断：如果不能适应市场供求关系的实际需要，如果没有竞争，社会生产力就不能得到进一步解放和发展，社会主义便不能充满生机和活力；而如果离开社会主义国家对经济的宏观调控，经济的发展容易陷入盲目性，容易只着眼于眼前利益和局部利益，难以限制市场经济自身的弱点和消极方面，难以符合最广大人民的根本利益，最终也不可能健康地持续前进。市场经济和宏观调控这两者，哪一个方面都不能丢。

第二年三月，第八届全国人民代表大会第一次会议在北京举行。大会确定中国经济体制改革的目标是建立社会主义市场经济体制，并选出江泽民为国家主席、乔石为全国人大常务委员会委员长，决定李鹏为国务院总理。

在邓小平南方谈话和中共十四大精神指引下，中国的改革开放和现代化建设事业在人们面前展现出新的面貌。广大干部和群众解放思想、抓住机遇、加快发展的热情高涨。大家都在考虑，怎样根据本地本部门的有利条件，采取灵活多样的方式，把经济搞上去，创造出一个新的局面。这种状况，在沿海地区、特别是一些重要城市中，表现得更为突出。

一九九二年，也就是邓小平南方谈话和党的十四大召开的当

---

[1]《江泽民文选》第1卷，第222、218、224、226—227页。

年，国内生产总值达到两万六千六百三十八亿一千万元，比上年增长百分之十四点二，猛增五个百分点。拿工业生产来说，钢产量达到八千万吨，比五年前的一九八七年增长百分之四十二；原煤产量达到十一亿吨，五年内增长百分之二十；发电装机达到一亿六千五百万千瓦，五年内增长百分之四十六。农业已连续四年获得丰收，乡镇企业保持旺盛的发展势头。打破西方国家对华"制裁"以后，进出口总额在这一年达到一千六百五十五亿三千万美元，比上年增长百分之二十二。

这种增长速度已经超过一九八八年时百分之十一点三的水平，但情况与一九八八年有很大不同：一是这次高速增长是建立在前几年治理整顿时期较低速度增长的基础上的；二是在治理整顿时期对产业结构和经济比例关系进行了调整，能源和原材料等基础工业增长较快，供应状况比一九八八年有较大改善，经济发展有着较可靠的支撑；三是城市职工收入增加幅度大于物价的涨幅，物价的上涨没有超过居民的承受能力。因此，经济在这时并不能说过热，并且为以后的抑制过热创造了重要条件。

在经济发展的同时，以改变经济结构和转换企业经营机制为中心的深化改革也取得明显成效：公有制经济以外的其他经济成分增长得比较快；市场机制作用的范围扩大，工业生产的指令性计划缩小到百分之十几，消费品价格有百分之九十以上已由市场调节；人才可以自由流动，劳动力市场已经形成；资本市场，包括股票、债券等机制也逐渐形成。

一九九三年，经济在上一年快速增长的基础上，继续较快地向前发展。国家统计局根据第一次全国经济普查资料重新核算后得到的数据（以下同）：这一年的国内生产总值达到三万五千三百三十四亿元，首次突破三万亿元大关，比上年又增长百分之十四。其中，第一产业增长百分之四点七，第二产业增长百分之十九点九，第三产业增长百分之十二点一。[1]一些重要产品的产量大幅度增加，钢产量达到八千八百六十八万吨。企业技术改造和产品结构调整步伐加快。农业继续获得丰收，粮食总产量为四千五百六十四亿公斤，达到历史最高水平。重点建设加速，特别是针对交通运输能力严重不足的状况，（北）京九（龙）、南（宁）昆（明）等重要铁路干线建设进展顺利，高等级公路和重点港口建设加快。邮电通信状况迅速改善。扣除物价上涨因素，全国城镇居民人均生活费收入比上年增加百分之十点二，农村居民人均收入增长百分之三点二。城乡居民存款在年末达到一万四千七百六十四亿元，比上年增长百分之二十八。

这种经济增长的速度，不仅大大超过世界各国增长的平均数，而且连续位居第一。中国经济的繁荣，同当时国际经济疲软乏力的局面形成鲜明对照，已成为带动国际经济增长的新热点，充分显示出通过改革以自我完善的社会主义制度的巨大优越性。

加强宏观调控的十六条措施

确定建立社会主义市场经济体制的目标后，在市场机制作用扩大、国民经济高速发展的同时，由于旧的调控机制逐渐失效、新的宏观调控机制尚未完善，又遇到许多新的问题："伴随着经济高速增长，也出现了经济盲目扩张、经济秩序混乱等一些突出问题，尤

---

[1] 第一产业指农业、林业、牧业、渔业；第二产业指采矿业、制造业、电力业、燃气及水的生产和供应业、建筑业；第三产业指除第一、二产业外的其他产业。

其是一九九三年表现为甚。这些问题具体表现为'四高'、'四热'、'二乱'。'四高'是指高投资增长、高货币投放、高物价上涨和高贸易逆差。'四热'是房地产热、开发区热、集资热和股票热。'二乱'是金融秩序混乱、市场秩序混乱。"[1]也就是说，在新的历史条件下，又出现新的经济过热。

新中国成立以来，曾经多次地因经济过热而发生大起大落的波折现象，有过沉重的教训。曾任国家计委主任的陈锦华写道："实行改革开放以后，则有两个现象值得深思和总结，一个是投资饥渴症，一个是政府换届的政绩效应。这两者的结合和相互作用，便催发经济过热，发展失控，造成新的经济波动，甚至是很大的波折。"一九九三年，又值政府换届，各地新一届政府产生后都急于要多做些事情，到处是一派大干快上的劲头。这种劲头对发展经济无疑有着积极的作用。但在经济继续快速发展中，一些地区和领域再度出现经济过热现象：建设摊子铺得过大，层层搞开发区，连乡一级也搞，不少开发区事实上形成大面积撂荒，还有相当数量建成或没有建成的商品房闲置着，称为"烂尾楼"，没有资金，便用各种形式乱集资，乱向银行拆借；乱设金融机构，大量资金在体外循环，利率失控；投资规模过度扩大，超过了国家和地方的承受能力。这对刚刚起步不久的经济体制改革是一次严峻考验。"宏观经济越来越热，地方和部门各行其是，而中国的市场又很不成熟，'看不见的手'在兴风作浪，'看得见的手'怎么办？"[2]人们关注着：在实行社会主义市场经济体制的新的复杂环境中，国家能不能及时有效地控制和驾驭这种局势？

---

[1] 马洪、刘中一、陆百甫主编：《中国宏观经济政策报告1997》，第4、5、6页。
[2] 陈锦华：《国事忆述》，第260、261页。

中共中央和国务院早就注意到这个问题。一九九二年四月四日,江泽民在出访日本前夕写信给其他领导人,及时地叮嘱:"现在重要的问题,是要善于把干部和群众高涨的劲头和积极性引导好、保护好、发挥好。""总之,要在深化改革上狠下功夫,避免只在扩大投资规模上做文章,以防出现新的重复建设和产品积压。"[1]

但当时干部中的认识并不能很快取得一致。"东部地区认为,改革开放的势头很好,加快发展带来了新的机遇,经济并不热;中西部地区则感到发展已经滞后了,形势刚好一点,也还远未热起来,是'你热我不热'。"[2]有些人还担心加强宏观调控会不会影响改革开放,影响贯彻邓小平南方谈话精神和十四大精神,使改革开放的势头发生逆转,经济发展速度又会掉下去。因此,还在争相攀比,不问市场需求的实际情况,不顾条件地争相扩大投资规模。

一九九三年的一月,邓小平同上海市党政军负责人和各界人士共度除夕,叮嘱他们:"上海人民在一九九二年做出了别人不能做到的事情。当然走一步,回头看一下是必要的。要注意稳妥,避免损失,特别要避免大的损失。有一点小的损失不要紧,回头总结经验,改正缺点就是了。乘风破浪,脚步扎实,克服困难,更上一层楼。"[3]

三四月间,中共中央先后召开各省省委书记、省长会议和经济情况通报会,提出防止经济过热的问题。江泽民、李鹏、朱镕基在经济情况通报会上讲话。他们指出:当前,国内形势和国际环境为加快改革和发展提供了难得的机遇。同时指出,抓住机遇、加快发

---

[1]《江泽民文选》第1卷,第195、196页。
[2] 陈锦华:《国事忆述》,第266页。
[3] 冷溶、汪作玲主编:《邓小平年谱(1975—1997)》(下),第1359页。

展,必须从中国当前的实际出发,要注意汲取历史上造成几次较大经济波折的教训,力求在经济建设上,既保持一个较快的增长速度,又争取有一个较为合理的经济结构,做到既加快发展,尽力而为,又从实际出发,量力而行,避免大的起伏,避免大的损失,把经济发展的好势头保持下去。

由于用高利率来乱集资和搞开发区热是两个突出的新问题,国务院在四五月间相继发出《关于坚决制止乱集资和加强债券发行管理的通知》和《关于严格审批和认真清理各类开发区的通知》。

五月九日至十一日,江泽民在上海主持召开华东六省一市经济工作座谈会。他在会上说:"当前我国经济发展中出现的一些矛盾和问题,从根本上讲,是经济体制转换过程中发生的问题。解决这些问题,不能沿用过去的老办法,而应通过改革,主要运用经济手段、法律手段,辅之以必要的行政手段,加强宏观调控力度,对经济运行进行有效的驾驭,使经济生活中的矛盾得以缓解,努力保持和发展经济运行的好形势。"这月十九日,他又给国务院领导人写信,以异常急迫的心情写道:"对于经济中存在的突出问题,要抓紧时机解决,解决问题的时机稍纵即逝,倘若问题积累,势必酿成大祸。"[1]

社会主义市场经济,不能离开国家的宏观调控,这是它同西方一些国家的自由市场经济的重要区别。中共中央和国务院在六月二十四日发出《关于当前经济情况和加强宏观调控的意见》。这是中国建立和完善社会主义市场经济体制过程中一个具有十分重要意义的文件。

---

[1] 中共中央党史研究室:《中国共产党新时期大事记(增订本)》,中共党史出版社2002年9月版,第388、389页。

《意见》首先充分肯定：今年以来，我国经济总的形势是好的，改革开放和现代化建设取得的成绩是显著的。接着指出：我国经济在继续大步前进中，也出现了一些新的矛盾和问题，某些方面的情况还比较严峻：一是货币过量投放，金融秩序混乱；二是投资需求和消费需求都出现膨胀的趋势；三是财政困难状况加剧；四是由于工业增长速度越来越快，基础设施和基础工业的"瓶颈"制约进一步强化；五是出口增长乏力，进口增长过快，国家外汇结存下降较多；六是物价上涨越来越快，通货膨胀呈现加速之势。"上述情况表明，当前的宏观经济环境已经绷得很紧，有些矛盾和问题还在继续发展，如果不抓住时机，进一步深化改革，抓紧实施宏观调控措施，势必导致社会供需总量严重失衡，通货膨胀进一步加剧，甚至会引起经济大的波动，影响社会安定。"《意见》特别提醒："对这些问题，从局部观察是不容易看清楚的，需要从全局上、宏观经济形势上和未来发展的走势上作出正确判断。为了解决当前经济中的突出问题，首先必须进一步统一思想认识，特别是各级领导干部对当前经济形势要有正确的、清醒的认识。"

针对经济生活中这些急迫问题，中共中央、国务院在《意见》中决定以很大力度采取十六条措施来加强和改善宏观调控。这些措施是：（一）严格控制货币发行，稳定金融形势；（二）坚决纠正违章拆借资金；（三）灵活运用利率杠杆，大力增加储蓄存款；（四）坚决制止各种乱集资；（五）严格控制信贷总规模；（六）专业银行要保证对储蓄存款的支付；（七）加快金融改革步伐，强化中央银行的金融宏观调控能力；（八）投资体制改革要与金融体制改革相结合；（九）限期完成国库券发行任务；（十）进一步完善有价证券发行和规范市场管理；（十一）改进外汇管理办法，稳定外汇市场价格;(十二)加强房地产市场的宏观管理,促进房地产业的健康发展;(十三)强化税收征管,堵住减免税漏洞;(十四)对在建项目进行审核排队,严格控制新开工项目;(十五)积极稳妥地推进物价改革,抑制物价总水平过快上涨;(十六)严格控制社会集团购买力的过快增长。

《意见》写道:"采取上述措施,从全局来说是非常必要的,是积极的。既可以保持经济持续快速发展,又可以为加快改革开放创造必要的宏观环境。""各地区、各部门都要从大局出发,加强组织纪律性,做到令行禁止,坚决维护中央对全国宏观调控的统一性、权威性和有效性。自接到文件之日起,必须立即组织贯彻落实,制定出具体的办法和措施。党中央、国务院将组织调查组,深入各地进行督促检查。"[1]

加强宏观调控,是建立社会主义市场经济体制的题中应有之义,是对社会主义市场经济认识的深化。过去管理权限过于集中、政府对企业干预过多、微观经济缺乏活力的状况必须坚决改变,这已为实践证明。市场经济的充分发展,是经济现代化的必要条件。但市场主体分散决策,市场机制自发调节,难以实现国民经济的总量平衡和结构优化。如果片面强调"市场化改革",放松宏观调控和监管,缺乏全局性、前瞻性、战略性的考虑和约束,采取自由市场经济那套做法,就会出现盲目追逐眼前或局部利益、不顾大局、破坏综合平衡等现象,甚至会出现少数人为牟取暴利而胡作非为,最终损害最广大人民的根本利益,这方面也有过不少教训,那是不符合社会主义市场经济体制的本质要求及其建立目的的。

---

[1]《十四大以来重要文献选编》(上),人民出版社 1996 年 2 月版,第 311—324 页。

加强宏观调控力度，并不等于回到传统计划经济的模式：第一，它主要着眼的是正确驾驭宏观经济的发展，保持国民经济的综合平衡，至于微观经济方面的问题基本上依靠市场来调节；第二，解决问题的方法主要运用经济手段、法律手段，辅之以必要的行政手段。这些都是在实践中一步步看清楚的。

既要珍惜和保护得来不易的经济高速发展的大好形势，坚定不移地推行社会主义市场经济体制的改革，又要坚决有力地纠正当前正在出现的种种新问题，难度很大。中共中央和国务院的这个文件在很大程度上体现了中国共产党和人民政府驾驭宏观经济的能力已日臻成熟。这是中国经济能够持续、快速、健康发展的重要保证。

这次加强宏观调控采取的具体措施着重从金融、财政、税务下手，确实抓住了问题的源头，"在计划经济体制下，财政和金融的关系一直没有理得很顺。财政发生困难就向银行透支，银行支付能力不足就增发货币，进而引发通货膨胀。"[1]金融在国民经济中处于枢纽地位。金融秩序混乱，纪律松弛，已严重影响改革开放和经济发展。因此，这次宏观调控工作把整顿金融秩序作为重点。从这里下手，对防止经济过热起到了釜底抽薪的作用，是一种正确的选择。

为了加强宏观调控的落实力度，国务院在一九九三年七月间先后召开全国金融工作会议和全国财政、税收工作会议。朱镕基副总理在这两次会议上，指出这次加强宏观调控的特点，如：它不是实行全面紧缩，而是进行结构调整；十六条措施中有十三条是采用经济手段，不是"走老路"。他说："我们是把解决当前经济工作中存在

---

[1] 陈锦华:《国事忆述》，第279页。

的问题,作为加速建设社会主义市场经济的动力,力求通过加快形成社会主义市场经济体制的办法,来解决当前经济发展中出现的问题。"这些体现了新的改革思路。

朱镕基在两个会议上都向与会者毫不含糊地提出要"约法三章",针对存在的问题,作出必须执行的严格规定。他动情地说:"这些任务的完成难度都很大,我充分估计到了这个难度。那末,任务怎么样才能完成呢?就是各级领导班子要以身作则,只有自己以身作则,才能够严格要求部下。自己不能勤政,又不廉政,吃吃喝喝,乱批条子,任人唯亲,到处搞关系,把国家财产不当一回事,你还坐在讲台上面作报告,下面能不骂你?更不会照你说的去做。你也不敢处理一个人,就只能搞点福利主义,给大家发点奖金,形成一种庸俗的机关作风,这要害死人的。所以,必须从我们自己着手。自己带头,为人表率,才能有真正的廉政建设,才能真正遵守'约法三章'。"他又说:"我在这里讲的,如果我自己做不到,请同志们检举、揭发。如果我自己做不到,我绝对不要求大家。"[1]

一九九三年加强宏观调控的各项措施,既雷厉风行,又不搞"急刹车",不搞"一刀切";既针对当时的严重问题,又着眼于长远的布局;而且主要采取经济手段,注重调整经济结构和改革经济管理方式。这对此后中国经济能够持续快速健康发展,产生了深远影响。

一部分干部中的腐败问题,历来受到群众极端痛恨。在新体制正在建立而没有完善的情况下,他们又尽力钻政策空子,上下其

---

[1]《十四大以来重要文献选编》(上),第346、371页。

手,以新的形式使腐败行为肆无忌惮地蔓延滋长。中共中央和国务院对此十分重视。在这个时期,廉政建设和反腐败斗争取得一定进展。八月二十一日,江泽民在中央纪律检查委员会全体会议上作报告。他说了一些分量很重的话:

> 我们不能否定党的主流是好的,也不能低估腐败现象的严重性和危害性。腐败现象是侵入党和国家机关健康肌体的病毒。如果我们掉以轻心,任其泛滥,就会葬送我们的党,葬送我们的人民政权,葬送我们的社会主义现代化大业。
>
> 要坚持两手抓,一手抓改革开放,一手抓打击各种犯罪活动。这两只手都要硬。打击各种犯罪活动,扫除各种丑恶现象,手软不得。两个文明建设都搞好,这才是有中国特色的社会主义。[1]

他要求,集中力量查办一批大案要案,着重查办发生在党政领导机关和司法部门、行政执法部门、经济管理部门工作人员中的案件;要标本兼治,综合治理,持之以恒,最基本的要靠教育、靠法制。十月五日,中共中央、国务院作出《关于反腐败斗争近期抓好几项工作的决定》。

由于及时采取了一系列果断措施,特别是加强宏观调控的有力措施,经过几个月的努力,经济过热现象得到一定遏制,全国经济局势既保持发展的劲头,又趋于稳定,向着健康的方向发展。

为了继续推进改革,在一年多实践的基础上,中共中央这年

---

[1]《江泽民文选》第1卷,第319、321页。

十一月十一日至十四日召开十四届三中全会，审议并通过《关于建立社会主义市场经济体制若干问题的决定》。《决定》共有五十条。其中最重要的第二条，将《决定》内容作了扼要的概括：

> 社会主义市场经济体制是同社会主义基本制度结合在一起的。建立社会主义市场经济体制，就是要使市场在国家宏观调控下对资源配置起基础性作用。为实现这个目标，必须坚持以公有制为主体、多种经济成分共同发展的方针，进一步转换国有企业经营机制，建立适应市场经济要求，产权清晰、权责明确、政企分开、管理科学的现代企业制度；建立全国统一开放的市场体系，实现城乡市场紧密结合，国内市场与国际市场相互衔接，促进资源的优化配置；转变政府管理经济的职能，建立以间接手段为主的完善的宏观调控体系，保证国民经济的健康运行；建立以按劳分配为主体，效率优先、兼顾公平的收入分配制度，鼓励一部分地区一部分人先富起来，走共同富裕的道路；建立多层次的社会保障制度，为城乡居民提供同我国国情相适应的社会保障，促进经济发展和社会稳定。这些主要环节是相互联系和相互制约的有机整体，构成社会主义市场经济体制的基本框架。必须围绕这些主要环节，建立相应的法律体系，采取切实措施，积极而有步骤地全面推进改革，促进社会生产力的发展。[1]

这个《决定》，将建设社会主义市场经济体制的目标进一步具

---

[1]《十四大以来重要文献选编》（上），第520—521页。

体化，勾画出它的基本框架。

一九九三年在调整社会关系方面还有一件重要的事情，就是把民族工作和宗教工作提到相当突出的议程上来。这年十一月七日，江泽民在全国统战工作会议上讲话。他首先谈了民族问题，说："民族问题是关系我们的国家统一、社会稳定、边防巩固、建设成功的大问题。东欧剧变、苏联解体的教训再一次说明，在社会主义条件下，正确处理民族问题是一个带根本性的问题，加强民族团结是一个需要长期努力的重要任务。""国际敌对势力把民族问题和宗教问题，作为对社会主义国家实行'西化'和'分化'的突破口。这很值得我们注意和警惕。"如何做好民族工作？江泽民说了三句话：一是继续巩固和发展社会主义民族关系，二是坚持和完善民族区域自治制度，三是加强民族地区的经济发展和社会进步。他强调："民族地区存在的矛盾和问题，归根到底要靠发展经济来解决。所以，我们处理民族地区的各种问题，都必须牢牢掌握经济建设这个中心。要千方百计地加快民族地区经济的发展，逐步缩小民族之间的发展差距，逐步实现各民族共同繁荣。"中国是一个多宗教的国家，信教群众有一亿多人。在宗教问题上，江泽民也说了三句话：一是全面、正确地贯彻执行党的宗教政策，二是依法加强对宗教事务的管理，三是积极引导宗教与社会主义社会相适应。他说："广大宗教信徒是拥护社会主义制度的，同全国人民在根本利益上是一致的，这是宗教能够与社会主义社会相适应的政治基础。"[1]这是新中国宗教政策在新的历史条件下的重要发展。

---

[1]《十四大以来重要文献选编》(上)，第512、515、518页。

改革的整体推进和"软着陆"的成功

一九九四年，中国以建立社会主义市场经济体制为目标的经济体制改革，进入整体推进和重点突破的阶段，以前所未有的广度和深度大步向前跨进。

建立社会主义市场经济体制，是一项复杂而艰巨的系统工程。几年来治理整顿取得的成功，初步理顺了经济结构内部的关系，使改革在方方面面的整体推进有了可能。

这个推进的最突出表现是：按照建立社会主义市场经济体制的要求，出台了财税、金融、外汇外贸、投资、价格和流通体制等一系列相互配套的重大改革。它涉及面之广、力度之大，是以往所少见的。各个领域的改革有着密切的联系，往往牵一发而动全身。实行这样整体性的体制改革，许多问题过去从不曾遇到过，没有现成的经验，改革进入攻坚阶段。这些改革，根据建立社会主义市场经济体制的要求，立足于理顺基本经济关系，建章立制，对解决新的运行机制产生十分深远的影响。

当时担任中央财经领导小组副秘书长的曾培炎，在年底的一次报告中，对它作了概括的叙述：

> 在财税体制改革方面，推行了以增值税为主体的流转税制度，按照新的税制划分税种，实行中央和地方的分税体制。改革是成功的，基本上达到了预期目的。财政收入总的情况比原来预计的要好。一至十月份，全国财政收入完成三千六百五十四亿元，比去年同期增长百分之十八点一。全年财政赤字可控制在计划目标之内。

在金融体制改革方面,围绕建立中央银行宏观调控体系,设立政策性银行,发展和完善金融市场,以及正确引导非银行金融机构健康发展,做了大量工作。新组建的国家开发银行、中国进出口银行和中国农业银行等政策性银行已经投入运营。中央银行在宏观调控中的作用正在增强,金融市场秩序有所改善,非银行金融机构的行为有所规范,金融总体运行正常。

在外汇外贸体制改革方面,从一九九四年一月一日起,对以前的双重汇率进行并轨,实行以市场供求为基础的、单一的、有管理的汇率制,推行外贸进出口结汇、售汇制度和新的外汇账户管理办法,取消外汇额度留成和上缴制度;建立银行之间的外汇交易市场,改进汇率形成机制。外贸体制改革中,进一步扩大企业对外贸易权,普遍推行了外贸代理制。

在投资体制改革方面,按照不同投资主体的投资范围和各类建设项目的不同情况,开始将投资项目划分为基础性、竞争性和公益性三种类型,分别实行不同的投资方式。

在价格和流通体制改革方面,调高了粮食、棉花、石油、煤炭等基础产品价格,比价关系进一步理顺,并出台了粮食、棉花、成品油、原油和化肥等农业生产资料方面的流通体制改革措施,明确了流通主体,规范了流通秩序。

与此同时,对企业改革做了不少工作,社会保障和住房制度改革也有进展。一年出台这么多的重大改革措施,又维护了社会稳定,确实是不容易的。[1]

---

[1] 曾培炎:《关于当前经济形势》,《当代中国马克思主义研究巡礼》(上),人民出版社1995年4月版,第438—439页。

这一年，国民经济继续保持较快增长。在此前连续两年两位数高速增长的基础上，国内生产总值又比上年增长百分之十三点一，达到四万八千一百九十八亿元，迈上四万亿元这个台阶。第一产业产值比上年增长百分之四，第二产业产值增长百分之十八点四，第三产业产值增长百分之十一。

国家重点建设得到明显加强。重点建设项目资金到位状况明显好于往年，是近几年基础产业和基础设施建设完成较好的年份。如："三北"防护林二期工程提前一年完成，造林两亿多亩；长达两千二百多公里的京九铁路全线进入施工高潮，全长一千六百多公里的兰新复线和五百公里的宝（鸡）中（卫）线电气化铁路全线铺通，新增高等级公路近一千九百公里；举世瞩目的长江三峡水利枢纽工程在十二月十日正式开工，黄河小浪底水利枢纽也已开工兴建。

科技领域取得一批重大成果。已育成的二百七十多个高产、优质、抗逆性强的农作物新品种，推广面积进一步扩大。完成一批重大装备的研制，在数字程控交换机、高性能并行计算机、工业机器人、生物疫苗、功能材料等高技术的产业化方面取得重要进展。成立了中国工程院，加强应用技术的基础研究，促进新工程技术的推广应用。

对外开放继续保持好的势头。全年进出口总额比上年增长百分之二十点九，其中出口增长速度持续高于进口增长速度。实际利用外资四百三十二亿一千三百万美元，比上年增长百分之十点九。外汇储备五百一十六亿美元，比上年增长一倍以上。政府对外资进入继续抱着积极欢迎的态度，同时增强对外资的选择性，重视先进技术和先进管理经验的引入，适当限制高污染项目的外国投资等。

城乡人民生活继续改善。农村居民人均年纯收入，比上年实际增长百分之五。城镇居民人均生活费收入实际增长百分之八点八。"但居民收入增长还存在不平衡的情况,一部分职工、离退休人员和贫困地区农民收入水平较低"。[1]国务院召开全国扶贫开发工作会议,部署实施《国家八七扶贫攻坚计划》,要求力争在本世纪末最后七年内基本解决全国八千万贫困人口的温饱问题。

在迅速推进经济建设的同时,国防建设也得到加强。这一年,江泽民提出军队和国防建设要做到"政治合格、军事过硬、作风优良、纪律严明、保障有力",把它作为军队建设的总要求。在武器装备、特别是"杀手锏"武器装备建设方面,本着有所为有所不为的方针,对重点项目和关键技术组织各方面力量协同攻关。

从经济周期的角度看,一九九一年至一九九五年处于新一轮经济增长的高峰期。经济从一九九一年开始回升,一九九二年比上年增长百分之十四点二,以后逐年稍有回落,但仍保持连续四年的两位数增长。"这一时期经济的增长,既反映了周期性经济扩张的固有趋势,也受到了宏观经济政策的深刻影响。一方面,'保持国民经济持续、快速、健康发展'的战略要求,构成了宏观决策的主线,决定了经济迅速增长的基本格局。另一方面,以稳定经济、整顿经济秩序为着眼点的宏观经济政策,构成了政府调控的基本内容,影响着经济增长过程中的宏观环境和结构变动。"[2]

中国改革开放以来的经济运行不是在风平浪静中进行的,而是不断遇到波澜起伏。这时出现的突出问题是:在经济高速增长的同时,物价涨幅过高,而且势头猛、涨幅大、持续时间长。从一九九三年三月开始,涨幅一直保持在百分之十以上。一九九三年

---

[1] 陈锦华主编:《1995年中国国民经济和社会发展报告》,中国计划出版社1995年3月版,第5页。
[2] 马洪、孙尚清主编:《中国发展研究》,中国发展出版社1996年9月版,第2—3页。

全国零售物价总水平已比上年上涨百分之十三。因此，一九九四年把宏观调控工作的重点转到抑制通货膨胀上来。但物价猛涨的势头未能刹住。李鹏一九九五年初在全国人大八届三次会议的报告中说："去年我在政府工作报告中曾提出，要把全年商品零售物价上涨幅度控制在百分之十以内。虽然在这方面做了很大努力，涨幅仍然高达百分之二十一点七，其中食品价格上涨的因素大约有十三个百分点左右，群众反映强烈。"[1] 这是改革十多年来第一次物价增幅超过百分之二十，出现家家户户谈物价的情况。低收入群体的生活更加困难。

物价为什么又出现如此猛涨？原因是多方面的。它暴露出中国农业的基础仍很脆弱，不能适应高速发展的工业以及城乡居民生活不断提高的要求。而一九八四年第四季度后对农业又长期有所忽视。国家计划委员会主任陈锦华在一九九五年初人代会上的报告中说："近几年一些地区对农业有所忽视，投入不足，粮食播种面积下降，稻谷产量有所减少，加上去年各种灾情较重，有些农产品供应偏紧。同时，随着人口增加、居民生活改善和进入城镇的流动人口增多，对食品需求扩大，供应不足，引起食品价格大幅度上升。据统计，去年食品类商品零售价格比上年上涨百分之三十五点二，成为推动价格总水平上涨的重要因素。"[2] 同时，连续几年固定资产投资和消费基金增长过快，特别是各地加工工业的低水平重复建设过多，货币投放量过大，这也是物价大幅上涨的重要原因。从积累和消费的比例，也可以看到当时存在的问题："一九九〇年以来，消费占国内生产总值的比重逐年下降且幅度不小。一九九四年为百

---

[1]《十四大以来重要文献选编》（中），人民出版社1997年12月版，第1242页。
[2] 陈锦华主编：《1995年中国国民经济和社会发展报告》，第6页。

分之五十六点七三，比一九九〇年下降了六点二五个百分点。与此相对应，一九九四年投资率为百分之四十二点二四，比一九九〇年上升了七点四零个百分点。"[1]

"抑制通货膨胀并不轻而易举。主要难点有两个：一是控制总量就不能满足所有资金的需要，有的建设项目和企业生产要上，有的要维持，有的就要下，从而不可避免地要付出一些代价，遇到一些阻力。二是在目前的经济条件下，通过什么办法来控制总量，比以往任何时候都要复杂得多，艰巨得多。现在市场化程度已经很高了，国家能够直接控制的数量并不大，受利益机制的驱动，国家调控起来很难。但是，抑制通货膨胀又刻不容缓，一九九五年必须作出成效。否则，问题越积累越多，最后还得解决，那时付出的代价，就会更大。"[2]

面对这样的难题，国家保持着冷静的头脑，没有采取"急刹车"和全面紧缩的办法，而是力求"软着陆"，使问题逐步得到缓解，避免经济出现大起大落，但这又增加了抑制物价上涨的难度。

当一九九五年到来的时候，放在党和政府面前的艰巨任务是，如何本着"软着陆"的精神，既保持适当的经济增长速度，又抑制住通货膨胀，控制物价的上涨幅度。

要这样做，阻力仍然不小。不仅是理论界，有些地方市长、县长认为物价上涨不要紧，只要工资赶上不就行了吗？能够承受就行了。中央在这个问题上采取了既坚决又慎重的态度。在继续保持经济较快增长的同时，抑制通货膨胀也开始取得成效。主要措施是：

---

[1] 马洪、孙尚清主编：《中国发展研究》，第8页。
[2] 房维中主编：《关于搞好国有企业的调查》，中国文史出版社1995年7月版，第2页。

采取"适度从紧"的财政政策和货币政策,控制货币供应和收缩银行信贷,清理"小金库";辅以整顿流通秩序,加强市场价格监管,推迟一些日用消费品的价格调整;提高财政预算内资金和银行信贷用于农业的比重,严格对耕地资源的保持,加强"米袋子"省长负责制和"菜篮子"市长负责制,以增加粮食和副食品的市场供给。"一九九五年物价总水平上涨幅度逐月回落,从一月份的百分之二十一点二降到十二月份的百分之八点三。全年商品零售价格指数上升百分之十四点八,实现了八届人大三次会议确定的百分之十五左右的物价调控指标。"[1]这个成绩虽还是初步的,物价水平依然偏高,但已向"软着陆"的目标前进了一步。

在一九九五年这一年里,还有几件比较重要的事情:一是以很大力量来抓国有企业的改革和发展;二是确定"科教兴国"的战略;三是在中国共产党内提出"讲学习、讲政治、讲正气",通常简称为"三讲"。

先说国有企业的改革和发展。

随着传统的计划经济体制向社会主义市场经济体制转变,原来在计划经济体制下建立起来的国有企业的管理和经营体制不适应社会主义市场经济的要求,受到的压力很大,成为经济和社会生活中越来越突出的矛盾。这是一个全局性的问题。国有企业特别是国有大中型企业是国民经济的支柱,是能源、交通、重要原材料和技术装备的主要供应者,也是国家财政收入的主要来源,在国民经济中占着举足轻重的地位。国家经贸委这年三月的一个报告中对国有企业面对的困难这样分析:"一是优胜劣汰机制、自负盈亏机制、激

---

[1] 陈锦华主编:《1996年中国国民经济和社会发展报告》,中国计划出版社1996年3月版,第4页。

励和约束机制还未真正建立起来；二是有些企业管理不善，亏损严重，欠发、缓发职工工资，给部分职工生活造成困难；三是发展后劲不足；四是负债过多，运营资金紧张；五是富余人员多，办社会的负担沉重。"[1]这里讲的"办社会的负担沉重"，包括大一些的企业还要自己办学校、托儿所、医院等公益事业。要解决这些困难，用当时流行的一句话来说："钱从哪里来，人往哪里去？"出路仿佛十分渺茫。

中共中央、国务院极其重视这个问题。江泽民在五六月间先后到上海、江苏、浙江、辽宁、吉林、黑龙江考察了近五十家国有企业，召集了十多次座谈会。他在座谈会上说：

> 我国经济体制改革的目标是建立社会主义市场经济体制，而不是搞资本主义市场经济，重要的是要使国有经济和整个公有制经济在市场竞争中不断发展壮大，始终保持公有制经济在国民经济中的主体地位，充分发挥国有经济的主导作用。如果失去公有制经济的主体地位和国有经济的主导作用，也就不可能建设有中国特色的社会主义。所以，搞好国有企业特别是国有大中型企业，既是关系到整个国民经济发展的重大经济问题，也是关系到社会主义制度命运的重大政治问题。
>
> 改革开放十七年来，国有经济和其他所有制经济都有很大发展，但国有经济始终控制着国家的经济命脉，在电力、石油天然气、石油加工、冶金、交通运输和大型成套设备制造业、化工等关系国计民生的重要行业中，国有经济都占绝对的支配

---

[1]《十四大以来党和国家领导人论国有企业改革和发展》，中央文献出版社1999年10月版，第371页。

地位。特别是金融、通信、铁路、航空等属于国家经济命脉的领域，更是掌握在国家手里。一九九三年，我国独立核算的国有大中型工业企业有一万四千二百家，占全部工业企业总数的百分之三点二，但上缴国家利税占百分之五十四。

过去在计划经济体制下，国有企业的生产经营活动主要依据政府的行政指令和计划来安排，没有经营自主权，也不承担盈亏责任，造成企业吃国家的"大锅饭"、职工吃企业的"大锅饭"，企业缺乏活力，国有经济整体效益受到影响。建立现代企业制度就是要从根本上解决这个问题，使国有企业转换经营机制，成为法人实体和市场主体，做到自主经营、自负盈亏、自我发展、自我约束。[1]

具体地说，这个阶段深化国有企业改革，进行现代企业制度试点，需要重点解决的问题：一是抓紧改变政企不分，二是加强国有资产管理和监督，三是尽快建立社会保障体制，四是解决好国有企业负担过重的问题。

中共中央、国务院把国有企业的改革规定为当年经济体制改革的重点，要求把深化国有企业改革同企业改组、技术改造和加强企业管理结合起来（通常称为"三改一加强"），并采取了一系列具体措施，如：组建一批大型企业集团，增强国有企业竞争力；抓好一百家国有大中型企业建立现代企业制度的试点工作；多渠道增加国有企业的生产经营资金；提高技术改造投资在全社会固定资产投资中的比重；对有关试点企业因"拨改贷"形成的债务，经批准可

---

[1]《江泽民文选》第1卷，第441、445、443、444页。

改为国家投资；逐步减轻企业办社会的负担，可把企业的辅助性机构分离出去，实行独立核算，减少补贴；长期亏损、扭亏无望、不能偿还到期债务的企业，有的直接依法实行破产，有的可以先停产整顿，再进行重组；探索分流企业富余人员的有效途径，对失业职工保证其基本生活，通过转业培训、职业介绍等，促使他们重新择业；逐步转变政府职能，实现政府社会经济管理职能与国有资产所有者职能分开，国有资产监督管理职能与国有资产经营职能分开等。

但是，造成国有企业困难的原因很多：有的是在较长历史过程中沉积下来的，不可能在短时间内解决；有的是改革转轨过程中一时难以适应导致的；有的是因全局需要担负着政策性亏损；有的是经营不善以致存在着人为的蓄意侵吞。它的困难到一九九五年已表现得十分突出。这年十月，"有报告反映二千万人左右因发不出工资，生活困难，情绪不稳，主要是煤炭、林业、军工，以及一些中小企业。"[1] 困难企业职工的大量"下岗"是多少年来不曾有过的新问题，成为全社会上下普遍关注和议论的热点。国有企业的改革和发展这个大课题，这一年只是跨出了一步，还需要继续在实践中探索。

再说"科教兴国"战略的确定。

国际上，这时异常引人注目的是：以信息技术为标志的现代科学技术日新月异地突飞猛进，世界范围内经济结构调整和产业升级步伐明显加快，生产、投资、贸易、金融的全球化进一步增强。这既给中国的发展带来"后发优势"的重大机遇，又构成严峻的挑

---

[1]《市场与调控——李鹏经济日记》(中)，第1204页。

战。科学技术实力，已成为决定国家综合国力和国际竞争力强弱的重要标志。中国在高科技方面显然还落后于发达国家，面向经济建设、实现产业化的差距更大。"一九九五年我国高技术产业增加值占工业增加值的比重为百分之十左右，只略高于印度一九九〇年的水平。"[1]形势逼人。中共中央、国务院在五月六日作出《关于加强科学技术进步的决定》，明确提出：

> 实施科教兴国战略，是全面落实科学技术是第一生产力思想的战略决策，是保证国民经济持续、快速、健康发展的根本措施，是实现社会主义现代化宏伟目标的必然抉择，也是中华民族振兴的必由之路。
>
> 我国科技工作的基本方针是：坚持科学技术是第一生产力的思想，经济建设必须依靠科学技术，科学技术必须面向经济建设，努力攀登科学技术高峰。
>
> 逐步建立现代化的信息网络，加快国民经济信息化的进程。扩大先进的电子信息技术在生产、管理、服务等领域的应用，努力解决交通、通信、商贸、财税、金融、保险、社会服务等领域的信息化、现代化的关键技术问题。大力推动与科技进步密切相关的信息、咨询等第三产业的发展。
>
> 高技术研究与开发是现代经济发展的先导，是高技术产业发展的源泉。发展高技术要紧密结合国民经济和国防建设的需要，把握世界高技术发展的趋势，坚持有限目标，突出重点，把提高自主创新能力和经济竞争力、掌握知识产权、实现产业

---

[1] 中国经济联合会编：《中国工业现代化进程》，第93页。

化作为主要目标。[1]

五月二十六、二十七日,中共中央、国务院召开全国科学技术大会,江泽民、李鹏、朱镕基在大会上讲话,动员全党、全国各族人民,认真贯彻《决定》,在全国形成实施科教兴国战略的热潮。江泽民在讲话中还提出在加强科学技术进步时要狠抓重点,不能齐头并进:"要确定有限目标,突出重点,有所赶有所不赶,才能有所作为。要经过科学论证,选择一批有基础和优势、国力可以保证、能跃居世界前沿、一旦突破对国民经济和社会发展有重大带动作用的课题,在全国组织专门队伍,集中力量,大力协同,重点攻关。"[2]

就是对数量众多的劳动密集型企业来说,要改变那种消耗能源多、污染环境严重、加工深度低、利润却很微薄的状况,也需要靠技术不断进步,否则在激烈的世界竞争中,终究是很难立足或要吃大亏的。

还有,提倡"讲学习、讲政治、讲正气"。

在党和国家工作重心转到经济建设以后,当向社会主义市场经济体制转变过程中面对种种复杂的新问题的情况下,针对不少干部埋头业务、埋头经济工作而忽视政治的倾向,中共中央向全党,尤其是领导干部提醒:"一定要讲政治。"九月二十七日,江泽民在中共十四届五中全会召集人会议上说:"我这里所说的政治,包括政治方向、政治立场、政治观点、政治纪律、政治鉴别力、政治敏锐性。在政治问题上,一定要头脑清醒。""我们搞现代化建设,中心

---

[1]《十四大以来重要文献选编》(中),第1344、1345、1349、1350页。
[2]《江泽民文选》第1卷,第431页。

任务是发展经济，但必须有政治保证，不讲政治、不讲政治纪律不行。这一点对高级干部尤其重要。西方敌对势力要西化、分化我们，要把他们那套'民主'、'自由'强加给我们，李登辉要搞'台独'，我们不讲政治行吗？不警惕、不斗争行吗？树欲静而风不止，这是不以人们的意志为转移的。"[1]十月八日，他在北京考察时又提出要"讲学习、讲政治、讲正气"。这些，都是为了防止干部在繁重的经济工作和日益复杂的斗争中迷失方向，为了使广大党员和干部牢记党的宗旨，不管形势、任务和社会环境发生什么变化，都要一身正气，坚持全心全意为人民服务。

一九九五年是第八个五年计划的最后一年，国民经济和社会发展的任务都十分繁重。这一年，国内生产总值达到六万零七百九十四亿元，一举跨过六万亿元大关，比上年增长百分之十点九；第一产业产值增长百分之五；第二产业产值增长百分之十三点九，第三产业产值增长百分之九点八。经济增长速度是相当快的。重点建设得到进一步加强：举世瞩目的三峡工程进展顺利，枢纽工程和库区移民等各项工作按计划实施；纵贯南北的京九铁路全线铺通，穿越九个省市的九十八个市县，全长两千二百三十五公里；西南第一条高速公路成渝路建成通车；采用自主开发的五次群光纤通信技术的京津沪光缆干线正式开通；计算机集成制造系统在一批企业得到应用。城镇实行了每周五天工作制。人民生活继续得到改善，正向小康目标前进。

由于加强宏观调控和采取"软着陆"的方针，第八个五年计划终于冲破重重困难顺利地完成了。五年中，国内生产总值年增长率

---

[1]《江泽民文选》第1卷，第457、458页。

达到百分之十二，高于以前任何一个五年计划时期。在一九九一年至一九九六年间，经济波峰与波后之间的落差仅为四点五个百分点，比波动幅度最小的第六个五年计划时期低约两个百分点。"'八五'以来的宏观调控是我国明确建立社会主义市场经济体制目标后的首次调控尝试，它的成功不仅为顺利实施'九五'计划提供了一个比较宽松的宏观经济环境，而且也为实现我国向社会主义市场经济体制的转轨开创了一个良好的经济发展背景。"[1]

李鹏在一九九六年初全国人大八届四次会议的报告中响亮地宣布："我在这里向大会报告：原定二〇〇〇年比一九八〇年翻两番的目标，已经提前五年实现了。"[2]这确是了不起的成就，是全国人民可以引为自豪的成果。

随着第八个五年计划的胜利完成，一九九五年九月召开的中共十四届五中全会，主要议题是审议并通过《关于制定国民经济和社会发展"九五"计划和二〇一〇年远景目标的建议》。

"九五"计划，是在建立了社会主义市场经济体制情况下第一次制订的经济和社会发展五年计划，和过去历次五年计划有很大不同，需要有新的思路和方法。它不是先很多地去考虑主要产品的指标等等，而是更多地考虑国民经济和社会发展的主要奋斗目标和指导方针、经济发展的主要任务和战略布局、改革开放的主要任务和部署、社会发展的主要任务和基本政策这些宏观经济的问题。

对中国说来，发展是硬道理，解决所有问题的关键是要靠自己的发展。这里，很重要的是要把握好发展速度问题，速度低了不

---

[1] 马洪、刘中一、陆百甫主编：《中国宏观经济政策报告1997》，第3页。
[2] 《十四大以来重要文献选编》(中)，第1751页。

行，速度过高也不行。快是有条件的，要讲效益，讲质量；快是有区别的，各地发展速度可以有所不同；快必须是没有水分的实实在在的速度。由于原定到二〇〇〇年国民生产总值比一九八〇年翻两番的任务已可提前五年完成，《建议》要求：二〇〇〇年，在全国人口将比一九八〇年增长三亿左右的情况下，实现人均国民生产总值比一九八〇年翻两番，基本消除贫困现象，人民生活达到小康水平，加快现代企业制度建设，初步建立社会主义市场经济体系；再过十年，到二〇一〇年的主要奋斗目标是：实现国民生产总值比二〇〇〇年再翻一番，使人民的小康生活更加宽裕，形成比较完善的社会主义市场经济体制。经过十五年的努力，使中国的社会生产力、综合国力、人民生活水平再上一个大的台阶，为下个世纪中叶实现第三步战略目标，基本实现现代化，开创新的局面。

这个目标是积极的，也是经过努力能够完成或超额完成的。"九五"计划实施的结果，从一九九六年至二〇〇〇年，年平均经济增长率为百分之八点三，超过十年翻一番所需的百分之七点二，大大超过世界百分之三点八的年平均增长率，更大大超过发达国家（地区）百分之三点三的年平均增长率，缩短了中国经济水平同世界发达国家的差距。

《建议》强调要积极推进经济增长方式的转变，把提高经济效益作为经济工作的中心。这是非常重大的问题，也是"九五"计划的重要特色。那时候，国民经济发展速度虽快，但许多企业多少年的积弊一直是粗放型的经济增长方式，以追求数量、规模、速度、产值为目的，不重视技术更新改造、管理水平和人的素质的提高，投入大，耗费大，而效益不高，创造价值不高。有专家测算，改革开放到这时，中国经济增长有百分之七十二靠投入取得，只有百分之二十八是靠技术进步取得的。这种状况如果不改变，提高发展速度就只是靠盲目地不断铺新摊子和上新项目，而不重视先在现有企业下功夫挖掘潜力，提高效益。铺新摊子和上新项目的钱从哪里来？主要是靠增加财政投入。财政上钱不够，只得多发票子。它的后果，一是造成前面所说的连续几年的通货膨胀，物价上涨，使相当部分人生活困难，如果任其发展下去，就会造成社会中潜在的危险；二是造成大量低水平重复建设，产品不符合社会需求，供过于求，只能大量压仓库，使有些企业刚投产就陷入亏损的困境，这是国有企业困难的一个重要原因。要求转变经济增长方式，正是针对这种状况提出来的，但遇到的来自各方面的阻力依然不少，并非一下子就能解决。

这种状况难以改变的原因："首先是各级政府和官员的政绩考核，事实上是与各地经济发展的速度、规模有关系。第二是政企不分的旧体制还没有完全退出历史舞台，企业投资受约束。第三是企业素质较低，没有力量也没有兴趣进行技术改造和创新。第四是城乡劳动力较多，需要解决庞大的就业问题。单纯的提高劳动生产率，提高劳动效率，在中国还是不行的。这么多劳动力就业如何解决？"[1]因此，转变经济增长方式既是迫切需要解决的问题，又只能是长期的工作。

《建议》还注意到协调发展的问题，这是一个更加艰难的任务。邓小平在一九九三年九月就说过："十二亿人口怎样实现富裕，富裕起来以后财富怎样分配，这都是大问题。""少部分人获得那么多财富，大多数人没有，这样发展下去总有一天会出问题。分配不

---

[1]《刘国光文集》第8卷，第344页。

公，会导致两极分化，到一定时候问题就会出来。这个问题要解决。过去我们讲先发展起来。现在看，发展起来以后的问题不比不发展时少。"[1]差距本来是发展中难以避免的。令人忧虑的是，这些差距还在继续扩大。陈云在一九八八年八月给李鹏、姚依林等的一封信中还提出："治理污染、保护环境，是我国的一项大的国策，要当作一件非常重要的事情来抓。"[2]在讨论《建议》初稿时李鹏说：

> 目前存在三大差距：一是东西差距，二是城乡差距，三是不同社会群体之间的收入差距。缩小三大差距是一个逐步发展的过程，要经历一个比较长的时期。
>
> 城乡差距大体上反映了工农差距。我们靠提高农产品价格缩小工农业产品剪刀差，提了几次价，种粮食积极性有提高。但是没有几年，农业生产资料价格上涨，剪刀差又扩大。出路还是发展乡镇企业和小城镇，农业搞适度规模经营。
>
> 资源的制约是影响今后十五年我国经济发展的一个重要因素。我国人口多，人均资源相对不足。最突出的，耕地资源不足，直接制约农业的发展。水资源不平衡，东南多，西北少，已成为这些地区发展的突出矛盾。能源不足，主要是石油资源，在可预见的十五年，不具备石油自给的条件。
>
> 保护环境是我国一项基本国策，要切实转变经济增长方式。过去那种靠高消耗、高污染来带动经济高增长的方式，是不可取的，也是难以为继的。任何时候，都不能以牺牲环境为

---

[1] 冷溶、汪作玲主编：《邓小平年谱（1975—1997）》（下），第1364页。
[2] 《陈云文选》第3卷，第364页。

代价去换取经济一时的发展。如果经济上去了，但环境污染了，资源耗尽了，家园破坏了，这就违背了发展的根本宗旨，可以说是上对不起祖宗，下对不起子孙。[1]

江泽民在全会最后一天讲话。他总结改革开放几年来的实际经验，谈了要正确处理社会主义现代化建设中的若干重大关系，包括：改革、发展、稳定的关系；速度和效益的关系；经济建设和人口、资源、环境的关系；第一、第二、第三产业的关系；东部地区和中西部地区的关系；市场机制和宏观调控的关系；公有制经济和其他经济成分的关系；收入分配中国家、企业和个人的关系；扩大对外开放和坚持自力更生的关系；中央和地方的关系；国防建设和经济建设的关系；物质文明和精神文明的关系。这十二个关系是在改革和发展的新形势下有全局性的重大问题。

他说："在现代化建设中，必须把实现可持续发展作为一个重大战略。要把控制人口、节约资源、保护环境放到重要位置，使人口增长与社会生产力发展相适应，使经济建设与资源、环境相协调，实现良性循环。""解决地区发展差距，坚持区域经济协调发展，是今后改革与发展的一项战略任务。"

在讲话的最后部分中，他说："改革开放以来，政治经济形势很好，精神文明建设也取得了很大进展。但是还存在一些亟待解决的问题，思想政治工作薄弱，拜金主义、享乐主义抬头，一些地方社会治安情况不好，一些腐败、丑恶现象又重新滋生蔓延。这些问题应该引起我们高度重视，采取切实有力的措施加以解决。"[2]

---

[1]《市场与调控——李鹏经济日记》(中)，第1142、1143、1198、1199页。
[2]《江泽民文选》第1卷，第463、466、474页。

这个《建议》体现了三步走发展战略的连续性，重点放在本世纪的最后五年，同时也初步研究了下世纪头十年的重大问题。第二年三月，全国人民代表大会八届四次会议审议并通过国务院根据《建议》制订的《国民经济和社会发展"九五"计划和二〇一〇年远景目标纲要》。这样，就使全国各族人民在完成了第八个五年计划规定的各项任务后，立刻对下一步的战略目标和指导方针有着比较明确的认识，万众一心地继续前进。

一九九六年最重要的事情是成功地实现了经济运行的"软着陆"。

"软着陆"，是指经济运行从不正常状态向正常状态平稳过渡，在经过一段过度扩张后平稳地回落到适当增长区间。它相对于"硬着陆"而言，也就是避免因"急刹车"而导致"大起大落"。对当时的中国来说，是要在保持国民经济适度快速发展的同时，成功地抑制通货膨胀和物价上涨幅度，确保经济社会稳定，这被看作一种两难处境，很不容易做到。

前面说到，一九九四年的物价涨幅达到百分之二十一点七这样的惊人高度，食品类商品零售价格更涨到百分之三十五点二。这是民众难以承受的。政府综合运用价格、税收、信贷、利率、汇率等各种经济杠杆，增加供给能力，减少货币供应，抑制过度需求，使物价开始回落。一九九五年十二月，中共中央召开中央经济工作会议，部署一九九六年的经济工作。朱镕基在讲话中说：

> 当前经济生活中的突出问题仍然是物价过高。今年全年市场物价涨幅预计可以降低到百分之十五，这是一个很大的成

绩。但商品零售价格指数达到百分之十五，居民消费价格指数将超过百分之十七，这仍然是相当高的涨幅，而且涨幅两位数已经连续三年。去年以来物价上涨的特点，是农村高于城市、内地高于沿海，这对欠发达地区和低收入居民影响比较大，要引起高度重视。物价连续三年大幅度上涨，增加了企业成本和经营负担，也不能不影响改革的顺利进行。[1]

由于继续运用综合性宏观"适度从紧"政策，完善和落实价格调控目标责任制，出台一系列相应措施，到一九九六年过了一半的时候，控制物价的工作已取得明显成效。七月十七日召开的总理办公会议讨论经济形势。"会议认为今年经济运行大体平稳，从一九九三年出现的经济过热，通过这几年实行'软着陆'已初见成效。国内生产总值增长为百分之十，物价涨幅可控制在百分之六至七，财政收大于支一百三十亿元。"[2]由于国家在这一年继续采取加强宏观调控的措施，包括整顿金融秩序、控制信贷规模和货币供应量、控制固定资产投资规模、加强农业的政策和措施得到落实、拓宽粮食流通渠道、加强物价管理、增加社会有效供应等，商品零售价格涨幅在一九九六年终于下降到百分之六点一，开始恢复到接近合理的区间。

这一年，国内生产总值比上年增长百分之十，第一产业产值增长百分之五点一，第二产业产值增长百分之十二点一，第三产业产值增长百分之九点四，财政总收入比上年增长百分之十八点七。国家外汇储备在一九九〇年刚超过一百亿美元，到这一年第

---

[1]《十四大以来重要文献选编（中）》，第1585—1586页。
[2]《市场与调控——李鹏经济日记》（下），第1288页。

一次超过一千亿美元。农村居民家庭人均纯收入比上年增长百分之二十二点零八,是九十年代以来增长最快的一年。值得特别指出,这年中国的钢产量达到一亿零一百二十四亿吨,比上年增长百分之六点一七,首次突破一亿吨的大关,使中国人多少年来梦寐以求的这个目标在没有大事声张的情况下悄悄地实现了。"在世界钢铁史上,从年产钢一百万吨到年产钢一亿吨,美国用了七十三年,苏联七十一年,日本四十九年,中国只用了四十五年。"[1]随后的一九九七年,国内生产总值比上年增长百分之九点三,第一产业产值增长百分之三点五,第二产业产值增长百分之十点五,第三产业产值增长百分之十点七,而商品零售价格指数比上年只增长百分之零点八。

中国既保持经济快速增长,又有效抑制通货膨胀,避免了经济发展的大起大落,这是很了不起的事情。朱镕基在一九九七年十一月指出:"几年前,在经济的某些领域出现过热,导致严重通货膨胀以后,国民经济还能够连年保持百分之九至百分之十的速度,又能把通货膨胀很快降下来,这在世界上是罕见的。"[2]通常说来,"世界各国抑制通货膨胀一般都要付出经济增长率大幅度下降的代价,我国以往几次治理通货膨胀也都是如此,我们这次做到了'鱼与熊掌'兼得,这是在发展社会主义市场经济条件下进行宏观调控的成功实践,各国舆论对此都给予很高的评价。"[3]

曾任国家计委主任的陈锦华对新中国以往历史作了一个回顾。

---

[1] 李岚清:《突围——国门初开的岁月》,第207页。

[2] 《十五大以来重要文献选编》(上),人民出版社2000年6月版,第88页。

[3] 林兆木:《经受重大考验取得辉煌成就的五年》,《十五大报告辅导读本》,人民出版社1997年9月版,第90页。

他说:"新中国成立以来,曾多次发生经济大起大落的波折现象。我查了一九五三年到一九九六年四十四年间中国经济的历次波动情况。在四十四年中,大的波动有五次,其中经济增长率波动在两位数的有四次,覆盖的时间长达二十多年,被一些干部和经济学家称之为'折腾'。在历次五年计划的大的调整中,波动最大的峰谷差,是一九五八年至一九六二年的大起大落,最高年和最低年的经济增长率相差高达五十一点七个百分点。波动最小的是一九九二年至一九九六年,国内生产总值增长率的起伏落差只有四点六个百分点,是新中国成立以来经济波动最小的一次。"

他在总结这次"软着陆"的成功经验时说:"发展社会主义市场经济,必须有国家的宏观调控。""中国社会主义市场经济还很不成熟,既要看到市场对资源配置的积极作用,又要看到它的盲目性和不公正性,看到它对调节社会全局利益和长远利益的功能欠缺。中国社会主义市场经济体制是同社会主义基本经济制度结合在一起的,结合得好,既可以发挥市场经济的优势,又可以发挥社会主义制度的优越性。在处理经济与社会、市场机制与宏观调控、长远目标和当前任务、局部利益与全局利益、效率与公平的关系等方面,就能够找到合适的结合点,避免市场绝对自由化带来的盲目性和局限性,促进经济全面、协调和可持续的发展。"[1]

其他领域的深化改革,在一九九六年也取得进展。如:国有企业改革工作实行"抓大放小",抓好一千家国有大中型重点企业,加快国有小企业的改革改组步伐;要求所有用人单位在年内全面建立劳动合同制度;扩大职工医疗保障制度的改革试点;组织经济较

---

[1] 陈锦华:《国事忆述》,第262、294、295页。

发达地区与经济欠发达地区开展扶贫协作；加强预算外资金管理；成立中国人民保险（集团）公司；恢复农村信用社的合作性质；对固定资产投资项目试行资本金制度，投资项目必须首先落实资本金才能进行建设；深入住房制度改革，推行和完善住房公积金制度，逐步走住房商品化的道路等。鉴于计划经济向社会主义市场转变过程中，有些企业经营状况不好以致破产，职工下岗或停工待业增多，一九九七年七月和九月，国务院先后发出《关于建立统一的企业职工基本养老保险制度的决定》和《关于在全国建立城市居民最低生活保障制度的通知》，着手建立比较完善的社会保障制度。

从一九八二年初开始推行的价格双轨制，到一九九六年正式消失。这种双轨制是价格渐进式改革进程中采取的阶段性措施。当时采取这种措施的原因是：某些基础工业产品供求严重失衡，而那时的宏观经济环境又不允许大面积调整价格，只能用这种过渡办法来避免市场需求出现的突出矛盾。计划价格和市场价格两种制度并行的做法是：企业在计划内生产的产品按计划价格出售，在完成计划后的超产部分，可以按市场价格进行自销。这样，既有利于调动企业增产超产的积极性，以搞活企业，又可以使一些很少能得到计划分配物资的企业（特别是乡镇企业）有一个取得物资的渠道，而且成为由计划价格体制向市场价格体制过渡的桥梁。但在物价大幅上升时期，市场价格猛涨，同计划价格形成巨额差价。同量的货币在两个市场具有很大不同的购买力，诱发了倒买倒卖、牟取暴利的投机行为，也为以权谋私、行贿受贿、贪污腐败行为的滋长提供了温床。它的流弊日益明显，受到社会的非议。随着国民经济的迅速发展和市场价格的逐步放开，实行了十四年的双轨制到一九九六年终于结束了。

香港、澳门回归祖国和台湾问题

完成祖国统一大业，是中华民族的核心利益所在，是全中国人民包括台湾同胞、香港同胞、澳门同胞在内的共同使命。邓小平提出的"一国两制"的构想，为和平解决这些历史遗留问题指明了出路。

"一国两制"的主张，最初是针对和平解决台湾问题提出来的。但台湾问题在二十世纪的最后十几年内经历的却是一条崎岖曲折的道路。

一九八七年十一月海峡两岸同胞近三十八年的隔绝状态被打破后，两岸人员往来和经济文化交流迅速展开，出现了可喜的现象。两岸经贸交流保持很快的发展势头，台湾在大陆大量投资，经济关系愈益密切；两岸文化等领域的交流大幅增加；两岸人员往来逐年递增，一九九二年起每年就超过一百万人次的规模；海峡两岸关系协会与台湾的海峡交流基金会在一九九二年达成各自以口头方式表述"海峡两岸均坚持一个中国原则"的"九二共识"，在此基础上开展事务性商谈，双方的会长汪道涵和辜振甫第二年在新加坡成功地举行了"汪辜会谈"，签署了关于本年度协商议题、经济交流、能源开发与交流、文教科技交流等问题的《共同协议》，改变了以往台湾当局规定的同大陆"不接触，不谈判，不妥协"的"三不"政策。

一九八八年一月，蒋经国去世。李登辉继任台湾当局领导人。他在最初羽翼未丰时，把自己的"台独"真面目暂时有所掩盖。"一九八八年二月二十三日，李登辉在刚继任后的第一次记者会上说：'中华民国的国策，就是一个中国的政策，而没有两个中国的政策'。他在上台初期,多次表示过这一态度,还说过'一个中国是最高原则'。此后,李登辉及台湾当局背离一个中国原则的态度逐步暴露。"[1]

一九九一年九月,李登辉声称"台湾早已是一个主权独立的国家,国名就叫中华民国"。一九九三年二月,他又公然扯谎说:"我主张中华民国在台湾,始终没有讲过一个中国。"一九九四年三月,李登辉同日本作家司马辽太郎谈话,说"中国这个词是含糊不清的","主权是危险的概念",并且强调"台湾必须是台湾人的东西,这是最基本的想法"。在这种思想指导下,他制定了一套制造"两个中国""一中一台"的政策和措施,为和平解决台湾问题设置障碍。

一九八六年九月成立的民进党,最初是各种反国民党势力的复杂组合,但领导权基本上被"台独"分子把持。一九九一年十月召开的民进党十大上,公然在党纲中规定"建立主权独立的台湾共和国暨制订新宪法,应交给台湾人民以全民投票方式选择决定"。岛内外的各种"台独"势力,在李登辉纵容下迅速发展,气焰日益嚣张。

面对这股逆流,江泽民在一九九五年一月的新春茶话会上发表《为促进祖国统一大业的完成而继续奋斗》的讲话。他一开始就指出:"台湾是中国不可分割的一部分。""由于众所周知的原因,一九四九年以后,台湾又与祖国大陆处于分离状态。实现祖国的完全统一,促进中华民族的全面振兴,仍是所有中国人的神圣使命和崇高目标。"[2]

---

[1] 陈云林主编:《中国台湾问题》,第107页。
[2]《江泽民文选》第1卷,第418、419页。

对现阶段发展两岸关系、推进祖国和平统一进程，他提出八条看法和主张：（一）坚持一个中国的原则，是实现和平统一的基础和前提。中国的主权和领土决不容许分割。（二）对于台湾同外国发展民间性经济、文化关系，我们不持异议。但是，我们反对台湾以搞"两个中国""一中一台"为目的的所谓"扩大国际生存空间"的活动。（三）进行海峡两岸和平统一谈判，是我们的一贯主张。（四）努力实现和平统一，中国人不打中国人。（五）面向二十一世纪世界经济的发展，要大力发展两岸经济交流与合作，以利于两岸经济共同繁荣，造福整个中华民族。我们主张不以政治分歧去影响、干扰两岸经济合作。（六）中华各族儿女共同创造的五千年灿烂文化，始终是维系全体中国人的精神纽带，也是实现和平统一的一个重要基础。（七）两千一百万台湾同胞，不论是台湾省籍还是其他省籍，都是中国人，都是骨肉同胞、手足兄弟。要充分尊重台湾同胞的生活方式和当家作主的愿望，保护台湾同胞的一切正当权益。（八）我们欢迎台湾当局的领导人以适当身份前来访问，我们也愿意接受台湾方面的邀请，前往台湾。

这个讲话，体现了中国政府完成祖国统一大业的坚定决心，又充分考虑到两千多万台湾同胞的愿望和台湾的实际情况，提出和平解决台湾问题的正确方针。在海峡两岸同胞的共同努力下，两岸人员往来和经贸、文化等领域的交流与合作有了很大规模的发展，出现新的热潮。但与此同时，台湾岛内局势也发生了值得注意的变化：一部分台湾分裂势力，在外部势力的纵容和支持下，以渐进手法推进"台独"，以对抗的心态限制交往，拒绝两岸对话；并挑动省籍矛盾，制造社会纷争，造成台湾社会的分化、对立和不安。一九九九年七月，李登辉抛出"两国论"，严重破坏了两岸关系的发展。二〇〇〇年三月，民进党的陈水扁充当台湾当局领导人后，更是变本加厉地推行"台独"活动，制造台海紧张局势，发展到不择手段的地步，激起海峡两岸同胞的共愤。

解决台湾问题，实现祖国完全统一，关系国家主权和领土完整，关系中华民族的核心利益，关系处理对外关系的全局。国际上也普遍承认一个中国的原则。台湾问题最终一定将得到解决，这是毫无疑问的。

恢复在香港行使主权，是祖国统一大业的重要组成部分，是二十世纪中国历史上使中国人扬眉吐气的一件大事。

本着邓小平"一个国家，两种制度"的构想，一九八四年中英两国政府签署的《关于香港问题的联合声明》已对香港回归祖国的原则达成协议。"自回归的原则达成协议到政权交接，有一个相当长的过渡时期。在此期间，英方要保证做好香港的日常行政管理工作，保持当地的稳定和繁荣；中方则要承诺根据双方达成的协议，为收回后的特别行政区制定出一系列符合实际的具体政策，以落实'一国两制'，保持长期的稳定和繁荣。""中方根据协议确定了总体谈判方针：对于过渡期间的日常行政管理，中方给予合作但不干预；对跨越回归、涉及未来特别行政区权益的事务，中方有发言权甚至参与权。"[1]

在中英有关香港回归的外交磋商中，最初合作比较顺利。一九八九年北京发生的政治风波后，中英关系出现逆转，在香港政治体制改革问题上更发生了旷日持久的纷争。英方不顾两国原已达成的协议，提出一系列中方无法接受的意见，为双方的磋商设置严

---

[1] 钱其琛：《外交十记》，第321、322页。

重障碍。

中方早在中英《联合声明》公布后，已请香港各方面有代表性的人士参加，着手起草《中华人民共和国香港特别行政区基本法》。这个《基本法》的制订是迫切需要的。它可以澄清当时不少人对香港回归后的前途存在的疑虑和曲解。那时候，"西方国家有这样一种看法，认为九七香港回归后，中国的中央政府会过多地干预香港特别行政区的事务。他们不相信中国政府所作出的关系香港特别行政区实行高度自治、中央政府不干预香港特别行政区自治范围内的事务的承诺。在祖国大陆，有一部分人在思想上对于香港的回归也存在着模糊的观念。例如，有些人认为，到了一九九七年的六月三十日，中央政府就会像一九四九年'大军南下'那样去接管香港；有些人则认为，在一九九七年以前，香港在英国管治之下，想去去不了，一九九七年香港回归了，总不会再受限制了，想去就可以去，如同到大陆的任何地方一样；还有些人认为，香港回归后，可以在香港自行设立办事联络机构。在香港市民中，对于香港回归后，是否能够保持繁荣稳定，也心存疑虑。在这种情况下，用香港特别行政区基本法去对人民群众包括香港市民进行宣传教育，对于保证香港的平稳过渡，就具有了特别重要的意义"。[1]

一九八七年四月十六日，邓小平会见香港特别行政区基本法起草委员会委员时说：

> 今天我想讲讲不变的问题。就是说，香港在一九九七年回到祖国以后五十年政策不变，包括我们写的基本法，至少要管

---

[1] 陈威、石仲泉、李君如主编：《走进改革开放新阶段》（上），学习出版社1999年10月版，第83、84页。

五十年。我还要说,五十年以后更没有变的必要。

我们的社会主义制度是有中国特色的社会主义制度,这个特色,很重要的一个内容就是对香港、澳门、台湾问题的处理,就是"一国两制"。这是个新事物。

这个"不变"的问题,是人们议论纷纷的问题,而且我相信,到本世纪末、到下世纪还要议论。我们要用事实证明这个"不变"。

还有一个问题必须说明:切不要以为香港的事情全由香港人来管,中央一点都不管,就万事大吉了。这是不行的,这种想法不实际。中央确实是不干预特别行政区的具体事务的,也不需要干预。但是,特别行政区是不是也会发生危害国家根本利益的事情呢?难道就不会出现吗?那个时候,北京过问不过问?难道香港就不会出现损害香港根本利益的事情?能够设想香港就没有干扰,没有破坏力量吗?我看没有这种自我安慰的根据。如果中央把什么权力都放弃了,就可能会出现一些混乱,损害香港的利益。所以,保持中央的某些权力,对香港有利无害。[1]

经过基本法起草委员会四年零八个月的认真工作,一九九〇年四月四日,第七届全国人民代表大会第三次会议通过《中华人民共和国香港特别行政区基本法》和《关于设立香港特别行政区的决定》《关于香港特别行政区第一届政府和立法会产生办法的决定》等文件,对香港特别行政区实行的制度作出明确而具体的规定,用法律形式

---

[1]《邓小平文选》第3卷,第215、218、221页。

确定下来，昭告天下，使香港回归祖国后各方面的工作有所遵循。

这时离香港回归祖国只有七年多时间了。但英方又节外生枝地继续为香港顺利回归设置障碍。一九九二年十月，港英当局在施政报告中突然单方面提出一套违反双方已达成协议、违反同基本法相衔接原则、对香港现行政治体制进行重大改变的方案，并在立法局通过。在中方一再要求下，两国进行了十七轮谈判，仍毫无结果。英方又在没有同中方达成任何协议的情况下，按照港英当局的"政治方案"举行选举，企图造成既成事实来强使中国接受。一九九四年八月，第八届全国人民代表大会常务委员会第九次会议正式通过决议：根据中英联合声明的规定，英国对香港的行政管理到一九九七年六月三十日为止，中国政府于一九九七年七月一日对香港恢复行使主权。作为英国管治香港的政制架构的组成部分，即港英最后一届区议会、两个市政局和立法局，必将随英国管治期的结束而终结，从一九九七年七月一日起，香港特别行政区政制架构将依据中国全国人大的决定和基本法的有关规定予以组建。这样，由于英方的破坏，原来设想的"直通车"不得不改为"另起炉灶"。英方只是弄巧成拙，自搬石头自砸脚。

一九九六年一月二十六日，香港特别行政区筹备委员会成立，作为全国人民代表大会设立的机构，负责筹备成立香港特别行政区的有关事宜。"在一百五十名筹委会委员中，来自香港的有九十四名，占委员总数的百分之六十三，高出于全国人大规定的不少于百分之五十的比例。这些香港委员包括了不少香港各界精英，代表性广泛。"[1]

---

[1] 张学仁、陈宁生：《香港百年·从历史走向未来》，中国言实出版社 1997 年 5 月版，第 316 页。

同月二十八日，国务院、中央军委公告：中国人民解放军驻香港部队组建完成，由陆军、海军和空军部队组成，隶属中华人民共和国中央军事委员会领导，将于一九九七年七月一日零时正式进驻香港。驻军不干预香港特别行政区地方事务。香港特别行政区政府在必要时可向中央人民政府请求驻军协助维持社会治安和救灾。

这年十二月十一日，香港特别行政区第一届政府推选委员会无记名投票选出前东方海外（国际）有限公司主席董建华为首任行政长官人选。十六日，国务院任命董建华为香港特别行政区第一任行政长官。二十一日，推选委员会又选举产生第一届临时立法会议的六十名议员。

一九九七年六月三十日二十三时四十二分，中英两国政府香港政权交接仪式在香港隆重举行。出席仪式的中方主礼宾有：江泽民、李鹏、钱其琛、张万年、董建华；英方主礼宾有：英国王储查尔斯、首相布莱尔、外交大臣库克、离任港督彭定康、国防参谋长查尔斯·格思里。二十三时五十九分，英国国旗在英国国歌乐曲声中降落，象征着英国对香港一个半世纪的统治宣告结束。七月一日零时，乐队奏起中华人民共和国国歌，中国国旗和香港区旗徐徐升起，香港从此回归祖国。江泽民在仪式上讲话。他说：

> 一九九七年七月一日这一天，将作为值得人们永远纪念的日子载入史册。经历了百年沧桑的香港回归祖国，标志着香港同胞从此成为这块土地上的真正主人，香港的发展从此进入一个崭新的时代。[1]

---

[1]《江泽民文选》第1卷，第651页。

澳门回归的过程，和香港有很大的不同。"如果说香港回归祖国的历史，是'风高浪急，波涛暗涌'，那么澳门的回归，就可以用'风平浪静，波澜不兴'来形容了。"[1]

它的一个重要原因是：一九七四年四月，统治葡萄牙近半个世纪的独裁政权被年轻军官组成的"共和国救国委员会"推翻。新政府放弃了殖民主义政策，对葡属殖民地实行"非殖民地化"：先让在非洲的殖民地走向独立，然后在一九七五年底开始从澳门撤出军队，并在后来颁布的《澳门组织章程》中承认澳门是中国领土，由葡萄牙管理。一九七九年中葡两国建立外交关系时，葡方又正式向中方承认，澳门是中国领土。

当八十年代中葡开始谈判解决澳门问题时，领土主权的归属问题已经解决，中国实行"一个国家，两种制度"的方针也已明确，谈判的主要问题是中国在澳门恢复行使主权的具体时间。经过友好协商，一九八七年四月十三日，两国政府在澳门签订《关于澳门问题的联合声明》，宣布：

> 澳门地区（包括澳门半岛、氹仔岛和路环岛，以下称澳门）是中国领土，中华人民共和国政府将于一九九九年十二月二十日在澳门恢复行使主权。
>
> 自本联合声明生效之日起至一九九九年十二月十九日止的过渡时期内，葡萄牙共和国政府负责澳门的行政管理。葡萄牙共和国政府将继续促进澳门的经济发展和保持其社会稳定，对此中华人民共和国政府将给予合作。[2]

---

[1] 钱其琛：《外交十记》，第350页。
[2] 《一国两制重要文献选编》，第75、76、78页。

一九九三年三月三十一日,第八届全国人民代表大会第一次会议,通过《关于设立中华人民共和国澳门特别行政区的决定》和《中华人民共和国澳门特别行政区基本法》。

一九九九年五月二十日,国务院按照澳门特区第一届政府推选委员会的选举结果任命何厚铧为澳门特别行政区第一任行政长官,于一九九九年十二月二十日就职。同月二十四日和二十五日,江泽民、李鹏、朱镕基等分别会见何厚铧。江泽民对他说:

> 葡萄牙管治澳门四百余年,历任总督皆由葡萄牙直接派遣。你是澳门四百多年来第一个由中国人担任的行政长官,并且是通过全部由澳门永久性居民组成的推选委员会以无记名投票方式民主选出的,充分体现了中央贯彻落实"一国两制"、"澳人治澳"、高度自治方针的坚强决心,也开创了澳门历史的新纪元。
>
> 澳门特别行政区成立后,我们一定严格按照基本法办事,决不干预属于特别行政区自治范围的事务。同时,根据基本法的规定,澳门特别行政区行政长官要对中央人民政府和澳门特别行政区负责。如果行政长官遇到什么问题需要中央协助解决,中央一定会全力支持。[1]

一九九九年十二月十九日二十三时四十二分开始,澳门政权交接仪式隆重举行。出席仪式的中方主礼宾有:江泽民、朱镕基、钱其琛、唐家璇、何厚铧;葡方出席的主礼宾有:葡萄牙总统桑帕约、

---

[1]《人民日报》1999年5月25日。

总理古特雷斯、国务部长兼外交部长伽马、国会副议长科伊索罗、原澳门总督韦奇立。葡萄牙国旗缓缓降下，中国国旗和澳门区旗冉冉升起。江泽民在仪式上讲话说：

> 中国政府按照邓小平提出的"一国两制"的伟大构想，成功地解决了香港、澳门问题，这是中国人民在完成祖国统一的大业中取得的重大进展。"一国两制"在香港、澳门的实践，已经并将继续为我们最终解决台湾问题发挥重要的示范作用。中国政府和人民有信心有能力早日解决台湾问题，实现中国的完全统一。
>
> 回到祖国怀抱的澳门，必将迎来更加美好的未来。[1]

香港和澳门的回归祖国已经实现，中国人民自然更加期盼台湾问题早日得到和平解决，最终完成祖国的统一大业。

---

[1]《人民日报》1999年12月20日。

第二十八章　迎接新世纪

二十世纪只留下最后几年了,新的世纪即将到来。中国再一次处在世纪之交。

中国领导人不仅密切注视着当前迫切需要解决的种种问题,而且想得更远,考虑到应该怎样迎接新世纪的到来。江泽民一九九三年十一月在美国西雅图亚太经济合作组织领导人非正式会议上,对美国总统克林顿提出一个值得深思的问题:

> 把一个什么样的世界带到二十一世纪,这是我们这一代领导人必须认真探索和解决的重大问题。到本世纪结束还有好几年时间,我们还来得及做些事情,还可以有所作为。[1]

面对世纪之交,要求中国在考虑自己的发展问题时,必须想得大些,想得久远些。想得大些,就是要在经济全球化和国际多极化日益发展这种情况下,把中国的问题放在世界全局中来考虑。想得久远些,就是不要只把眼光局限在当前那些问题,同时要站在面向二十一世纪的高度,考虑今后的布局,多想几步,想得更远。

在新的世纪里,和平和发展仍然是时代的主题。国际上的较量

---

[1]《人民日报》1993年11月22日。

越来越突出地转向以经济、科学技术为主要内涵的综合国力竞争上。形势逼人,不进则退。科教兴国的发展战略,自主创新的要求,便是在这个时代背景下提出的。

全国人民代表大会一九九六年三月通过的《国民经济和社会发展"九五"计划和二〇一〇年远景目标纲要》,相当程度上也是为迎接新世纪的到来做准备。

中共十五大正是在世纪之交这个历史时刻召开的。

中共十五大

中国共产党第十五次全国代表大会在一九九七年九月十二日至十八日举行。这是一次具有承前启后、继往开来意义的重要大会。

这年二月十九日,中国社会主义改革开放和现代化建设的总设计师邓小平逝世,享年九十三岁。全国人民陷于巨大的悲痛中。江泽民在隆重的追悼大会上的悼词中说:

> 邓小平同志这样说过:如果没有毛泽东同志,我们中国人民至少还要在黑暗中摸索更长的时间。我们今天同样应当说,如果没有邓小平同志,中国人民就不可能有今天的新生活,中国就不可能有今天改革开放的新局面和社会主义现代化的光明前景。
>
> 邓小平同志留给我们的最可宝贵的财富,就是他创立的建设有中国特色社会主义理论和在这个理论指导下制订的党在社会主义初级阶段的基本路线。这个理论,科学地把握社会主义的本质,第一次比较系统地初步回答了中国这样的经济文化比

较落后的国家如何建设社会主义、如何巩固和发展社会主义的一系列基本问题。它是马克思列宁主义基本原理与当代中国实际和时代特征相结合的产物,是毛泽东思想的继承和发展,是当代中国的马克思主义。

在跨越世纪的新征途上,更高地举起邓小平建设有中国特色社会主义理论的伟大旗帜,更好地贯彻执行党的基本路线,是我们党中央领导集体坚定不移的决心和信念,也是全党全军全国各族人民的共识和愿望。[1]

邓小平逝世后,国内国外不少人都关注着中国今后举什么旗、走什么路的问题。这个问题,需要由中国共产党的全国代表大会正式作出明确而肯定的回答。

中共十五大上,江泽民代表第十四届中央委员会作了《高举邓小平理论伟大旗帜,把建设中国特色社会主义事业全面推向二十一世纪》的报告。报告在作了世纪之交的回顾和展望后,着重阐述了在跨世纪的新征途上,必须用邓小平理论来指导中国整个事业和各项工作。江泽民郑重地宣布:必须坚持十一届三中全会以来的路线不动摇,坚持高举邓小平理论的旗帜不动摇。他说:

马克思列宁主义同中国实际相结合有两次历史性飞跃,产生了两大理论成果。第一次飞跃的理论成果是被实践证明了的关于中国革命和建设的正确的理论原则和经验总结,它的主要创立者是毛泽东,我们党把它称为毛泽东思想。第二次飞跃的理

---

[1]《江泽民文选》第1卷,第628、634—636页。

论成果是建设有中国特色社会主义理论,它的主要创立者是邓小平,我们党把它称为邓小平理论。

在当代中国,只有把马克思主义同当代中国实践和时代特征结合起来的邓小平理论,而没有别的理论能够解决社会主义的前途和命运问题。邓小平理论是当代中国的马克思主义,是马克思主义在中国发展的新阶段。[1]

报告系统论述了社会主义初级阶段的基本路线和纲领,强调指出:中国现在处于并将长期处于社会主义初级阶段。这样的历史进程,至少需要一百年时间。至于巩固和发展社会主义制度,那还需要更长得多的时间,需要几代人、十几代人甚至几十代人坚持不懈地努力奋斗。

在这个关键时刻,摆在人们面前的有两大课题:一个是社会主义制度能不能同市场经济体制结合好,另一个是能不能保持国民经济的持续快速健康发展。

报告从生产关系必须适合生产力发展水平的要求出发,对社会主义初级阶段的所有制结构、分配制度和公有制实现形式等重大理论问题,根据实际情况和实践经验,作出一系列新的论断:公有制为主体、多种所有制经济共同发展,是中国社会主义初级阶段的一项基本经济制度;公有制经济不仅包括国有经济和集体经济,还包括混合所有制经济中的国有成分和集体成分;国有经济起主导作用,主要体现在控制力上;公有制实现形式可以而且应当多样化;股份制是现代企业的一种资本组织形式,有利于所有权和经营权的

---

[1]《江泽民文选》第2卷,第8、9页。

分离，有利于提高企业和资本的运作效率，资本主义可以用，社会主义也可以用；等等。它进一步突破了过去脱离生产力发展水平、在所有制问题上"急于求纯""急于过渡"的思想束缚，指出这是在社会主义初级阶段长期存在的制度，有利于进一步解放和发展社会生产力。相应地，在分配结构和分配方式方面，提出要坚持按劳分配为主体、多种分配并存的制度；要逐步提高财政收入占国民生产总值的比重和中央财政收入占全国财政收入的比重。

国有企业的改革问题，在十四大以来已日益显得突出，成为深化改革的关键所在。十五大解决了国有企业改革的一系列实质性问题。报告要求把国有企业改革同改组、改造和加强管理结合起来，用三年左右的时间使大多数国有大中型亏损企业摆脱困境；要着眼于搞好整个国有经济，抓好大的，放活小的，对国有企业实施战略性改组；实行鼓励兼并、规范破产、下岗分流、减员增效和再就业工程，形成企业优胜劣汰的竞争机制。积极推进各项配套改革：保证国有资产的保值增值，防止国有资产流失；建立社会保障体制，实行社会统筹和个人账户相结合的养老、医疗保险制度；建立城镇住房公积金，加快改革住房制度。这些改革中，"抓大放小"、进行战略重组，实实在在地造一批"航空母舰"，也就是跨地区、跨行业、跨所有制的大型集团是一项不容忽视的重要措施。

对外开放是一项长期的基本国策。面对经济全球化趋势，报告要求以更加积极的姿态走向世界，完善全方位、多层次、宽领域的对外开放格局。

报告还突出地提出要在坚持四项基本原则的前提下，继续推进政治体制改革，进一步扩大社会主义民主，健全社会主义法制，依法治国，建立社会主义法治国家。它强调：依法治国，是党领导人民治理国家的基本方略，是发展社会主义市场经济的客观需要，是社会文明进步的重要标志，是国家长治久安的重要保障。这以后，国家制定了一系列法律法规，加大执法的力度，发扬人民民主，创造了村民自治这一亿万农民当家作主的好形式，初步构建了具有中国特色的农村基层民主的政治框架。

第二年三月，全国人民代表大会举行第九届第一次会议。大会要求高举邓小平理论伟大旗帜，全面贯彻中共十五大精神，并选举江泽民为国家主席、李鹏为人大常委会委员长，决定朱镕基为国务院总理。

十五大结束后，一九九七年还有三个多月。

在这段时间内，国家经济建设又取得新的进展。其中最引人瞩目的是：经过多年准备的长江三峡水利枢纽工程、黄河小浪底水利枢纽工程成功实现截流和南昆铁路全线开通运营。

长江和黄河是中国的两大河流。三峡和小浪底水利枢纽工程的成功截流相隔只有十来天。"一北一南，两项特大型水利水电工程联袂而进，比翼齐飞，引人瞩目，振奋人心。两大工程是中国水利史上的壮举，展现了中国人民征服自然、改造自然的雄心壮志。"[1]时任国家计委主任的陈锦华感叹地说："黄河、长江双双截流，这是历史的巧合，是中华民族千载难逢的双喜临门。"[2]

黄河是中国的母亲河之一，但黄河水患曾给中国人带来无数次灾难。治理黄河是人们几千年来的强烈愿望。"黄河斗水，泥居其七"。治黄难，难在泥沙。小浪底水利枢纽位于洛阳以北黄河中游最后一段峡谷的出口处，水库总容量一百二十六亿五千万立方

---

[1] 本报评论员：《气壮山河的伟大实践》，《人民日报》1997年11月6日。
[2] 陈锦华：《国事忆述》，第288页。

米,战略地位重要,工程规模宏大,地质条件复杂,水沙条件特殊,被中外水利专家称为世界上最复杂的水利工程之一。"小浪底水库南管到淮河,北管到海河,实为控制黄河水患的关键工程。"[1]它在十月二十八日成功实现截流。李鹏在截流仪式上讲话中兴奋地说:"小浪底工程是一项具有防洪、防凌、减淤、灌溉、供水、发电等综合效益的水利枢纽工程。小浪底工程的建成将使黄河中下游防洪由现在的防御六十年一遇洪水的标准,提高到防御千年一遇洪水的标准,并且为下游河道整治争取宝贵的时间,为开展黄土高原水土保持提供良好的机遇,也为黄河中下游经济发展打下坚实的基础。"[2]

长江三峡水利枢纽是世界上最大的水电工程。它的截流是当前世界水利工程中综合难度最大的截流工程。截流合龙时选定的设计流量是每秒一点四万立方米至一点九四万立方米,是历来世界水电工程中最大的截流流量。截流的最大水深是六十米,也是世界水电工程历史上最大的截流水深。在深水和大流量条件下截流,水下地质状况又十分复杂,防止围堰坍塌和解决防渗问题,是三峡工程自一九九四年十二月开工以来面临的第一道世界技术难题。长江是中国的黄金水道。葛洲坝工程进行大江截流后,这一带的长江约有半年断航。而三峡工程采取导流明渠结合临时船闸的方案,保证这样大规模的施工期间长江航运始终畅通。

三峡截流在十一月八日上午九时开始,四百多辆巨型装载车轮番抛投石料,到下午三时三十分大江截流成功。江泽民在截流仪式上讲话。他说:

---

[1]《市场与调控——李鹏经济日记》(下),第1574页。
[2] 李鹏:《在黄河小浪底水利枢纽工程截流仪式上的讲话》,《人民日报》1997年10月29日。

这是我国现代化建设的一件大事，也是人类改造和利用自然史上的一个壮举。

多少代中国人开发和利用三峡资源的梦想，今日正在变为现实。这再次生动地说明，社会主义制度具有能够集中力量办大事的优越性。

今天，我们在长江三峡兴建这一世界上规模最大、综合效益最广泛的水利水电工程，将对我国国民经济发展起到重大促进作用。它是一项造福今人、泽被子孙的千秋功业。[1]

南昆铁路是西南的铁路大动脉，东起广西南宁，西到云南昆明，北接贵州红果，全长八百九十八点七公里。经过的地区地形极为复杂，相对高差达两千零十米，是中国铁路建造史上前所未有的。它在三月十八日全线铺通，一次建成电气化，十二月二日全线开通运营。"修建南昆铁路对加快西南地区经济发展、社会进步，增进民族团结，缩小东西部差距，具有十分重要的意义。南昆铁路是西南与华南沿海间最便捷的通道，它把地域辽阔、发展潜力巨大但无出海口的西南内陆，与有绵长海岸、交通发达的华南地区连接起来，形成'背靠大西南，面向东南亚'的格局，为大西南的资源开发和从根本上改变贫困落后面貌起到促进作用。"[2]这又为不久后提出的实施西部大开发战略做了准备。

随着经济建设的发展和经济实力的增强，许多以往难以办到的有全局影响的大事这时一件件化为现实。中国正在以新的面貌走向新世纪。

---

[1]《江泽民文选》第2卷，第67、68页。

[2]《市场与调控——李鹏经济日记》（下），第1358页。

国内的经济状况，前几年最迫切需要应对的是物价问题，这时物价涨幅已大幅度下降，而金融问题日益突出，金融隐患和金融风险不断加大。它的具体表现：一是国有银行不良资产比例高，应收未收的利息急剧增加，经营日趋困难，相当部分不良贷款和应收利息是呆账、坏账，无法收回；二是非银行金融机构问题更加严重；三是一些地方、部门、单位乱设金融机构、乱办金融业务和乱搞集资活动；四是股票、期货市场存在大量违法违规行为；五是不少金融机构和从业人员弄虚作假，违法经营。

金融是现代经济的核心，金融系统掌握着巨大的经济资源。随着社会主义市场经济不断发展，金融活动的作用日益广泛地渗透到社会经济生活的各个方面。如果金融不稳定，势必影响经济社会稳定，妨碍整个改革和发展的进程。因此，中共中央、国务院在十一月十七日至十九日召开全国金融工作会议，并在十二月六日发出《关于深化金融改革，整顿金融秩序，防范金融风险的通知》。朱镕基在全国金融工作会议上大声疾呼地说：

> "凡事预则立，不预则废。"应当清醒地看到，对于金融领域长期积累的风险，如不切实加以防范和化解，任其发展下去，有朝一日爆发，就有可能发生影响全局的重大金融风波。这样，当前好的经济形势不但不能发展，而且还可能发生逆转，甚至会酿成大祸，动摇国本。

他又谈到深化金融体制改革、整顿金融秩序同深化国有企业改革两者之间的关系，说：

国有企业现在为什么那么困难,我认为有三个主要原因:一是盲目上项目,重复建设,各地区经济结构趋同化。二是企业资本金不足,负债累累,再好的企业家也难以经营。三是人员过多,"一个人的饭三个人吃",是普遍现象。所以,国有企业改革要"对症下药"。第一,不要再搞重复建设。对此必须"一刀切"。第二,要减轻企业债务。鼓励兼并,规范破产,增资减债,发展一些直接融资。第三,要实施再就业工程。现在社会上对就业问题反映强烈,主要原因是企业下岗职工的再就业没有搞好。据统计,现在国有企业下岗职工大约一千万人,今后三年把这批人的安置和再就业搞好,就是一个重大任务……总之,不在"三改一加强"上下功夫,是不能解决国有企业的根本问题的。

国有企业不改革,银行就会被拖垮,但是如果银行体制不改革,国有企业也改不了,因为它可以靠不断地向银行借钱,随意拖欠贷款本息取得资金来源,国有企业机制不可能转变。[1]

江泽民也在会上讲话。他说:"这些改革的根本出发点和主要目的,在于使人民银行能够更好地依法履行中央银行的职能和职责,在于使国有商业银行健全统一法人制度,并加快商业化进程。归根到底,就是要把银行办成真正的银行。"[2]

这次金融体制改革,不仅使整个金融机构体系逐步同社会主义市场经济发展相适应,而且为第二年应对原来没有预料到的东南亚

---

[1]《十五大以来重要文献选编》(上),第91、95、96页。
[2]《江泽民文选》第2卷,第73页。

金融风暴做了重要准备。

应对两大挑战

十五大的下一年,是一九九八年,离新世纪的到来又近了一年。

这一年,中国经济遇到两大特殊的挑战,它们造成的困难远远超出原来预料的程度:一是东南亚金融危机的进一步深化和蔓延,国际金融市场持续动荡,日本、俄罗斯、拉丁美洲、美国的经济发展速度都在下降,使中国经济受到很大冲击;二是遭遇历史上罕见的严重的洪涝灾害,长江发生自一九五四年以来又一次全流域大洪水,松花江、嫩江更出现超历史纪录的特大洪水,全国受灾面积三亿一千八百万亩,受灾人口两亿两千三百万人,直接经济损失两千多亿元。许多工矿企业停产,长江部分航道中断航运一个多月,对生产建设造成严重影响。这两个新问题加上社会经济生活中原来积聚的种种矛盾,使一九九八年面对着相当严峻复杂的局面。不少人担心:中国能不能经受住如此严峻的考验,有没有力量保持改革和建设继续向前发展。

东南亚金融危机是一九九七年七月从泰国开始的,迅速蔓延到东南亚各国。一些国家的货币相继贬值,而且贬幅很大,影响波及亚洲以至世界。受这次金融危机沉重打击的东亚经济体,大多是房地产市场和证券市场连年出现"泡沫经济",最终酿成了以大量房地产闲置、呆坏账连锁冲击为主要特征的金融危机。它们在金融自由化的过程中,由于放松了必要的监督与管理,大量银行信贷资金直接、间接流向高风险部门,导致过度贷款、巨额呆坏账和金融机构破产倒闭。这些国家,在金融体系尚不健全、政府调控能力较弱的情况下，过早过快地全面放开本国资本市场、取消外汇管制、大量引进境外金融机构，助长了国际游资的进入和冲击，造成投机资本排挤产业资本、短期投资和短期债务规模过大的不稳定局面。这是东亚一些经济体发生金融危机的重要原因。

东南亚金融危机是在经济全球化的大背景下发生的，对中国也是一个严重警示。它虽从一九九七年开始，而对中国经济冲击的影响在一九九八年才开始真正显现出来。它首先表现为对中国出口贸易的影响。这些国家爆发金融危机后，经济增长放慢，市场萧条，势必减少从中国的进口。拿中国经济发展较快、外向型经济比重较大的浙江省来说，李鹏这年三月十日的日记中写道："浙江向东南亚出口占百分之五十，向发达国家出口百分之三十，两者受东南亚金融危机影响，今年浙江出口可能下降百分之二十至三十。"[1] 拿全国这一年的情况来看，受到国际市场萎缩影响，外贸进出口总额比上年不但没有上升，还出现负增长，下降了百分之零点四，这是一九八二年以后不曾有过的，减少全年国内生产总值增长率约两个百分点。同时，那些东南亚国家的部分出口产品和主要市场同中国相似，它们的汇率大幅度下调，在海外市场的出口商品价格降低，势必影响中国的出口竞争力，给中国的人民币是否需要相应贬值造成巨大的压力。海外对华的直接投资也减少了。

在这种情况下，全世界特别是东亚各国都注视着中国，看中国经济在这场巨大风浪中能不能站得住脚，人民币是不是会贬值。如果中国经济支撑不住，如果人民币大幅度贬值，必将使这场金融危机造成的严重局势更加恶化。

---

[1]《市场与调控——李鹏经济日记》（下），第1440页。

中国给了世界一个满意的答复。经过近二十年的改革开放和现代化建设，中国的综合国力和应对危机的能力已有很大增强。一九九六年经济运行的"软着陆"取得成功和一九九七年深化金融改革、整顿金融秩序采取的一系列措施，更使中国在面对这场席卷亚洲的金融危机时站在比较主动的地位。如果没有这些条件，东南亚金融危机给中国的冲击一定要大得多。经过权衡利弊，尽管中国有不少困难，但始终坚持人民币不贬值，并且给予受到金融危机严重影响的国家以一定的援助，为缓解这场金融危机作出了贡献。

人民币不贬值，从国内来说，使人们对中国的经济局势仍充满信心，知道中国经济没有发生大的问题，在周围国家剧烈动荡的环境中屹然不动，保持稳定，这是十分重要的；从国际上说，使全世界都看到，中国在这场影响全球的金融风暴中，是一个国际社会中负责任的大国，是一个不可缺少的稳定因素。中国的国际声望和地位进一步提高。

抗御严重洪灾，是中国经济在一九九八年面对的另一个严峻挑战。中华民族在这场斗争中，向世人显示出强大的凝聚力。党和国家主要领导人江泽民、李鹏、朱镕基等亲临抗洪前线进行部署指挥。广大军民协同作战，参加抗洪抢险的干部群众达八百多万人。他们不顾个人安危得失，舍小家保大家，舍局部保全局，同滔滔洪水展开一场气吞山河的搏斗。中国人民解放军和武警部队三十多万人在抗洪斗争中更表现出顽强拼搏和自我牺牲的精神，严防死守，出现无数动人事例。从坚守荆江大堤到抢堵九江决口，从会战武汉三镇到防守洞庭湖区，从保卫大庆油田到决战哈尔滨，哪里最危险，哪里任务最艰巨，哪里就有人民的子弟兵。经过多少日日夜夜的苦战，终于保住全线干堤的安全，保住了千百万人民的生命财产。国

务院副总理、全国防汛总指挥温家宝向全国人大常委会报告时,把这次洪水的损失同一九三一年、一九五四年那两次大洪水作了对比:

> 今年长江的洪水和一九三一年、一九五四年一样,都是全流域的大洪水,但迄今为止造成的损失,比一九三一年和一九五四年要小得多。一九三一年干堤决口三百多处,长江中下游几乎全部受淹;一九五四年干堤决口六十多处,分流洪水一千零二十三亿立方米,江汉平原和岳阳、黄石、九江、安庆、芜湖等城市受淹,京广铁路中断一百多天;今年长江干堤只有九江大堤一处决口,而且几天之内堵口成功,沿江城市和交通干线没有受淹。长江流域一九三一年死亡十四万五千人,一九五四年死亡三万三千人,今年死亡一千三百二十人。[1]

这场斗争,到九月间取得全面胜利。在同洪水的搏斗中,中华民族和中国人民表现出万众一心、众志成城、不怕困难、顽强拼搏、坚韧不拔、敢于胜利的抗洪精神。中国共产党同人民群众的血肉联系、军队同人民群众的鱼水之情,得到极大加强。这是中国继续前进的重要精神财富。

国民经济在一九九八年保持较快增长。国内生产总值比上年增长百分之七点八,虽然略低于百分之八的预定目标,但这是在抵御亚洲金融危机的冲击和战胜国内特大洪涝灾害的情况下取得的,仍比世界经济平均增长率高出五点八个百分点,物价涨幅控制在百分之三以内,这确是来之不易。

---

[1]《人民日报》1998年8月27日。

农业在大灾之年继续获得好收成，全年粮食产量在四亿九千万吨以上，同上年基本持平。第一产业产值比上年增长百分之三点五，农产品供求由长期短缺转变为总量大体平衡、丰年有余，农田水利建设得到加强。第二产业产值比上年增长百分之八点九，产品结构得到改善。科技含量高、附加价值大的电子、信息、通信产品等生产增长大大加快，微型电子计算机、程序交换机、载波通信设备、光通信设备、移动通信设备等生产比上年增长百分之十六点九至百分之五十三点七。第三产业产值增长百分之八点三。

固定资产投资扩大。这种投资注意对中西部地区适当倾斜。西部地区投资增长百分之三十一点二，比东部地区快十四点九个百分点。一批大型基础设施项目交付使用。兰州经西宁到拉萨的通信光缆工程提前完成，使全国通信光缆骨干网基本形成。沪杭高速公路、京郑电气化铁路、陕甘宁气田等大型项目竣工投产。这一年，互联网在中国开始进入大众传播领域，使新闻传播更加快捷便利，更加多样化。

环境保护事业提到越来越重要的地位，大大加快发展。以往不少地方不断砍伐林木，扩大耕地。国家要求狠下决心开展退耕还林工作：凡是一九九四年以来开垦的林地，必须在二〇〇〇年前全部退耕还林；一九九四年以前开垦的林地，凡坡度在二十五度以上的，也必须在二〇〇〇年前全部还林；坡度在二十五度以下的，必须提高水土保持标准。重要的是，政府对退耕还林的民众给予足够的粮食补助。中共中央、国务院在十月二十日决定：从现在起，全面停止长江、黄河流域中上游的天然林采伐，森工企业转向营林管护。国务院又在十一月七日印发《全国生态环境建设规划》。

城乡人民生活水平继续提高。农村居民人均纯收入，考虑到价格因素，比上年实际增长百分之四点五；城镇居民人均可支配收入实际增长百分之五点八。市场供应充足，乃至供过于求，全国商品零售价格到一九九八年底已连续下降十五个月。扶贫工程的步伐加快：全国农村贫困人口在一九七八年有两亿五千万人，一九九三年底减少到八千万人，一九九八年底减少到四千二百万人，占农村人口的比重由百分之三十点七下降到百分之四点六，平均每年减少一千万人。

经过几年的努力，中国已从总体上改变了以往多少年来长期困扰人们的商品短缺格局，初步形成了一定范围的买方市场。这是中国建立社会主义市场经济体制带来的历史性变化。

在承受两大挑战的同时，经济改革在一九九八年继续有序推进，先后出台一系列重大的改革措施，在一些难点上取得突破。

国有企业改革进一步深化。政企分开迈出重大步伐，大力整顿企业领导班子。组建了中国石油天然气集团、中国石油化工集团、上海宝钢集团等一批特大型企业集团，技术装备水平大幅提高，技术创新能力明显增强。国务院开展向部分国有重点企业派出稽查特派员的试点工作，这些稽查特派员都是副部级干部，一人负责几个公司，不干预企业经营，只管查账，起审计和监督作用，取得初步成效。国有企业中亏损面最大的纺织行业，全年压缩淘汰落后棉纺锭五十二万锭，分流下岗职工六十六万人，成为国有企业改革中整个行业摆脱困境的突破口。国有企业大量职工下岗在这几年相当突出，那是难以避免的，是经济结构大调整过程中发生的。它的重要根源是几十年来的重复建设，近些年又继续发展，制止不了。在有些地区，"企业有了自主权，什么都能干，动不动就贷款上亿元上项目，也不管是不是真需要这样的项目。政府和银行也鼓励企业乱上项目。"[1]这些企业市场竞争力差，产品销售不出去，有的刚投产就已严重亏损，职工就得下岗。以前企业开不出工资就向银行贷款，现在银行独立经营，这条路也走不通了。此外，技术在进步，资本有机构成在提高，需要的工人数量也随之减少。大批职工下岗，生活十分困难，成为万众瞩目的社会问题。社会上这时"议论焦点是下岗，人人自危，说不知何时就要轮到自己"。[2]因此，国家以很大力量加强下岗职工的基本生活保障和再就业工作。大多数下岗职工进入再就业服务中心，进行技术培训，并且领到基本生活费，全年共有六百多万下岗职工实行了再就业。

在国有企业改革的"放小"中曾刮起一股不小的歪风：大量拍卖企业，不少在"改制"的名义下，实际上是半卖半送，评估资产时以很低价格计算（而且不把无形资产和土地价值计算在内），出售时强调经营者优先，造成国有资产的严重流失。这是十分令人痛心的。而一些人却鼓吹只有"私有化"才能充分激发人的积极性，称作"一卖就活"。国家经贸委、财政部、中国人民银行为此发出《关于出售国有小型企业中若干问题意见的通知》，加以制止，并要求依法规范操作。

国务院副总理吴邦国在这年年底召开的全国经贸会议讲话中指出："实现国有企业三年改革与脱困目标，关键是要提高效益，实现扭亏为盈。要抓住时机，主动进行结构调整。第一，要下决心制止重复建设。第二，要坚决关掉那些技术落后、浪费资源、质量低劣、污染严重、不符合安全生产条件的小煤矿、小玻璃厂、小水泥

---

［１］宗寒：《国企改革三十年亲历记》，第273页。
［２］《市场与调控——李鹏经济日记》（下），第1504页。

厂、小炼油厂、小水电厂和小炼钢厂,压缩淘汰落后富余的生产能力。第三,要抓紧落实已确定的重点行业的调整,控制总量,优化结构。第四,真正把技术改造的重点转到质量、品种、效益上来。"[1]事实证明,凡是在技术改造、产品质量和市场这三方面搞得比较有力的国有企业,效益和经营状况就比较好。

粮食流通体制改造稳步推进,按保护价敞开收购农民余粮,保护了农民的种粮积极性。

金融体制改革,吸取亚洲金融危机的教训,继续跨出重要步伐:撤销了人民银行省级银行,跨省区设置九家地区性分行,避免地方政府对银行进行不必要的干预;证监会实行垂直管理体系;整治金融秩序,查处了一批违法违规案件,关闭了个别问题严重的金融机构;商业银行独立地自主经营。

国务院机构改革进展顺利,政府机构职能有了变化,人员编制总数减少一半。

中央作出关于军队、武警部队和政法机关不再从事经商活动的决定后,中央党政机关与所办经济实体和管理的直属企业脱钩的重大决策得到落实。同时,集中一段时间和精力在全国范围内开展大规模反走私联合行动,严厉打击骗汇、逃汇、套汇的斗争,取得了显著成效。

这一年,中共中央还部署了一九九八年、一九九九年在县以上各级党政领导班子和领导干部中开展了"讲学习、讲政治、讲正气"为内容的党性党风教育活动。

---

[1] 中共财经领导小组办公室编:《中国经济发展五十年大事记》,第533页。

两项重大决策

从一九九八年下半年起到一九九九年，中国的社会主义现代化建设又作出两项重大决策：一项是要求立足于扩大内需，实行积极的财政政策，特别是加强基础设施建设的投资；另一项是确定西部大开发战略。

历史的发展总是这样：一个问题解决了，新的问题又上升到引人注目的地位。当时，中国经济中使人焦虑的新问题是：在经济过热现象得到克服、实现了"软着陆"以后，又出现经济增长率持续数年一路下降的局面。"八五"时期，也就是一九九一年至一九九五年，国内生产总值平均年增长速度为百分之十二，一九九六年为百分之十，一九九七年为百分之九点三，一九九八年为百分之七点八，一九九九年为百分之七点六。这个增速在世界范围内不算低，但在中国，增长率连续四年下降，已降至经济运行合理区间的下限。"'软着陆'成功后，经济增速为何继续下降？一是原来经济下滑的惯性使然；二是亚洲金融风暴的影响；三是新出台的宏观调控政策没有到位。"[1]

保持适度快速的经济增长率，从中国的现实状况来说有着特殊的重要性。中国社会面对的种种问题，都需要经济较快发展才能得到解决。增长率持续下降，就带来了职工下岗增多、企业经营困难和金融风险增大等问题。中国又是一个人口大国，每年新增加需要就业的人口达到一千万人，农村还存在一亿多富余劳动力，就业压力日益加大。当时正逢职工下岗、干部分流、军队缩编，多余劳动

---

[1]《刘国光文集》第9卷，第515页。

力难以安置，使就业问题越来越加突出。而经济增长速度每提高一个百分点，可以带动一百万人的就业，这当然是不可忽视的大事。

改革开放以来，依靠廉价劳动力的出口导向型经济在国民经济发展中所占比重很大。经济特区和沿海重要城市中，不少企业带有"来料加工"的性质。赵紫阳还提出过原料和市场"两头在外"的主张。亚洲金融危机使一九九八年中国进出口总额出现负增长，影响国内生产总值的增长率下降了两个百分点。这个问题不能不使中国领导人认真思考和对待。

从出口导向增长逐步转向依靠内需拉动增长，便是在这种情况下提出来的。

拉动内需包括两个方面：一是增加国内消费，一是扩大投资。增加国内消费，这是根本的，但从当时情况来看难以在短期内奏效。因此，工作重点就先放在扩大投资上。一九九八年八月二十九日，全国人大常委会通过《关于批准国务院增发今年国债和调整中央财政预算方案的决议》。国务院的议案提出，要实行更加积极的财政政策，扩大国内需求，拉动经济增长，拟增发一千亿元长期国债，作为国家预算内基础性建设专项投资，用于基础设施投入。

这一项有力地拉动内需的大动作，有两个显著特点：一是资金来源是增发国债而不是多发货币，把民众的储蓄吸引到国家建设投资中来，而避免出现通货膨胀，使积极的财政政策和稳健的货币政策统一起来；二是资金投向主要是基础设施，而不是盲目地大干快上，大上加工工业项目，这就不会造成大量重复建设而导致上了还得退下来。这些基础设施项目投资大、周期长，资金一时收不回来，不能完全由银行贷款，也无法靠民间集资来解决，主要得靠增加财政投入、发行国债来进行。

一九九八、一九九九和二〇〇〇这三年，国家分别发行长期建设国债一千亿元、一千一百亿元和一千五百亿元，合计三千六百亿元，用来大力进行公共工程建设，集中力量办了一些多年想办而未办成的大事。它着重投入以下几个方面：一是修建共能容纳五百亿斤粮食的现代化粮库，中央出钱，地方出地，而又带动了水泥、钢材等相关产业。二是改造电网。过去农村电网的电损耗率达到百分之三十七，三分之一的电损失在输送线路上，造成电费贵，农村使用不起家用电器。三是大规模开展长江、黄河中上游的水土保持，把伐木大军改变成种树大军；同时，大力整治或加固大江大河的堤防，增强抗洪防灾能力。四是加强住房建设，这也使过剩的钢材、水泥、机电、建筑材料都能用上。五是以很大力量投入交通和通信建设。特别值得说到的是："九五"期间，公路建设新增通车里程二十四万公里，新建高速公路一万一千五百公里；二〇〇〇年末，中国高速公路达到一万六千二百公里，居世界第三，绝大部分是这几年内修建的，大大改善了交通运输状况。通信事业自改革开放以来一直保持年两位数的增长速度，这几年发展得很快。时任信息产业部部长的吴基传写道："回顾我国通信发展历程，从一八八二年我国开通第一部电话到一九九二年达到一千万用户，经历了一百一十年的漫长岁月；而从一千万户到一九九八年的一亿户只用了六年，此后到二〇〇〇年的二亿户只用了两年。"[1]移动电话的使用，以惊人的速度发展起来。高速公路和电信等基础设施的迅速发展，大大促进了商品流通的规模和速度，是中国现代化经济建设中的一件大事，不仅在几年内明显改变了原来对经济发展起着严重"瓶颈"

---

[1] 吴基传：《我国信息产业实现历史性跨越》，《回顾辉煌成就　展望美好未来》，学习出版社2002年11月版，第245页。

作用的落后面貌，而且使国家建设有了扎实可靠的后劲。

"事实表明这种积极的财政政策对拉动中国经济增长发挥了重要作用。二〇〇〇年中国经济增长能够实现回升，在很大程度上是与连续多年的积极财政政策有重要的关系。有统计表明，实施积极的财政政策三年来国家发行的三千六百亿元长期建设国债，直接带动各种投入配套资金和银行贷款约七千五百亿元。根据有关部门测算，一九九八年、一九九九年和二〇〇〇年分别带动经济增长一点五个、两个和一点七个百分点。"[1]而且对此后现代化建设事业的发展产生了深远影响。

有了"软着陆"的经验，又有了扩大内需的思路和办法，这对建立和完善社会主义市场经济体制有着重要的意义。

立足扩大内需，并不是放松对外贸易。相反，在经济全球化加速发展和中国准备参加世界贸易组织的大背景下，应该努力扩大互利互惠的出口。时任对外贸易经济合作部部长的石广生写道："为应对困难局面，在保持原有政策稳定的基础上，国家出台了一系列支持扩大出口等政策措施，主要包括保持人民币汇率稳定，提高出口退税率，发展加工贸易，扩大机电产品和高新技术产品出口，完善金融支持，以及检验检疫、'人通关'等贸易投资便利化措施。同时，各级地方政府大胆探索，采取了许多支持外经贸发展的政策措施。这几年是我国外经贸发展历史上出台政策最多的时期。由于各项政策及时到位，应对措施得力，我国出口在逆境中不仅没有衰退，反而稳定增长，为国民经济摆脱亚洲金融危机及世界经济衰退

---

[1] 余永定、李军、丛亮：《论中国当前的积极财政政策》，《中国经济前景分析——2001年春季报告》（经济蓝皮书春季号），社会科学文献出版社2001年4月版，第16页。

的影响发挥了重要作用。"[1]一九九九年十一月还有一项重要进展，就是中美两国签署了中国加入世界贸易组织的双边协议，共同发表了新闻公报，这为中国的"入世"迈出了重要一步。与此同时，为了更好地利用外资，进一步扩大对外开放，继续完善吸收外资的产业政策，鼓励外资更多地投入新技术产业，推动了全方位、多层次、宽领域对外开放格局的进一步形成。

在努力扩大对外贸易的同时，国家采取有力措施，严厉打击走私活动。这是一件大事。当时，走私活动范围之广，走私货物品种之繁多，数额之巨大，都是前所未有的，走私严重的商品是"两油"（成品油和食用油）、"两车"（汽车和摩托车）、"两料"（纺织原料和化工原料）以及香烟、盗版光盘等。每年查获的走私商品价值高达七亿元。一九九八年七月，中共中央和国务院召开全国打击走私会议，江泽民、朱镕基在会上讲了话，表明严厉打击走私犯罪活动的决心。各地积极贯彻落实，打击走私和骗汇取得初步成效。十月，朱镕基到广东考察这项活动。他指出为什么沿海走私猖獗，屡打不尽，有三个原因：第一，境内外一些商品有较大差价，走私犯罪有利可图，而有些干部认识不够，打击不力，说什么"打击走私是不要对外开放"，这纯粹是奇谈怪论。第二，对有特殊背景的法人走私不敢轻易动真格。第三，确实有一些地方领导腐败变质了，确实有一些海关蛀虫徇私舞弊。他斩钉截铁地说："一定要打击走私犯罪分子的嚣张气焰！你们要什么我就给什么，要驱逐舰、巡洋舰都可以造。一定要狠狠打，什么走私船都要打沉它！"[2]一九九九年

---

[1] 石广生：《我国外经贸在改革开放中飞跃发展》，《回顾辉煌成就　展望美好未来》，第224页。
[2] 杨春南、张宿堂：《朱镕基总理考察广东打击走私骗汇犯罪活动记行》，《新华月报》1999年第2期。

一月，他又到福建考察打击走私等工作。广东湛江、福建厦门等地的走私大案相继破获，受到严厉惩处。这一年的海关税收增加七百七十亿元，比上年增长近百分之五十，这对财政状况的改善起了十分重要的作用。

尽管取得了这些成绩，一九九九年中国经济面对的困难依然相当严重：外贸出口和外商直接投资继续下降，世界经济走势中不确定因素增加，亚洲金融危机的后果还在显现；国内消费需求仍然持续不振，城乡居民收入增势趋缓，居民对未来支出增加的预期增强，即期消费意愿减弱，储蓄存款持续高速增长，工业消费品几乎全面过剩，商品库存特别是消费品库存大量增加，启动居民消费需求的难度较大。衡量经济发展的成果，不是取决于生产能力的大小，关键在于有没有市场需求，如果需求上不去，生产高速度发展，只能徒然增加库存，造成更大困难。但由于前面所说国际竞争和就业压力等种种原因，发展速度太低也不行。因此，朱镕基总理一九九九年三月在全国人大九届二次会议所作政府工作报告中提出："综合分析国内外的有利条件和制约因素，今年的经济增长预期为百分之七左右。"怎样实现这个目标？他说：

> 必须首先立足于扩大国内需求，继续实施积极的财政政策。去年的实践证明，这是在需求不旺的情况下拉动经济发展的有效举措。
>
> 在通常情况下，靠扩大财政赤字搞建设，势必会引发通货膨胀，这在我国历史上有过多次深刻的教训。但是，在当前的特定条件下，发生这种危险的可能性不大。现在银行储蓄存款比较多，通过财政债券将一部分储蓄转化为对基础设施的投资，

不会过量发行货币；粮食等主要农业品、工业消费品和生产资料供应充裕，物价比较稳定，适度扩大财政赤字和国债规模，如果运用得当，不会引发通货膨胀。

基础设施是我国的薄弱环节，总体上不存在重复建设问题。加强基础设施建设，不仅可以拉动当前经济增长，还可以增强经济发展的后劲。

在扩大投资需求的同时，要采取有力措施引导和扩大消费需求，形成投资和消费对经济增长的双重拉动。[1]

当时还有一个值得注意的现象，就是因社会总需求不足而出现了通货紧缩的趋势。对什么是"通货紧缩"，理论界的看法并不一致。比较多的看法，认为是指物价总水平持续下降。中国这几年通货供应量并没有大的缩减，生产也没有下降，但"从一九九七年十月到一九九九年八月，中国商品零售指数价格已连续下降二十三个月"。[2]在这个意义上，可以说是出现了通货紧缩的趋势。通货紧缩，在中国历史上很少见。过去，大家都深知通货膨胀对经济发展的危害，很少知道通货紧缩的危害，对此缺乏应对的经验，看法不尽一致，在宏观调控的政策取向上出现过一些摇摆。而这样长时间、大范围的价格持续下跌，造成国有企业利润下降，生产经营困难，投资者信心不足，职工收入和就业机会减少，便成为一个大问题。

本来，中共十五大和十五届一中全会对国有大中型亏损企业提

---

[1]《十五大以来重要文献选编》（上），第 774、775、776、778 页。
[2] 刘树成：《论中国当前的通货紧缩》，《2000 年中国：经济形势分析与预测》（经济蓝皮书），社会科学文献出版社 2000 年 1 月版，第 118 页。

出了三年摆脱困境的要求。"一九九八年，尽管出台了一系列改革措施，实施了力度不小的政策，但这一年国有企业仍然处于十分艰难的困境之中。国有工业企业的亏损面和亏损额由一九九〇年的百分之二十七点六和百分之四十七点三上升到一九九八年的百分之四十一点五和百分之六十八点八。"[1]通货紧缩趋势的出现，对国有企业的困难有如雪上加霜。国有企业的改革和发展，已成为一九九九年中国经济工作中的突出课题。

这不是一个新问题，但到这时已处在举足轻重的地位。中共中央极端重视这个问题。这年四月二十二日，江泽民在四川成都召开西南四省市国有企业改革和发展座谈会。他在会上说："中央提出，搞好国有企业的改革和发展，是今年经济工作的重中之重。""全面推进国有企业的改革和发展，是一个非闯不可也绕不过去的关口。打好这场攻坚战，不仅关系到国有企业改革的成败，也关系到整个经济体制改革的成败。"[2]五月、六月、八月，他又先后在武汉、西安、青岛、大连分别召开中南、西北、华东、东北和华北各省市国有企业改革和发展座谈会。他在会上说："从现在起到下世纪的前十年，是我国改革和发展的关键时期。在这个时期，要建立比较完善的社会主义市场经济体制，保持国民经济持续快速健康发展。要解决好这两大课题，必须不失时机地推进国有企业改革和发展，使国有企业改革取得突破性进展。""现在国有企业改革处于攻坚阶段，发展处于关键时期。"[3]当时还有一个背景：由于改革出台的措施比较集

---

[1] 金碚：《国有企业改革的进展和前景》，《中国经济前景分析——2001年春季报告》（经济蓝皮书春季号），第72页。

[2] 《十四大以来党和国家领导人论国有企业改革和发展》，第287、288页。

[3] 《江泽民文选》第2卷，第376、378页。

中，人们相当普遍地存在一种心理：要留点钱应付今后可能要支出的养老、医疗、购房、上学等需要，造成消费需求长期低迷。江泽民在讲话中着重提出一条原则，就是要把改革的力度、发展的速度和社会的承受能力结合起来。九月十九日至二十二日，中共十五届四中全会召开。全会通过了《中共中央关于国有企业改革和发展若干重大问题的决定》。

经过几年来对国有企业改革和发展的艰苦探索，在认识和思路上有了重要变化：从着眼于搞好每个企业，转向着眼于搞好整个国有经济；从注重调整企业与国家的利益分配、减税让利，转向制度创新、转换机制；从主要抓企业自身改革，转向企业改革与各项配套改革同步进行。这就为实现这项艰巨复杂的任务闯出一条新的路子。

国企改革离不开加强企业管理。"管理问题最重要的是预测市场的变化，根据市场的需要，不断进行产品更新、技术创新、管理创新和规模结构创新。宏观情况变化了，就必须进行调整。预为之谋至关重要。思想谋划走在前面，技术和产品走在前面，企业就能走在前面，否则必将落后甚至被淘汰。"[1]这是被无数事实证明了的。

在经济发展、包括对国有经济改革和发展的探索过程中，人们越来越强烈地感受到：知识创新、技术创新和高技术产业化，是当今国际竞争的核心。如果不能在这方面取得突破，就不可能站住脚跟，更谈不上在激烈竞争中置身前列。这也是国有企业改革和发展中的重要关键问题。同年八月二十日，中共中央、国务院作出《关

---

[1] 宗寒：《国企改革三十年亲历记》，第283页。

于加强技术创新,发展高科技,实现产业化的决定》。它写道:

> 当今世界,科学技术日新月异,以信息技术、生物技术为代表的高新技术及其产业迅猛发展,深刻影响着各国的政治、经济、军事、文化等方面。在以经济实力、国防实力和民族凝聚力为主要内容的日趋激烈的综合国力竞争中,能否在高新技术及其产业领域占据一席之地已经成为竞争的焦点,成为维护国家主权和经济安全的命脉所在。[1]

为了部署贯彻落实这个《决定》、进一步实施科教兴国战略,中共中央、国务院在八月二十三日至二十六日,召开全国技术创新大会。江泽民在会上说:"科技创新包括很多方面,其中很重要的一个方面是技术创新。技术创新,主要是企业应用新知识、新技术、新工艺,采用新的生产方式和经营管理模式,提高产品质量,开发新的产品,增强市场竞争能力和抵御风险能力。"由于中国在科学技术上长期处于落后地位,不可能一下子在各方面都赶上发达国家的先进水平。因此,江泽民强调:"我们要按照有所为有所不为的方针,突出重点,选准一些对推动经济社会发展、维护国家安全、提高生产力和综合国力有重大带动作用的领域,集中力量,大力协同,重点攻关,力求突破。"[2]朱镕基在讲话中说:"必须明确今后时期我国技术创新的主要方向和重点。概括地说,一方面要用高新技术改造和提高传统产业,促进传统产业升级;另一方面,要不失时机地加速发展有市场需求和前景的高科技和高新技术专业,带动

---

[1]《十五大以来重要文献选编》(中),第933页。
[2]《江泽民文选》第2卷,第393、394页。

和促进新兴产业的崛起；必须把改造和提升传统产业同加速发展高新技术很好地结合起来，走有中国特色的技术跨越发展道路。"他要求："使企业成为技术创新的主体"，"国有企业在建立现代企业制度的改革中，要把建立技术创新机制作为重要内容。"[1]

九月十八日，中共中央、国务院、中央军委隆重举行表彰为研制"两弹一星"作出突出贡献的科技专家大会，授予钱学森等十六位科技专家、追授钱三强等七位科技专家以"两弹一星功勋奖章"，号召全党、全军、全国各族人民向他们学习，大力弘扬研制"两弹一星"的精神，把建设有中国特色社会主义事业全面推向二十一世纪。

这年十月一日，是中华人民共和国成立五十周年的国庆，全国各族人民热烈庆祝这个自己的节日。在它的下一个月，十一月二十日，中国第一艘载人航天工程试验飞船"神舟号"在甘肃酒泉卫星发射中心航天发射场发射升空。完成预定的空间科学实验后，飞船于二十一日在内蒙古中部地区成功着陆。这次发射的试验飞船和新型火箭，是中国独立自主研制的，以中国航天科技集团所属的空间技术研究院、上海航天技术研究院和运载火箭技术研究院为主研制。这次飞行试验，飞船上没有载人，但它的一系列技术创新是中国航天测试发射技术的一个新突破，标志着中国航天事业自主创新的发展跨上了一个新台阶。

经过全国上下的共同努力，一九九九年的国内生产总值比上年增长百分之七点六，高于年初计划的目标，其中第一、二、三产业分别增长百分之二点八、八点一、九点三。外贸进出口总额比上年

---

[1]《人民日报》1999年8月27日。

增长百分之十一点三。社会商品零售价格总水平比上年下降百分之三。城镇居民人均可支配收入，实际增长百分之九点三；农民人均纯收入，实际增长百分之四。国家财政收入首次突破一万亿元。外汇储备年底达到一千五百四十七亿美元。

一九九九年作出的另一项重大决策，是确定西部大开发战略。

中国西部包括甘肃、贵州、宁夏、青海、陕西、四川、西藏、新疆、云南、内蒙、广西、重庆十二个省、自治区、直辖市，同十多个国家接壤，是少数民族居住比较集中的地区，并且蕴藏着丰富的资源。

由于历史的因素和现实生态、交通、贸易和投资环境等影响，东部沿海地区比西部内地的发展要快得多。新中国成立后，为了开发西部地区做了许多工作。"三线建设"开始后，许多干部职工在艰苦条件下长期扎根这个地区，顽强拼搏，积极开发资源，加强基础设施建设，建成了一批有地区特色的支柱产业和骨干企业，为西部开发创造了重要条件。但总的说来，西部在全国地区经济格局中仍处在严重落后的地位，东西部地区的经济差距还在不断扩大。"一九七九至一九九九年，西部地区比东部地区的平均增长率低一点四个百分点。一九九九年，西部地区人均国内生产总值为四千二百八十元，只有东部地区的百分之四十。"[1]

邓小平早就十分重视这个问题。他在一九八八年九月谈到沿海地区和内地的关系时明确地提出"两个大局"的思想。他说："沿海地区要加快对外开放，使这个拥有两亿人口的广大地带较快地先

---

[1] 曾培炎：《国民经济和社会发展的历史性变化》，《回忆辉煌成就 展望美好未来》，第13页。

发展起来，从而带动内地更好地发展，这是一个事关大局的问题。内地要顾全这个大局。反过来，发展到一定的时候，又要求沿海拿出更多力量来帮助内地发展，这也是个大局。那时沿海也要服从这个大局。"[1]他还指出：可以设想，在本世纪末达到小康水平的时候，就要突出地提出和解决这个问题。

到了世纪之交的一九九九年，也可以说已"发展到一定的时候"了。这年六月九日，江泽民在中央扶贫开发工作会议上提出：

> 逐步缩小全国各地区之间的发展差距，实现全国经济社会的协调发展和最终达到全体人民的共同富裕，是社会主义本质特征的要求。我国地域辽阔、人口众多，不能设想采用平均主义的办法可以实现共同富裕，这是我们过去实践的经验教训已经证明了的……现在，加快中西部地区发展步伐的条件已经具备，时机已经成熟。如果我们看不到这些条件，不抓住这个时机，不把该做的事情努力做好，就会犯历史性的错误。在继续加快东部沿海地区发展的同时，必须不失时机地加快中西部地区的发展。从现在起，这要作为党和国家一项重大的战略任务，摆到更加突出的位置。[2]

同月十七日，他在西安召开西北地区国有企业改革和发展座谈会时，对这个问题作了更加系统的论述。他说：

> 实施西部大开发，是一项振兴中华的宏伟战略任务。实现

---

[1]《邓小平文选》第3卷，第277—278页。
[2]《十五大以来重要文献选编》（中），第854—855页。

了这个宏图大略，其经济、文化、政治、军事、社会的深远意义，是难以估量的。全党同志和全国上下必须提高和统一认识。没有西部地区的稳定就没有全国的稳定，没有西部地区的小康就没有全国的小康，没有西部地区的现代化就不能说实现了全国的现代化。

加快开发西部地区是一个巨大的系统工程，也是一项空前艰难的历史任务。既要有紧迫感，抓紧研究方案、步骤和政策措施，又要做好长期奋斗的思想准备。

经过我们一代又一代人持续不懈的奋斗，使从唐代安史之乱以后一千二百年来逐渐衰落的西部地区，从生态环境到经济、文化、社会发展来一个天翻地覆的根本改变，来一个旧貌换新颜。这将是中华民族发展史上一项惊天动地的伟业，也将是世界开发史上一个空前的壮举！[1]

这年十一月中旬，中共中央、国务院召开的中央经济工作会议在部署第二年经济工作任务时具体规定："不失时机地实施西部大开发战略，直接关系到扩大内需、促进经济增长，关系到民族团结、社会稳定和边防巩固，关系到东西部协调发展和最终实现共同富裕。现在研究实施西部大开发战略，条件基本具备，时机已经成熟。实施这个战略是党中央总揽全局、面向新世纪作出的重大决策。西部大开发是一项宏大的工程，必须统筹规划，突出重点，有步骤、分阶段地实施。必须紧紧依靠西部地区干部群众的积极性，自强不息，艰苦奋斗。同时，国家要逐步加大对西部地区的投入，并

---

[1]《江泽民文选》第2卷，第344、345、346页。

通过政策引导，吸引更多的国内外资金、技术和人才。西部开发要重点抓好基础设施建设，大力植树种草，有计划、有步骤地退耕还林，调整产业结构，优先发展科技教育。"[1]这些，是需要依靠社会主义的国家力量，才能在比较短的时间内实现的。

基础设施落后是制约西部地区发展的关键因素。这一年，南疆铁路全线铺通。这条铁路是国家"九五"计划中的重点工程，东起吐鲁番，西至喀什，全长一千四百五十一公里，在三年内完成建设并正式通车，是中国铁路建设史上的奇迹，也是西部大开发的重要基础设施建设之一。

第二年，也就是二〇〇〇年，西部大开发陆续展开，战略构想开始实施：国家研究制定了西部开发总体规划，出台了西部大开发的若干政策措施。当年，国家对"西部地区投资三千九百四十三亿元，增长百分之十四点四，高于全国平均速度五点一个百分点，分别比东、中部地区投资增速快六点一和零点六个百分点"。[2]其中，新开工十大工程，总投资一千多亿元。西部地区交通、能源和水利建设积极推进。西安至南京和重庆至怀化铁路、重庆轻轨、青海涩北经西宁至兰州输气管线等新开工项目进展顺利。"西气东输"和"西电东送"等重大项目前期工作加快，贵州洪家渡、引子渡和乌江渡水电站，以及云南宣威六十万千瓦电厂和一批高压输电线路开工建设。在建的大中型项目进度加快。"西部地区水土流失面积占全国的百分之八十，每年因上游水土流失进入长江、黄河的泥沙量达二十多亿吨，导致中下游淤积抬高，水患不断。全国每年新增的荒漠化面积两千四百多平方公里，主要集中在西部，西北地

---

[1]《中央经济工作会议在京召开　江泽民朱镕基作重要讲话》，《人民日报》1999年11月18日。
[2]《九五经济高增长，投资拉动立大功》，《中国信息报》2001年3月5日。

区荒漠化和西南地区石漠化的问题日趋严重。"[1]因此,加强生态建设和环境保护成为实施西部大开发的根本和切入点。这一年,退耕还林还草试点工作稳步推进,试点地区共完成退耕还林还草面积一千一百二十九万亩,宜林荒山荒地造林种草七百八十七万亩。天然林资源保护工程进展顺利。防沙、治沙、水土保持综合治理等工程稳步展开。此外,科技教育加大了对西部地区的支持力度,特色经济和优势产业取得发展,农村的生产和生活条件有了改善。

西部大开发迈出了实质性步伐,有了良好的开端。这是迎接新世纪到来的重要一着。

"三个代表"要求的提出

二〇〇〇年刚开始时的一件大事,是江泽民提出了"三个代表"的重要思想。二月二十五日,他在广东考察工作时讲话中说:

> 总结我们党七十多年的历史,可以得出一个重要结论,这就是:我们党所以赢得人民的拥护,是因为我们党在革命、建设、改革的各个历史时期,总是代表着中国先进生产力的发展要求,代表着中国先进文化的前进方向,代表着中国最广大人民的根本利益,并通过制定正确的路线方针政策,为实现国家和人民的根本利益而不懈奋斗。人类又来到一个新的世纪之交和新的千年之交。在新的历史条件下,我们党如何更好地做到这"三个代表",是一个需要全党同志特别是党的高级干部深

---

[1] 曾培炎:《国民经济和社会发展的历史性变化》,《回顾辉煌成就 展望美好未来》,第15页。

刻思考的重大课题。[1]

"三个代表"的提出，这是在新的世纪之交的关键时刻，面对着急剧变动而又错综复杂的新情况，要求当代中国共产党人特别是党的高级干部对于履行自己所肩负的领导建设社会主义现代化中国的伟大历史使命必须深刻思考和紧紧抓住的三个要点。

始终代表中国先进生产力的发展要求，就是一切必须努力符合生产力发展的规律，体现不断推动社会生产力的解放和发展的要求，尤其要体现推动先进生产力发展的要求，通过发展生产力不断提高人民群众的生活水平。科学技术是第一生产力，而且是先进生产力的集中体现和主要标志。从最根本上来说，人类社会的发展，就是先进生产力不断取代落后生产力的历史进程。社会主义现代化必须建立在发达生产力的基础之上。为实现现代化而奋斗，最根本的就是要通过改革和发展，使中国形成发达的生产力。

始终代表中国先进文化的前进方向，就是一切必须体现发展面向现代化、面向世界、面向未来的，民族的、科学的、大众的社会主义文化的要求，促进全民族思想道德素质和科学文化素质的不断提高，为中国经济发展和社会进步提供精神动力和智力支持。发展社会主义文化的根本任务，是培养一代又一代有理想、有道德、有文化、有纪律的公民。

始终代表中国最广大人民的根本利益，就是一切必须坚持把人民的根本利益作为出发点和归宿，充分发挥人民群众的积极性、主动性、创造性，在社会不断发展进步的基础上，使人民群众不断获

---

[1]《江泽民文选》第3卷，第2页。

得切实的经济、政治、文化利益。中国共产党同一切剥削阶级政党的根本区别，是立党为公，执政为民，始终坚持人民的利益高于一切。所有党员干部必须真正代表人民掌好权、用好权，而绝不允许以权谋私，绝不允许形成既得利益集团。

这"三个代表"是统一的整体，相互联系，相互促进。发展先进的生产力，是发展先进文化、实现最广大人民根本利益的基础条件。人民群众是先进生产力和先进文化的创造主体，也是实现自身利益的根本力量。不断发展先进生产力和先进文化，归根到底都是为了满足人民群众日益增长的物质文化生活需要，不断实现最广大人民的根本利益。

五月十四日，江泽民在上海主持召开江苏、浙江、上海党建工作座谈会时，在讲话中进一步指出"三个代表"的重要意义。他说：

> 始终做到"三个代表"，是我们党的立党之本、执政之基、力量之源。按照"三个代表"要求抓党的建设，同新时期党的建设新的伟大工程的总目标、总要求是一致的。推进党的思想建设、政治建设、组织建设、作风建设，都应该贯穿"三个代表"要求。[1]

为什么江泽民要在这个时候提出"三个代表"的要求？他在六月二十日召开的西北五省党建工作和西部开发座谈上讲话时这样回答：

---

[1]《江泽民文选》第3卷，第15页。

时代在发展，形势在变化，我们党要不断巩固自己的执政地位，必须紧跟世界发展进步的潮流，始终代表中国先进生产力的发展要求、先进文化的前进方向和最广大人民的根本利益，坚决解决党内存在的突出问题。提出坚持"三个代表"的要求，其出发点和着眼点就在这里。[1]

"三个代表"重要思想，是对邓小平理论的继承和发展，是中国特色社会主义理论体系的重要组成部分。

二十世纪的最后一年

二〇〇〇年，是二十世纪的最后一年。

对中国来说，这是"九五"计划的最后一年，也是中国社会主义现代化建设实施"三步走"战略中第二步的最后一年。

这一年的中国经济状况，是近几年中最好的一年。几年来一系列重大举措的累积效应，到这时清楚地显示出来。国内生产总值达到九万九千二百十五亿元，不仅突破九万亿元大关，而且已直逼十万亿元这个更高的台阶，比上年增长百分之八点四；增长率比上年也回升近一个百分点，这是一九九二年以后第一次出现经济增长率重新回升的转折。根据联合国工发组织资料，一九九五年至二〇〇〇年，中国制造业年均增长百分之九点三，比工业化国家快六点一个百分点，比发展中国家快四个百分点。还有值得注意的一点：近年来困扰中国经济的通货紧缩趋势已经出现缓解迹象。从

---

[1]《江泽民论有中国特色社会主义（专题摘编）》，中央文献出版社 2002 年 8 月版，第 579 页。

一九九七年十月起,物价绝对水平出现下降,进入二〇〇〇年,物价总水平开始呈现回升迹象,居民消费价格结束了连续二十多个月下降的格局。中国经济在各方面都走上比前几年更健全的轨道。

如果拿整个"九五"期间来看,年均经济增长率为百分之八点六,中国的经济和社会全面发展,顺利完成了社会主义现代化建设的第二步战略目标:在一九九五年提前实现国民生产总值比一九八〇年翻两番的基础上,一九九七年又比预期目标提前三年实现人均国民生产总值比一九八〇年翻两番的目标,综合国力上了一个新台阶,人民生活总体上达到小康水平,社会主义市场经济体制初步建立,实现了社会主义现代化建设第二步战略目标,为进一步实现第三步战略目标奠定了良好基础。朱镕基对此作出高度评价,说:"这是我国社会主义现代化事业取得的伟大成就,是中华民族发展史上一个新的里程碑。"[1]

二〇〇〇年所取得的成果,除前面已经说到的实行积极的财政政策和稳健的财政政策、扩大投资、加强基础设施建设、拉动内需和实施西部大开发战略这两大方面以外,还有几点值得注意的重大变化。

第一,国有企业三年脱困目标基本实现,一大批大中型亏损企业摆脱了困境,国有企业经济效益大幅度攀升,现代企业制度的基本框架基本形成。

这个成绩的取得十分不易。"进入九十年代以来,国内外经济环境风云突变,面对通货膨胀、通货紧缩、亚洲金融危机等一系列

---

[1]《十五大以来重要文献选编》(中),第1679页。

严重冲击，国有企业的体制转换和结构调整进入攻坚阶段，许多深层次的矛盾和问题集中暴露：国有经济战线过长，国有企业数量过多，行业分布过于分散；资本结构单一，自有资本金不足，负债过高，部分企业的负债率甚至超过了百分之百；企业富余职工超过二千万；更令人忧心的是，国有企业还承担了大量社会职能，医院、学校、幼儿园及其他非经营性资产约占固定资产的百分之十五，每年用于社会方面的费用约占全年管理费用一半。一些企业经营机制不活，生产经营面临困境，经济效益连续下滑，部分职工生活比较困难，社会负担日益沉重。到一九九六年和一九九七年，国有企业经济效益滑向了谷底，一九九七年国有独立核算工业企业盈亏相抵后净亏损八十亿元，在一万六千户国有及国有控股大中型工业企业中，竟有六千五百九十九户发生亏损，亏损率高达百分之三十九点一。"[1]中共十五大和十五届一中全会提出国有企业三年脱困的奋斗目标时，不少人对实现这个目标信心不足。

中共中央和国务院在这方面接连作出一系列重大决策，特别是一九九九年集中力量多渠道地加大国有企业改革和发展力度后，逐步恢复了国有企业的元气。从宏观经济环境来看，国家实行积极的财政政策，大幅度增加投资，加强基础设施建设，扩大了国内需求，有力地带动原来供过于求的钢铁、建筑材料和有关产业经济增长。连续降低银行贷款利率，出重拳打击走私和骗税，整顿市场秩序，治理向企业乱收费、乱罚款和各种摊派，把国有企业所办学校、医院等逐步实施分离，也为国有企业的改革和脱困改善了外部环境。

---

[1] 李凤双、陈芳：《写在国企改革与脱困三年目标基本实现之际》，《解放军报》2000年12月13日。

二〇〇〇年十二月十一日，时任国家经贸委主任的盛华仁在全国经贸工作会议上宣布：国有企业改革与脱困三年目标已基本实现。他说："今年前十个月，国有及国有控股工业实现利润一千八百三十九亿元，比去年同期增长一点六倍；纺织行业作为突破口，率先实现整体扭亏，起到了示范作用，重点监测的十四个行业有十二个整体扭亏和持续增盈，煤炭、军工两个行业的亏损额也大幅度减少；以东北老工业基地脱困为重点，带动了全国各地扭亏增盈，三十一个省区市有三十个整体扭亏和持续增盈；六千五百九十九户大中型亏损企业已减少四千零九十八户，占总额的六十二点一。""上述成效说明，三年脱困目标基本实现。同时，据快报统计，今年一至十月，国有小型工业企业实现利润九点九四亿元，后两个月可望继续增加，从而结束连续六年净亏损的局面。这也是今年取得的显著成绩之一。"[1]虽然这只是阶段性成果，国有企业仍有许多深层次矛盾有待解决，但在面对新世纪到来的时刻，已有的成绩对增强国有经济的竞争力和控制力，保证国民经济持续快速健康发展，都有十分重要的意义。三年基本脱困的事实有力地证明，国有企业改革不仅必须搞好，而且也是完全能够搞好的。

所有制结构在这几年发生了重要变化：一九七八年时，公有制经济在国民经济中的比重为百分之九十四点八（其中国有经济为百分之五十七点七，集体经济为百分之三十七），非公有制经济为百分之五点二；到一九九〇年，公有制经济为百分之八十六点九（国有为百分之四十八点六，集体为百分之三十八点二），非公有制经济为百分之十三点一；而到二〇〇〇年，公有制经济为百分之七十

---

[1] 王彦田：《国有企业改革与脱困三年目标基本实现》，《人民日报》2000年12月12日。

点五（国有为百分之四十点二，集体为百分之三十一点二），非公有制经济为二十八点三。私有经济户均资产规模，一九九〇年为九万七千元，二〇〇〇年增加为七十五万五千元，并且已有一批规模相当大的企业。二十多年内，非公有制经济得到较快发展，已成为国民经济的重要组成部分。

第二，经济结构调整积极推进，高技术产业快速发展，成为新的增长点。当时担任国家计委主任的曾培炎在全国人大九届四次会议上的报告中说："电子通信产品制造业总产值首次突破一万亿元，成为制造业中第一大产业。移动通信手机增加百分之一百三十，半导体集成电路增长百分之五十一点五。固定电话网和移动电话网规模均位居世界第二。以企业为主体的技术创新体系建设进一步加强，产学研合作项目十四万个。纺织行业结构调整的重点从压缩淘汰落后生产能力逐步转到提高产品质量和档次，使一批企业增强了竞争力。煤炭、冶金、石油、化工、机械、建材、制糖等行业淘汰落后生产能力、加快产品结构调整也取得积极进展。"[1]这对加快中国向现代化迈进的进程、增强国际竞争力，创造了十分重要的条件。

第三，外贸进出口摆脱了亚洲金融危机的不利影响，增长迅猛，这是对国内形势发展的重要支撑。原来预计二〇〇〇年的进出口总额达到四千亿美元就很好了，结果达到四千七百四十三亿美元，比上年增长百分之三十一点五，其中出口增长百分之二十七点八，进口增长百分之三十五点八。贸易结构进一步改善。机电产品出口一千零五十三亿美元，增长百分之三十六点九，占出口总额的百分之四十二点三。高新技术产品出口增长百分之五十，占出口总

---

[1]《人民日报》2001年3月19日。

额的百分之十四点九。国内短缺的机械设备、原材料和工业中间产品进口增长较快。

这又是一个重大转折。一九九七年下半年发生的亚洲金融危机使整个亚洲经济遭受严重打击。二〇〇〇年下半年世界经济开始衰退，中国对外贸易面对的形势十分严峻，进出口总额曾出现明显下滑。为什么在如此逆境中仍能取得这样重大的进展？首先是由于国内经济的迅猛发展，这是发展对外贸易的根本支撑；从世界范围看，美国经济随着信息技术迅猛发展和产业化的带动，在这时出现持续强劲增长，国内消费扩大，使中国的纺织品、鞋类等劳动密集型产品的对美出口大幅度上升；同时，也由于国家采取了正确的应对措施，前面所引对外贸易经济合作部部长石广生谈对外经贸工作时说的那段话，特别是说"这几年是我国外经贸发展历史上出台政策最多的时期"，便是很好的说明。

第四，全国财政收入大幅度增加。"九五"期间，前三年中每年都增收一千二百亿元，分别达到六千二百亿元、七千四百亿元、八千六百亿元；一九九九年增收一千五百六十亿元，一个重要原因是打击了走私活动。二〇〇〇年又增收一千九百三十六亿元，增长百分之十六点九，大大高于"九五"期间年均增幅。这件事十分重要。有了财力支持，就可以办很多事，加大重点支出的保障力度，改善人民生活，促进各项改革和社会事业的发展。

为什么二〇〇〇年的全国财政收入能有这样大的增加？时任财政部部长的项怀诚在全国人大九届四次会议上这样说明："收入增加较多的主要原因：一是持续实施积极财政政策，促进了经济的增长，加之一部分税收优惠政策到期恢复征税、原油价格上涨以及加快'金税工程'建设等，使增值税比上年增加六百七十亿六千四百万元,比预算增加二百三十二亿一千四百万元;二是对外贸易增加加快,进口大幅度增加,进口税比上年增加六百六十四亿一千八百万元,比预算增加六百七十七亿零三百万元;三是国有企业改革和脱困三年目标基本实现,企业效益明显改善,企业上交收入增加;四是金融保险业、房地产销售、建筑安装业以及旅游、餐馆等服务业营业额增长较快,营业税比上年增加一百九十九亿四千五百万元,比预算增加六十八亿零一百万元;五是证券市场交易活跃,交易额扩大,证券交易所印花税比上年增加二百三十二亿九千三百万元,比预算增加二百八十四亿四千万元。"他归结起来,说:"综上所述,二〇〇〇年财政增收,主要是经济增长速度加快、经济效益提高,以及整顿财经秩序、加强税收征管、依法征税的结果。充分体现了中央实施积极财政政策等宏观调控措施所取得的显著成效。"[1]

第五,消费需求稳步回升,人民生活继续改善。社会消费品零售总额达三万四千一百五十三亿元,实际增长百分之十一点四。住房、旅游等新的消费热点逐步形成。个人购买商品住宅的支出增长百分之五十点六,占全部商品住宅销售额的百分之八十四点八。春节、"五一"和"十一"各连续放假七天,成为假日消费"黄金周"。全年国内共有七亿四千万人次出游,旅游收入三千一百七十六亿元,增长百分之十二点一。城镇居民人均可支配收入和农民人均纯收入分别达到六千二百八十元和两千二百五十三元,扣除价格因素影响,实际增长百分之六点四和百分之二点一。城镇和农民人均居住面积分别达到十和二十五平方米。扶贫开发力度加大,尚未解

---

[1]《人民日报》2001年3月19日。

决温饱问题的农村贫困人口继续减少,"八七"扶贫攻坚目标基本实现。

这里需要讲到,农民的收入比较单一,以农业和粮食收入为主体,实物收入占很大比重。随着市场经济发展、农村产业结构调整和经济体制改革深化,农民收入来源的市场化、多元化和非农化趋势明显。一九九七年以后,由于农民外出务工收入增加等原因,到二〇〇〇年,农业在农民收入中的比重第一次下降到百分之五十以下。[1] "三农"的问题,越来越引起人们的重视。

可以看出,经过连续几年的不懈努力,二〇〇〇年的国民经济状况已经发展到一个"拐点",也就是一个转折点,为实现"十五"计划、开始迈向第三步战略目标奠定了良好的基础。一个喜讯接着一个喜讯传来。中国人民正满怀信心地为迎接新世纪到来做好扎实的准备。

如果把视野放得更宽一些,拿进入改革开放新时期的一九七八年同世纪之交的二〇〇〇年相比较,中国面貌发生的历史性变化就看得更清楚了。

在这二十多年里,国民经济上了一个大台阶,综合国力和国际影响大大增强。一九七八年,国内生产总值三千六百二十四亿元,位居世界主要国家中的第十位;人均国内生产总值三百八十一元,处于世界最不发达的低收入行列。二〇〇〇年,国内生产总值九万九千二百十五亿元;人均国内生产总值达到七千八百五十八元;主要工农业产品产量位居世界前列,商品短缺状况基本结束。

国家财政实力不断增强。一九七八年国家财政收入只有

---

[1] 李剑阁等:《改革开放以来我国农村经济发展的若干重大变化》,2007年3月19日。

一千一百三十二亿元,到一九八五年翻了一番,一九九三年再翻一番,一九九九年跨上一万亿元台阶,二〇〇〇年达到一万三千三百九十五亿元。财力的增加对促进经济发展、加强经济和社会中的薄弱环节、切实改善民生、有效应对各种风险和自然灾害的冲击,提供了有力的资金保证。外汇储备从一九七八年的一亿六千七百万美元增加到二〇〇〇年的一千六百五十六亿美元。

经济结构不断优化升级。工业结构由技术含量低、劳动密集程度高、门类单一的结构,向劳动密集、技术密集、门类齐全的发展格局转变。淘汰落后和压缩过剩工业生产能力取得成效,重点企业技术改造不断推进,信息产业等高新技术产业迅速成长,交通、通信、电力等基础设施得到大幅度改善。粮食等主要农业产品生产能力明显提高,多种经营全面发展,实现了农产品供给由长期短缺到常年基本平衡、半年有余的历史性转变。第三产业比重大大增加,城镇化步伐明显加快。

适应经济全球化要求,对外交往越来越密切。进出口总额在一九七八年为二百零七亿美元,二〇〇〇年增加到四千七百四十三亿美元。利用外资、引进国外先进技术和管理经验取得明显成效。

经济体制改革全面推进。社会主义市场经济体制初步建立,国家宏观调控和驾驭复杂局势的能力大大增强。国有大中型企业建立现代企业制度的改革取得重要进展。由单一的公有制经济向以公有制为主体、多种所有制经济共同发展的转变基本实现。

人民生活水平显著提高,实现了从温饱不足到总体小康的历史性跨越。农村居民人均纯收入和城镇居民人均可支配收入,在一九七八年分别为一百三十三点六元和三百四十三点四元,到二〇〇〇年分别增加到两千二百五十三元和六千二百八十元。市场商品丰富，居民消费水平不断提高，消费结构不断优化。

科技、教育取得重大发展，社会事业全面进步。国防建设向现代化迈出了一大步。

二〇〇〇年十月九日至十一日，中共中央召开了十五届五中全会。这次全会是为迎接新世纪到来而召开的。会后发表的《公报》宣布：

> 全会深入分析了世纪之交我国改革开放和现代化建设面临的国际和国内形势，认为从新世纪开始，我国将进入全面建设小康社会、加快推进现代化的新的发展阶段。[1]

这是第一次正式提出中国在二十一世纪初将进入"全面建设小康社会"的新阶段。第十个五年计划，是进入这个新阶段的第一步。全会的主要议题，是审议并通过《中共中央关于制定国民经济和社会发展第十个五年计划的建议》。它提出的主要目标是："国民经济保持较快发展速度，经济结构战略性调整取得明显成效，经济增长质量和效益显著提高，为到二〇一〇年国内生产总值翻一番奠定坚实的基础。"[2]在《建议》中，通篇只有这一个数字，还是原来"九五"计划中已经规定了的。整个《建议》是战略性、宏观性和指导性的。《建议》要求："制定'十五'计划，要把发展作为主题，把结构调整作为主线，把改革开放和科技进步作为动力，把提高人民生活水平作为根本出发点。"[3]这就为"十五"期间的国民经

---

[1]《中国共产党第十五届中央委员会第五次会议公报》，《人民日报》2000年10月12日。
[2]《市场与调控——李鹏经济日记》（下），第1599页。
[3]《十五大以来重要文献选编》（中），第1372页。

济和社会发展勾勒出一个清晰的思路。

这次全会，把二十一世纪中国的发展放在世界范围内空前激烈的国际竞争的大背景下来考察，指出在这场竞争中如同逆水行舟，不进则退，必须抓住机遇，开拓进取，奋力在这场大竞争中取得主动，发展壮大自己。

二〇〇〇年十二月三十一日，是二十世纪的最后一天。江泽民作为中华人民共和国主席，向全国人民和全世界致《共同创造美好的新世纪》的新年贺词。他说：

> 二〇〇一年新年钟声即将敲响。人类社会前进的航船就要驶入二十一世纪的新航程。中国人民进入了向现代化建设第三步战略目标迈进的新征程。
>
> 中国人民进入新世纪的主要任务，就是继续推进现代化建设，完成祖国统一，维护世界和平与促进共同发展。中国人民将坚持以邓小平理论为指导，坚定不移地推进改革和经济建设，坚定不移地贯彻"和平统一、一国两制"方针，坚定不移地奉行独立自主的和平外交政策，为不断推进建设有中国特色社会主义事业，最终实现祖国的完全统一，实现中华民族的伟大复兴而不懈奋斗，争取对人类作出新的更大的贡献。[1]

新年的钟声响起了。中国人民就是在这种情况下肩负着不断推进建设中国特色社会主义事业的历史使命，同全世界人民一起，告别二十世纪，大步跨入新的二十一世纪。

---

[1] 江泽民：《共同创造美好的新世纪——二〇〇一年新年贺词》，《人民日报》2001年1月1日。

第二十九章　历史的启示

人们常说：实践是检验真理的唯一标准。历史，可以说是集体的记忆，是人类实践记录的总汇。一部二十世纪中国的历史，也可以说是中国人在这一百年内实践记录的总汇。它有过悲惨的遭遇，也享受到胜利的欢乐；在取得胜利的过程中，有巨大的成功，也经历过严重的挫折。一切言论和主张，都在如此丰富的实践中经受检验。它比任何滔滔雄辩更能说明什么是正确的，什么是谬误，给后人留下无穷启示。

剧烈的不停顿的社会变动和巨大的社会进步，是二十世纪中国历史的显著特点。把二十世纪刚刚来临时的中国同它结束时的中国比较一下，变化之大真可说是"换了人间"。

当二十世纪揭开帷幕的时候，中国是那样贫穷、衰败，任人摆布，仿佛已经奄奄一息，濒临灭亡的边缘。有些傲慢的西方人把中华民族看成"劣等民族"。"救亡"成为千千万万有爱国心的中国人苦苦追求的第一目标。如果连国家都灭亡了，其他事情说得再好听，也没有什么用处。"灵台无计逃神矢，风雨如磐暗故园。寄意寒星荃不察，我以我血荐轩辕。"年轻的鲁迅在二十世纪初年饱含着深沉的悲愤写下的这首七言绝句，呼喊出当时无数爱国者的共同心声。

到二十世纪结束时，中国人不仅早已站立起来，并且正在建设中国特色社会主义的道路上大步前进，迅速改变着中国的面貌，已经过上小康的生活，正在满怀信心地大踏步走向实现社会主义现代化和中华民族伟大复兴的未来。中国以这样高的速度前进使全世界感到惊讶，渴望了解它究竟是怎么一回事。中国重新认识了世界，世界也开始重新认识中国。这也许是二十世纪初年的爱国者们很难想象得到的。

占世界人口将近四分之一的中国，在不长的一百年时间里，竟发生这样翻天覆地的变化，确实称得起人类历史上罕见的奇迹。它是怎么发生的，是怎样一步一步走过来的？这个问题，不仅中国人一直在深入探讨，而且正引起世界上越来越多人的浓厚兴趣。

回顾二十世纪中华民族一步一步走过来的路程。有几个问题特别引人瞩目。

第一，实现中华民族的伟大复兴。

实现中华民族的伟大复兴，在整个二十世纪一直是中国无数志士仁人顽强追求的目标，一直是时代潮流中的突出主题。中国的革命也好，建设也好，改革也好，归根到底都是为了实现这个目标。这可以说是贯穿二十世纪中国历史的基本线索。

怎样看待这种现象：为什么它在如此漫长岁月中一直紧紧牵动着亿万中华儿女的心？

中国是一个文明古国，中华民族曾经创造出居于世界前列的灿烂的古代文明，站在世界文明的前列，并且在几千年内绵延不绝，从来没有中断过。这是举世公认的事实。距今两千多年和一千多年的"汉唐盛世"不去多说它了。就以离近代不远的十八世纪也就是清朝的康雍乾时期来说，中国在不少方面依然居于世界的前列。历史学家戴逸在《十八世纪的中国与世界》的报告中指出：当时全世界有九亿人口，中国有三亿人，占世界人口的三分之一；相应地在粮食产量上，中国大约也占世界的三分之一，居世界首位；一八〇〇年中国的工业产值（主要是手工业生产）占世界的百分之三十三点三，而整个欧洲只占百分之二十八点一；十八世纪全世界超过五十万人口的大城市共有十个，中国占了六个：北京、南京、扬州、苏州、杭州、广州。法国启蒙思想家伏尔泰在十八世纪中叶写道："由于它是世界上最古老的民族，它在伦理道德和治国理政方面，堪称首屈一指。"[1]但是，十八世纪和十九世纪之交的法国大革命和英国工业革命以后，西方在经济上和政治上发生重大变化，中国很快就落后了。随着时间的推移，越来越同西欧和美国拉大了差距。

一八四〇年鸦片战争后，在西方国家炮舰的威胁下，中国被迫签订《南京条约》，开始丧失独立地位，成为一个半殖民地半封建国家。随之而来的第二次鸦片战争、中法战争和一系列不平等条约的签订，使中华民族越来越沦入被西方列强恣意掠夺和压榨的悲惨境遇。到十九世纪和二十世纪相交的时候，这种不断沦落的步伐大大加快了。中日甲午战争的失败给了中国人太大的刺激。翻开二十世纪历史的第一页，呈现在中国人面前的是一幅更加令人痛心的情景：西方国家的八国联军占领了中国的首都北京，耀武扬威地统治北京达一年之久。

中国真的要灭亡了吗？昔日的辉煌同任人宰割的现实之间那样强烈的反差，使每个有血性的中国人对这种屈辱的生活格外感到难堪而无法忍受。"振兴中华"这个响亮的口号，便是孙中山先生在

---

[1]［法］伏尔泰：《路易十四时代》，商务印书馆1982年6月版，第594页。

中日甲午战争发生那年喊出来的。它成为一代又一代中国人顽强追求的目标，成为时代潮流中的突出主题。

但是，前进的道路并不平坦。这以后，日本军国主义者出于独霸东亚的野心，对中国进行规模空前而极端野蛮的侵略掠夺。他们向袁世凯政府提出了企图独占中国的"二十一条"。从九一八事变到七七事变后，日本侵略军铁蹄所到的地方，当地各族人民更沦为连生命财产都没有起码保障的"亡国奴"。在近代中国面对的种种矛盾中，帝国主义和中华民族的矛盾是最主要的矛盾。大家清楚地看到：离开祖国的独立和民族的解放，个人的前途和命运是根本谈不上的。这就毫不奇怪，当人们唱起"中华民族到了最危险的时候"时，不管是汉族还是其他所有兄弟民族，都同样难以抑制地热血沸腾。面对空前深重的民族灾难，无论是八路军、新四军和抗日民主根据地军民们，还是国民党军队中许多爱国将领和士兵，为着民族生存而浴血奋战，直至献出自己的生命，他们都是永远值得后人怀念的。外来的横暴侵略，把中华民族更紧密地凝聚成一个利益与共、命运与共的整体。这是中华民族解放史上光辉的一页。

经过一百多年不屈不挠、可歌可泣的顽强奋斗，中国人终于从帝国主义侵略和本国反动政府的压迫下摆脱出来，建立起中华人民共和国。这是一个新的起点。新中国成立前夜，毛泽东响亮地宣布："我们的民族将从此列入爱好和平自由的世界各民族的大家庭，以勇敢而勤劳的姿态工作着，创造着自己的文明和幸福，同时也促进世界的和平和自由。我们的民族将再也不是一个被人侮辱的民族了，我们已经站起来了。"[1]

---

[1]《毛泽东文集》第5卷，第344页。

新中国的成立跨出了实现中华民族伟大复兴的第一步，但毕竟只是第一步。中国人经过千辛万苦，赢得了政治上的独立，但在经济上依然十分落后。广大人民群众还没有过上富裕的好日子。朝鲜战争的爆发，又使中国人深深感到：世界并不太平，新生的人民共和国周围仍充满着危险，如果没有强大的经济力量，也就没有可靠的国防可言。总之，没有经济上的独立，政治上的独立是不巩固的、缺乏保障的。在恢复了遭受战乱严重破坏的国民经济后，全体中国人民又立刻在祖国大地上展开热气腾腾的大规模经济建设。这样大规模的经济建设在中国是史无前例的，虽然中间经过曲折，依然从根本上改变了中国的面貌。一九六四年十二月，周恩来总理在第三届全国人民代表大会第一次会议上作政府工作报告时，在中国人面前响亮地提出要努力实现四个"现代化"的宏伟目标。他说：

> 中国人民不是懒汉懦夫，过去没有，今后也决不会依赖别人过活。我们完全能够依靠自己的力量，建立一个独立的完整的现代化的国民经济体系。同时，我们仍要在力所能及的范围内，认真地加强对外援助，努力做出更大的国际主义贡献。[1]

经过"文化大革命"的十年动乱，中共十一届三中全会后，以邓小平为核心的中共中央，果断地实现了工作重点的根本转移，下决心排除一切干扰，一心一意搞经济建设，努力实现四个现代化。邓小平客观地分析了中国同发达国家经济上的差距，提出从八十年

---

[1]《周恩来选集》下卷，第440—441页。

代到下世纪中叶分三步实现现代化的战略目标：到八十年代末实现国内生产总值翻一番，基本解决温饱；到二十世纪末再翻一番，进入小康社会；到下世纪中叶再翻两番建成中等水平的发达国家。"有了这样一个目标，就有了凝聚全党和全国各族人民共同为之奋斗的基点和前进方向。""从邓小平同志十几年来的一系列重要讲话和谈话中可以看到，目标问题是他谈论最多的内容之一，几乎每次都要提到。""他的许多重要思想，都是围绕着战略目标问题展开和阐发的。"[1]坚持社会主义道路也好，坚持改革开放也好，奉行独立自主的和平外交政策也好，一个重要原因是：只有这样做，才能保证既定战略目标的实现，才能实现中华民族的伟大复兴。

在中国特色社会主义道路上实现中华民族的伟大复兴，这是历史和时代赋予中国人民的庄严使命。

实现中华民族的伟大复兴，既是中国几代人一百多年来的强烈愿望，也是中国对人类应尽的责任。中华民族是一个爱好和平的民族。它有自己的民族自尊心和自豪感，极其珍惜自己经过长期奋斗而得来的独立自主的权利。邓小平在中共十二大的开幕词中说："任何外国不要指望中国做他们的附庸，不要指望中国会吞下损害我国利益的苦果。"[2]与此同时，他又指出：中国人民"珍惜同其他国家和人民的友谊和合作"，"在平等互利的基础上积极扩大对外交流"。中国人历来坚决反对一切以大压小、以强凌弱的霸权主义和强权政治，力求为世界和平与人类进步事业作出自己应有的贡献。毛泽东在一九五六年十一月发表的《纪念孙中山先生》中写道：

---

[1]《冷溶自选集》，学习出版社2005年1月版，第3、7页。
[2]《邓小平文选》第3卷，第3页。

> 事物总是发展的。一九一一年的革命，即辛亥革命，到今年，不过四十五年，中国的面目完全变了。再过四十五年，就是两千零一年，也就是进到二十一世纪的时候，中国的面目更要大变。中国将变为一个强大的社会主义工业国。中国应当这样。因为中国是一个具有九百六十万平方公里土地和六万万人口的国家，中国应当对人类有较大的贡献。而这种贡献，在过去一个长时期内，则是太少了。这使我们感到惭愧。
>
> 但是要谦虚。不但现在应当这样，四十五年之后也应当这样，永远应当这样。中国人在国际交往方面，应当坚决、彻底、干净、全部地消灭大国主义。[1]

实现中华民族伟大复兴的真正含义，就是"中国应当对人类有较大的贡献"。它同国际交往中的"大国主义"是完全对立的。和平发展，珍惜同世界上一切国家和人民的友谊和合作，力争对人类作出更大的贡献，这是追求实现中华民族伟大复兴的中国人民的基本原则和美好愿望。

第二，关于革命和现代化的关系。

实现中国的现代化，是几代中国人的共同梦想。可是，在二十世纪的前一半时间里，中国人主要在从事革命斗争，集中力量先解决民族独立和人民解放的问题。这是不是如有些人认为的那样，是走入误区或走了弯路？无数先烈为革命作出的牺牲是不是多余的？当然不是。

中共十五大报告中明确地指出：

---

[1]《毛泽东文集》第7卷，第156—157页。

> 鸦片战争后，中国成为半殖民地半封建国家。中华民族面对着两大历史任务：一个是求得民族独立和人民解放；一个是实现国家繁荣富强和人民共同富裕。前一任务是为后一任务扫清障碍，创造必要的前提。[1]

这段话把实现两大历史任务的关系说得很明白：前者是后者的"前提"，也就是说，只有先实现了前一个目标，扫清了障碍，才有可能真正实现后一个目标；把它称为"必要的前提"，也就是说这个前提是绕不开的，是无法回避的，必须先这样做而无法用其他做法来实现自己的目标。

看一看近代中国的实际情况，事情就很清楚：当国家的命运还不掌握在中国人自己手里的时候，当统治中国的反动势力拒绝一切根本社会变革的情况下，进行大规模现代化建设，只能是一句空话。如果事情真能用和平的办法来解决，如果这条路还有一点点希望能够走得通，怎么会有那么多人奋起革命，不惜抛头颅、洒热血、作出巨大的自我牺牲呢？中国人只是在国家民族的生死存亡已悬于一发的极端危急的时刻，在万不得已的情况下，才会万众一心地起来拼命。千百万人奋不顾身地投身革命，绝不是任何人想这样做便能这样做，而是由深刻的社会原因造成的。

孙中山对人说过：建设是革命的唯一目的，如不存心建设，即不必破坏，更不必言革命。孙中山是个热爱和平的人。在下决心投身革命实际行动的前夜，他还想尝试一下推动清政府实行自上而下的改革，上书当时掌握大权的李鸿章，看看这条路是不是有可能走

---

[1]《江泽民文选》第2卷，第2页。

得通。最后，希望化为泡影，他便义无反顾地去组织兴中会，发动反清革命。当清政府被推翻以后，他又几次想全力投入实业建设，特别是铁路建设。当他正在日本考察铁路的时候，袁世凯派人暗杀了国民党代理理事长宋教仁，几乎扑灭了国内的革命力量，以后又恢复帝制，做了八十三天的洪宪皇帝。无情的事实一再把他的美好愿望击得粉碎。孙中山深深感到，在外国列强和国内反动势力统治中国的情况下，想搞和平建设这条路根本无法走通。五四运动后不久，孙中山在上海作了题为《改造中国第一步》的演讲。他说："第一步的方法是什么？在兄弟的意思，只有革命。""像工程师建设伟大房屋一般，须用新的方法去建筑。新方法的建筑，便是上层越高，打地基须越深，所挖出的陈土须远远搬开。""八年以来的中华民国，政治不良到这个地位，实因单破坏地面，没有掘起地底陈土的缘故。"[1]这是他从亲身经历的无数次痛苦失败中得出的结论。

毛泽东在五四那一年，在《湘江评论》上大声疾呼社会变革，但方法仍是温和的。后来才得出结论："我看俄国式的革命，是无可如何的山穷水尽诸路皆走不通了的一个变计，并不是有更好的方法弃而不采，单要采这个恐怖的方法。"[2]为什么中国共产党后来拿起武器展开武装斗争？也是在蒋介石发动反共政变后面对国民党当局的血腥屠杀政策、不能坐以待毙的情况下被迫进行的反抗。

尽管革命变革要付出巨大的代价，但它在一个短时间内对阻碍社会发展的旧事物所起的扫荡作用，是平时多少年也无法同它比拟的，并且要彻底得多，从而为以后社会经济的迅速发展开辟了广阔的道路。中华人民共和国成立后半个多世纪的历史进程作出了最有

---

[1]《孙中山全集》第5卷，第125、126页。
[2]《毛泽东书信选集》，中央文献出版社2003年11月版，第4页。

力的说明。

从世界范围来看，十八世纪末的美国独立战争和法国大革命，都曾出现这样的局面：千百万群众行动起来，以对旧有社会秩序毫不妥协的姿态采取激烈的革命行动，猛烈地摧毁这些旧的社会结构和政治体制，建立起新的社会结构和政治体制，在人们中树立起新的思想观念和生活方式，虽然中间也流了不少血，付出过相当代价，却为这些国家以后的现代化进程（包括工业化和民主政治的建设）扫清了道路。它们对推动人类社会历史前进所起的巨大作用，是举世公认的。反过来，缺少这种对旧社会秩序不妥协的革命性扫荡的德国、意大利和日本，顽强地残留下来的旧事物在它们日后现代化进程中常常或隐或现地起着消极的作用。它们后来都一度走上军国主义和法西斯主义的道路，很难说同这种情况毫无关系。

在二十世纪的中国历史中，革命和现代化并不是对立而不相容的：革命的目标是实现现代化；而现代化需要革命来为它扫清障碍，创造必要的前提。当然，即使处在大革命的形势下，只要是在实现现代化和社会进步这个目标下，许多"政治改良""实业救国""教育救国"等主张，尽管不能从根本上解决改造中国的问题，不能在时代潮流中处于主导地位，仍然在某些方面起过有益的作用。在这些方面做过一些切实工作的人，如严复、梁启超、张謇、蔡元培、范旭东、卢作孚、荣宗敬兄弟等，仍然是值得我们纪念的。

急风暴雨式的革命通常是人民被反动统治者"逼上梁山"而作出的万不得已的选择。这是一种正确的选择，舍此没有其他办法可以从根本上改变人们已无法忍受的旧秩序和旧生活。当然，任何革命的发生都有它的历史条件，并且表现出阶段性，不能无休无止地那样革下去。只有当旧的社会制度已经衰竭到没有力量调节自身内部的矛盾、没有发展余地的时候，只有当新的社会制度已经孕育到呼之欲出时，一句话，只有当社会大变革的内在条件已经成熟的时候，革命才能成为新的社会制度诞生的助生婆。没有这种客观条件，任何人都无法随心所欲地单凭自己的意旨，使用这种方法来实现他们主观设想的目标。当一定历史条件下孕育的革命发生并取得胜利以后，必然会给予人们巨大的鼓舞，但也容易造成一种错觉，仿佛革命的办法可以用来解决一切问题，仿佛一切都能以革命时期（特别是它将取得胜利的时期）同样的速度在短期内得到实现。当客观历史已经从革命阶段转入建设阶段时，人们的心态和思维方式常常在许多方面仍停留在革命阶段，习惯于用革命阶段用熟了的办法去处理建设阶段面对的新问题。这实际上还是一种盲目的不够自觉的状态。这种现象在中国革命胜利后出现过，在世界上其他国家的历史上也出现过，是很值得人们深思和总结的。

事实上，当一种新的社会制度形成后，通常都需要经历相当漫长的比较稳定的发展时期。在这个时期内，这种前进大体上是通过科学技术和社会生产的发展、经济体制和政治体制的逐步完善、社会意识和生活习尚的不断进步来实现的。

推倒一座旧的建筑物常常能在较短时间内完成，可是在这块废墟上建设一座新的大厦却必须持久地循序渐进。新社会制度内部仍会存在种种缺陷，在新的历史条件下还会滋生一些新的不良现象，还会遇到许多新的问题，这使新的社会制度的自我完善和发展的改革成为必不可少的。这种改革只能随着客观条件的逐步成熟而有步骤地进行，需要正确处理改革、发展和稳定的关系。改革是动力，发展是目标，稳定是前提。如果在改革中急于求成，操之过急，企图一步到位，往往事与愿违，难免造成混乱，出现大起大落，导致

"欲速则不达"。这也是值得我们记取的历史经验。

第三，在不断探索中前进。

在不断探索中前进，是中华民族在二十世纪艰苦跋涉中的重要特点，也是正确理解这段历史中许多重大问题的关键。中国人民在民族民主革命中经历过不断的探索，在社会主义建设以至改革开放中同样经历过不断的探索。离开"探索"这个重要特点，许多事情便很难正确理解。

为什么这种探索是不可避免的？中国是一个和任何西方国家不同的东方农业大国，人口众多，经济文化落后，各地发展极不平衡。在这样一个国家里，无论革命还是建设和改革，遇到的都是一个又一个新问题。这些新问题，在书本上和别国经验中找不到现成的答案。唯一的办法，只能靠中国人自己，按照中国的实际情况，大胆探索，从成功和失败的实践中总结经验教训，逐步摸出一条自己的路子来。除此以外，没有别的轻便的路可走。

既然是探索，自然不可能把什么都预先弄得清清楚楚，都已有了百分之百的把握。周围的局势又往往那样危急而紧迫，不容许你从从容容地做好一切准备后再起步。许多事只能看准一个大的方向，便勇敢地往前闯，在闯的中间作种种尝试。其中难免会有风险，会有曲折。有时，人们的认识不符合客观实际，再加上不那么谦虚谨慎，还会付出很大的代价，碰得头破血流。人们只能在实践中不断总结成功的经验和失败的教训，发现问题就去解决，认识错误就去纠正，才能逐渐学会应该怎么做。路就是这样闯出来的。这正像一个人如果不敢下水，害怕呛几口水，害怕遇到危险，就永远学不会游泳一样。何况他面对的常不是清澈见底的浅池，而是波涛奔腾、深不可测的急流。即便在途中经历一些曲折，但只要不被河水吞没,而能在不太长的时间内游抵彼岸,就是极大的成功。毛泽东说的"从战争中学习战争,在游泳中学会游泳",邓小平说的"摸着石头过河",都是这个意思。

中国共产党在民主革命时期曾经遭受过两次大的失败:一次是一九二七年大革命的失败,一次是一九三四年第五次反"围剿"的失败。这两次失败的原因都包含自己的失误在内,都使革命濒临绝境,不少人以为它已注定要失败了,最后却又打开新的局面,最后取得了胜利。在社会主义建设时期,也犯过两次严重错误,一次是因为急于求成、超越现阶段生产力发展水平、违背客观经济发展规律而发动的"大跃进",另一次是在"以阶级斗争为纲"的错误指导下造成的"文化大革命"十年动乱,这两次错误,教训都十分惨痛。但是,中华民族是一个具有坚强意志和智慧的、充满强大生命力的民族。中国共产党是一个有着科学理论指导和优良传统、同人民建立起血肉联系的政党。这个党的本质是好的。无论怎样艰难困苦的环境,无论多少巨大的外来压力,无论自己一时犯过多么严重的错误,遭受多么巨大的挫折,都没有把它压垮。它不但总能在失败和挫折中挺过来,并且总能靠自己的力量而不是由别人来纠正这些错误,经过用几年时间严肃地总结经验教训,使自己变得更加成熟,更加聪明,使自己没有白白付出那些代价,而从实践中逐步摸索出一条正确的路子来。这是一部二十世纪中国历史所反复证明了的。

中国有句老话说:"事非经过不知难。"做"事后诸葛亮"说这说那是容易的,而很多在事后看来十分明白的事情,当事者有时会感到迷惘。这就像一艘行驶在没有航标的水域中的船那样,面对着一望无际的波涛,事先不知道水面下哪里潜藏着暗礁和旋涡,稍一不慎就有可能遭受灭顶之灾。周围的环境又瞬息万变，充满着不可捉摸的未知数，包括许多不确定的变数，或者处于两难的困惑中，局势却往往迫使你必须立刻作出决断。处在这种情况下，肩负着巨大责任的决策者的难处可想而知。如果说有人总能在一开始就对周围的情况了解得一清二楚，什么都轻而易举地作出最佳的决策，事情都不折不扣地按照他所预料的样子去发展，那他就不是人而是神了。

这样讲，自然不是用来原谅过去所犯过的那些错误，更不是不需要去正视并记取其中的教训，只是说对事情需要放在当时的具体历史条件下设身处地地去进行分析，考虑到种种复杂的因素，真正从中找到对今后有益的教训。以往的教训告诉我们的很重要的一点是：不管什么原因，即使出于好心，出于善良的愿望，只要主观不符合客观，只要违背了客观规律，同样都要受到惩罚，甚至是严重的惩罚。人们总是通过正反两方面的实际经验，才能一步一步地对客观事物达到比较深刻的认识。这也是"实践是检验真理的唯一标准"的意思。"吃一堑"应该"长一智"。过去的历史教训，特别是发生在我们自己身上的教训，是一笔来自反面的重要精神财富，无论如何不应该被忘却，需要用十分严肃的态度来对待它。那种以轻率的态度自以为是地议论天下事，或者作些简单的情绪发泄，对继续前进是没有什么用处的。

因此，研究历史一定要重视对过程的分析。历史的前进，不可能始终一帆风顺，一定会经历复杂以至曲折的过程，受到种种因素的制约，人们对客观事物的认识也需要有一个过程。大的方向明确了，具体的路子怎么走，仍需要从实际出发，要在实践的探索中来解决，否则只会流于空谈。历史对人们的启迪，常常就在这些地方。

在推进社会主义现代化建设的行程中,今后还会遇到许多原来不熟悉或不了解的难题,还需要继续在实践中探索前进。人们喜欢讲"摸着石头过河",这句话很形象地概括出探索前进的精神。探索是没有尽头的。由于已经有了在总结过去经验教训基础上形成的正确理论作指导,今后的探索可以进行得更顺利些,而在实践中又会使正确的理论不断得到丰富和发展。

第四,建设有中国特色的社会主义。

中华民族在二十世纪探求复兴之路的全过程中,始终贯穿着一个必须回答的问题:是走社会主义道路,还是资本主义道路?中国人对此作出肯定的回答:必须走社会主义的道路,走中国特色社会主义的道路,不能走别的路。

什么是社会主义?为什么中华民族的伟大复兴必须走社会主义道路方能实现?邓小平言简意赅地说过:"社会主义的目的就是要全国人民共同富裕,不是两极分化。"社会发展中形成的物质财富和文化财富最终如何分配,是少数人享有还是全体人民共同享受,这是区分消灭了阶级剥削、阶级压迫的社会主义社会同包括资本主义社会在内的以往所有剥削阶级占统治地位的社会的根本标志。邓小平说:"社会主义不是少数人富起来、大多数人穷,不是那个样子。社会主义最大的优越性就是共同富裕,这是体现社会主义本质的一个东西。"[1]这就把什么是社会主义、社会主义同资本主义的本质区别是什么,从根本上说清楚了。

从世界范围来看,社会主义理想在相当程度上是人们对资本主

---

[1]《邓小平文选》第3卷,第110、111、364页。

义社会中贫富悬殊、以强凌弱等现象强烈不满的产物。它的产生并非凭空而来，有着深刻的社会背景和客观的必然性。这种追求在马克思主义诞生前早已有了。马克思主义的贡献在于使社会主义学说从空想变成科学。

中国人在一百多年中尝够了贫穷、社会不平等和外来压迫等苦涩滋味，强烈地期待看到一个没有人压迫人、人剥削人的社会。以共同富裕为目标的社会主义理想，自然很容易对有过这种痛苦经历的中国人产生巨大的吸引力。早在历史刚跨入二十世纪、中国共产党还没有诞生的时候，满怀忧国忧民之心的中国先进分子已经毫不掩饰地表达他们对社会主义远景的憧憬，不希望在付出重大代价的革命取得胜利后建立起来的仍是一个人压迫人的社会。孙中山在一九〇三年底给朋友的信中写道：

> 所询社会主义，乃弟所极思不能须臾忘者。
> 欧美今日之不平均，他时必有大冲突，以趋剂于平均，可断言也。然则今日吾国言改革，何故不为贫富不均计，而留此一重罪业，以待他日更衍惨境乎？[1]

他有时甚至把他们所提出的"民生主义"说成就是社会主义。虽然民生主义学说其实和科学的社会主义并不相同，但孙中山主观上对社会主义的同情和向往是显而易见的。

中国共产党一成立，就把社会主义规定为自己长远的奋斗目标。随着对中国具体国情了解的加深，中国共产党逐渐认识到：理

---

[1]《孙中山全集》第1卷，第228页。

想社会不可能一步实现，既然中国当时还是一个半殖民地半封建社会，现阶段中国革命的主要对象只能是帝国主义和封建势力，不能超过实际国情而把建立社会主义社会作为现实目标。但它仍要求在从事民族民主革命时在心目中要悬着社会主义和共产主义这个长远目标。毛泽东这样说："民主主义革命是社会主义革命的必要准备，社会主义革命是民主主义革命的必然趋势。"[1]他清楚地指明：不能把长远目标和现实诉求混同起来，但中国共产党人从来没有忘记社会主义和共产主义这个最高目标，因为这是符合最大多数人民的根本利益的。毛泽东在《论联合政府》中写道：

> 我们共产党人从来不隐瞒自己的政治主张。我们的将来纲领或最高纲领，是要将中国推进到社会主义社会和共产主义社会去的，这是确定的和毫无疑义的。我们的党的名称和我们的马克思主义的宇宙观，明确地指明了这个将来的、无限光明的、无限美妙的最高理想。每个共产党员入党的时候，心目中就悬着为现在的新民主主义革命而奋斗和为将来的社会主义和共产主义而奋斗这样两个明确的目标。[2]

新中国成立后，特别是随着一九五六年社会主义基本制度在中国的建立，中国人民开始了建设社会主义的历程。但社会主义对中国人来说，毕竟是一个全新的事物，实践的经验很少。人们虽然强烈地向往社会主义，但具体地说，什么是社会主义，怎样建设社会主义，这些问题在很长时间内并没有真正搞清楚；对中国现在还处

---

[1]《毛泽东选集》第2卷，第651页。
[2]《毛泽东选集》第3卷，第1059页。

在不发达的社会主义阶段,对建设社会主义的长期性和艰巨性,也缺乏清醒的认识。所以,在摸索前进中犯过许多错误,主要是超越生产力发展水平而急于求成和在已进入社会主义社会后的新的历史条件下仍实行"以阶级斗争为纲"的"左"的错误。

邓小平在领导社会主义改革开放和现代化建设这一新的历史进程中,不断地思考着什么是社会主义、怎样建设社会主义这个根本问题。他一再强调:只有社会主义才能救中国,只有中国特色社会主义才能发展中国。他提出并始终坚持的四项基本原则,第一条就是坚持社会主义道路。与此同时,他又总结多年来离开发展社会生产力而抽象地谈论社会主义,把许多束缚生产力发展的、并不具有社会主义本质属性的东西当作"社会主义原则"加以固守,而把许多在社会主义条件下有利于生产力发展的东西当作"资本主义复辟"加以反对的历史教训,提倡解放思想,实事求是,走中国特色社会主义的路。以后,他在南方谈话中这样概括:"社会主义的本质,是解放生产力,发展生产力,消灭剥削,消除两极分化,最终达到共同富裕。"

为了正确地回答什么是社会主义,需要弄清楚共同富裕同发展生产和公有制占主体三者的关系。邓小平说过:"社会主义原则,第一是发展生产,第二是共同致富。"他又说:"一个公有制占主体,一个共同富裕,这是我们所必须坚持的社会主义的根本原则。"[1]这三者是相互联系、相互依存的。共同富裕是社会主义的目的。不发展生产力,只会有共同贫穷,谈不上共同富裕。不坚持以公有制为主体,即便生产力发展起来,也只能是少数人富裕,大多数人贫

---

[1]《邓小平文选》第3卷,第172、111页。

穷，形成两极分化，那当然也不是社会主义。

怎样建设社会主义？邓小平始终以现阶段中国的实际国情为出发点，严格地以处在剧烈而深刻变动中的客观事实为依据，不受任何固定的模式或框框的限制。他明确地指出：必须从中国现在还处于并将长期处于社会主义初级阶段这个实际出发，一心一意以经济建设为中心，坚持四项基本原则，坚持改革开放。这就是以"一个中心，两个基本点"为中心内容的中国共产党在社会主义初级阶段的基本路线。根据这条基本路线的要求，又规定了一整套基本的方针政策。这就第一次比较系统地初步回答了在中国这样一个原来经济文化比较落后的国家如何建设社会主义的一系列基本问题。

当二十世纪走向二十一世纪的时候，世界范围内蓬勃兴起的新科技革命推动世界经济以更快的速度向前发展。这种速度越来越快。中华民族面临着巨大的国际竞争压力。以江泽民为核心的中国共产党第三代中央领导集体，响亮地提出"与时俱进"的要求，在国内外政治风波、经济风险、严重自然灾害等严峻考验面前，依靠党和人民，捍卫中国特色社会主义，创建社会主义市场经济体制，确定"公有制为主体、多种所有制经济共同发展"的社会主义初级阶段基本经济制度，开创全面开放的新局面，全面推进党的建设，提出中国共产党在新的历史时期必须坚持的"三个代表"重要思想。以后，胡锦涛为总书记的中共中央又提出并贯彻科学发展观等重大战略思想。社会主义和马克思主义在中国大地上焕发出新的发展生机，给人民带来更多福祉。中华民族实现伟大复兴的前景，已光明在望。

前面所说的这几个问题，自然远不足以包括二十世纪中华民族奋起过程中遇到的所有问题。许多问题在这里没有谈到，也不可能都谈到。但谈到的这几个问题确实是贯穿在二十世纪中华民族奋起的全过程中反复遇到、付出了许多代价后才比较深刻地认识清楚的问题。

回顾百年历程，中华民族的独立和解放也好，正确处理革命和现代化的关系也好，在不断探索中前进也好，建设中国特色社会主义也好，这些问题是怎样得到解决的？事实告诉我们：它们都是在中国共产党领导下，而不是靠其他政治力量得到解决的。

中国共产党的诞生和成为中国革命、建设、改革的领导力量，是二十世纪中国历史客观进程的结果。

中国共产党成立前，为了改变中华民族备受屈辱和奴役的命运，中国人曾经作过多种试验，作过多种不同的选择。事实证明：只搬用一些洋枪洋炮和近代工业技术而不根本改变腐朽的旧社会制度的洋务运动，救不了中国。期望清朝政府自上而下地进行改革的戊戌维新运动，虽然也起了重要的思想启蒙作用，但在旧社会势力反扑下，很快就失败了。义和团那种"扶清灭洋"的旧式反抗，也改变不了中国的命运。进入二十世纪后不久，发生了孙中山领导的推翻统治中国几千年的君主专制制度的辛亥革命，开创了完全意义上的中国近代民族民主革命，为中国的进步打开了闸门，但它仍没有能改变旧中国半殖民地半封建的社会性质和人民的悲惨境遇。

痛苦的事实迫使先进分子们深思：中华民族的出路到底在哪里？人们从实践中逐渐认识到：为了在中国国土上摧毁那些盘根错节的旧社会势力，建立起一个新社会，实现国家的独立、富强和现代化，需要有几个条件：第一，需要有一个能够正确把握航向的革命政党，作为引路人。它要有正确的理论作为指导，能够对中国的具体国情作出深刻而符合实际的分析，能够提出正确的纲领、路线和方针政策，并为它的实现而始终不渝地奋斗。第二，需要以这个党为核心，同人民群众有着血肉联系，并且团结一切可以团结的人，凝聚起一股不可阻挡、足以克服一切困难的力量。第三，这个党应该由一大批有着共同理想和严格纪律、密切联系群众的先进分子所组成，能够在极端复杂而艰难的环境中坚韧不拔地奋斗。以往的中国不曾有过这样的党。中国要前进，要走出一条新路，就必须解决这些问题。

正是适应这种客观的历史需要，同辛亥革命相隔只有十年，中国共产党成立了。它经历了一个从小到大、从不成熟到逐步成熟的过程，在中华民族发展的各个紧要历史关头，在异常错综复杂的局势面前，清楚地指明了中国前进的方向和办法，团结并带领人们前进。当前进历程中遭受挫折以致犯了错误的时候，它能够勇敢地起来批评并纠正自己的错误。在中国这样一个世界上人口最多的国家里，能够把如此众多的各族人民凝聚成万众一心的力量，朝着一个正确坚定的方向团结奋进，而不是各行其是，更不是四分五裂的，只有中国共产党。如果没有中国共产党，很难想象中国会在二十世纪这短短的一百年里，发生如此惊天动地的变化。

这是一部二十世纪中国历史得出的结论，是历史的选择、人民的选择。

路是人一步一步走出来的。二十世纪中国的历史，就像一幅波澜壮阔、前后相续的漫长画卷。经过一百年惊涛骇浪中的艰苦跋涉，不管中间有过多少成功的欢乐和挫折的痛苦，中国人终于从愤怒和痛苦的二十世纪初走出来，重新掌握住自己的命运，步入充满阳光和希望的二十一世纪。没有一代又一代中国人在革命、建设、改革中的持续不懈的奋斗，便没有今天中国的一切。这是二十世纪一百年历史留给我们的珍贵遗产，是不容我们遗忘的。

再版后记

历史从来是一个充满矛盾而又相互联系的发展过程。过去，我对二十世纪中国的历史曾写过一些文章，出版过一些书籍。它们文体上是对一个一个专门问题或某一段历史进行一些考察。这部《二十世纪中国史纲》是我刚从工作岗位上离休时开始写的，那时已七十五岁了，就想尝试在以往知识和思考积累的基础上，更多地着力于从总体上对这个复杂过程作些即便是很粗略的思考。

十分感谢社会科学文献出版社，在二〇〇九年出版了这套四卷本，发行了九万三千多套。十多年后，三联书店又将它列为我的"文丛"中的一种予以修订再版。再版时，有几个问题需要简单说明一下。

一、大约在前年冬天，一位负责同志打电话给我，问："这部书为何只写到二〇〇〇年年底，没有再写下去？"记得我讲了两条理由：第一，"二十世纪"是一个固定的不变的概念，不管什么时候，这部书大体是完整的、不改变的。如果用"中国近现代史"或类似的书名，稍过一些时间，历史又向前发展，内容就不完整了，就得补充或作大的修改。第二，这部书的主题是中华民族的伟大复兴，当历史刚进入二十世纪时，西方八国联军正武装占领着中国的首都北京，长达一年之久，中华民族正面临着被列强瓜分或灭亡的沉重危机。一百年过去了，在二十世纪的最后一天，江泽民主席在电台向全国人民和全世界致新年贺词时说："中国人民进入了向现代化建设第三步战略目标迈进的新征程。"前后对照，这一百年可以说是中华民族复兴征程中的一个关键性阶段，很多人愿意比较系统地了解这条路是怎样一步一步走过来的，所以就这样写了下来。他听后说："这倒也是。"回头来想，他提出的问题在其他读者中可能也会有。借这次再版的机会，在这里重复地说一下，可能也有需要。

二、这本书的出版已经十多年了。在这段时间内，中国又发生了巨大的变化，人们的认识也有很大的提高。从史学来说，我发掘或整理出版的历史资料非常多，我的研究成果也很多。这次再版时，是不是理应作比较多的修改和补充？这个意见是完全合理的。但我现在年已九十，这样大的工程实在力不从心，勉强去做，号称增订本，其实仍达不到今天应有的要求，不如一仍其旧，也算是保存一种十多年前的陈述。好在我的基本认识并没有改变，十多年来（包括今年在内）自己继续学习和研究的结果，大多也包括在陆续出版的"文丛"有关各书中。当然，不足之处肯定很多很多，那就只有请读者原谅了。

三、本书出版后，陆续读到不少长篇的书评。作者大多是对二十世纪中国历史有深入研究的学者，文章又大多发表在很有影响的重要学术刊物上，谈了他们的许多看法。书评内容有肯定，也有批评，有意见相近的，也有不尽相同的，可以说不少评论本身就是颇有见地的学术论文。本书再版时，把它们一并刊出。这样做，在学术著作中，并非创举，也借此向评论者深表谢意！

金冲及
二〇二〇年十月五日

后　记

在《转折年代——中国的一九四七年》那本书的后记中，我曾经写道：为什么要写这本书？主要的理由已经在前言中作了说明，后记中想再说说个人方面的一些因素。在本书的后记中，也想这样做。

我是在满七十五周岁的第二天开始动笔写这本书的。说"动笔"，确是写实，因为我不会用电脑写作，只能很笨地用笔来一个字一个字地写，甚至连大段引文也只能一个字一个字地抄录。这样写了两年多。到了这个年龄，为什么还要这样自讨苦吃？从个人来说，大概有几个原因：第一，在二十世纪的一百年里，我生活了超过七十年。和同时代的中国人一样，经历过多多少少的痛苦和欢乐，也在不断地追求和思考，可以说见证过这段历史。这就产生一种冲动，想把自己亲历或知道的这段历史记下来。虽然我也清楚，每个人都有他的局限性，很难说自己的记述都是正确的。第二，命运使我成了一个史学工作者，从到大学历史系读书到现在已经六十一年。几次工作岗位和任务的变动，使我的研究范围恰恰是从晚清到改革开放这一百多年，有机会接触到比较多的这段时期的历史资料。过去做过的多是一个一个专题研究，到老年把它综合起来写成一本纲要性的书，条件是比较有利的。第三，动手时掂量过一下，自己的健康状况和精力看来有可能写完这部书，何况还有过去写的一些东西可以利用。这样，便下了决心。

也有朋友听说后劝我不要写，理由是当代史也许只能让后人来写，生活在今天的人写起来难免有种种局限性，是件吃力不讨好的事情。这一点我也想过。我承认，当代人写当代史总有他的时代局限性。有些事情也许多隔一些时间能够看得更清楚。后人在论述时也更加放得开，并且会有许多的新的视角。但他们也有他们的难处：研究的依据只能是前人留下的一些资料，而那时的时代氛围、人际关系、民众心理以及影响事态发展的种种复杂因素（特别是一些大量存在而人们已经习以为常的东西）未必都在资料上记录下来，后人很容易拿多少年后的状况和经验去推想当年的事情，或者把个别未必准确的文字记载看作事情的全体，有时就显得隔膜以至失真。应该说，当代人和后人各有各的作用，各有各的时代局限性，谁也未必能代替谁。至于同时代人，由于各人的经历和认识不同，看法也未必相同。那不要紧，读者完全可以用来比较，得出自己的结论。要写出一本谁都完全同意的历史书来，大概是很难做到的事情。

还有朋友提出疑问：你写了这样厚的一部书，怎么还能叫《史纲》？这个问题我也想过。问题在于二十世纪中国的历史变化太快，事情太多，许多事又十分复杂。对其中的一年、一件事、一个问题以至一个人也可以写出厚厚一部书来。这一部《史纲》只是想说说二十世纪中国历史发展的基本脉络线索，特别是中华民族怎样从深重苦难中重新站立起来，又怎样大步走向复兴的基本历程，对一些关键性的地方多作一点重要细节的叙述和议论。这样，篇幅已经够多了。不少事，本来应该多说几句的，只得省去或简单地提到。如果真要写一部《二十世纪中国史》，非得写成一部多卷本的皇皇巨著不可，那不是我能做到的。

二十世纪中国的历史涉及问题太多。写作过程中常常深感自己的知识和功力不足，但也只得硬着头皮写下去。由于年龄关系，许多地方已是力不从心，明知应该那样做而无力做到。书中采用了不少学者的已有研究成果，虽尽可能一一注明出处，仍难免有疏漏之处，深感歉疚。全书不当和不足之处肯定很多，希望得到读者的批评指正。

本书初稿终于写完后不久，俄罗斯全体院士会议在五月二十九日选举我为外籍院士。在将满七十八周岁的时候，这两件事都可以说是一种勉励。

本书的写作，得到国家社会科学基金列为重大委托项目，并得到逄先知、滕文生、冷溶、雏树刚等同志的鼓励和支持，由李泊、韩欣欣同志录入电脑，宋振亭、孙立众同志参加了校对，谨此致谢。

滕文生、林兆木、董志凯、廖心文、汪朝光、王奇生、徐思彦同志分别看过本书的一部分初稿，并提出了修改意见。本书的出版，得到谢寿光、杨群、尚红科同志的帮助。本书目录中各章题目后的提要，是编辑部根据该章内容编写的，经我看过。在此一并致谢。

二〇〇八年八月三十日

附 录

总结历史经验　争取新的胜利

——评金冲及著《二十世纪中国史纲》

齐世荣[1]

在进入二十一世纪的第九个年头，金冲及同志的《二十世纪中国史纲》（以下简称《史纲》）及时出版了。二十世纪刚刚过去，金冲及同志就对它进行了初步的概括和总结，这既体现了一个老历史学家的责任感，也说明他有知难而进的勇气。读完全书以后，深感这是一部当代人写当代史的佳作，值得向广大读者，特别是中青年读者推荐，故不揣冒昧，草此评论，以作介绍。

就内容而言，金著的主要优点是：

一、纲举目张

二十世纪是一个充满动荡和剧变的世纪。众多的历史事件有如汹涌波涛，滚滚而至，令人目眩。因此，首先要理清二十世纪的脉

---

[1] 齐世荣（1926—2015），首都师范大学原校长，中国世界近现代史研究会原会长（多届）。

络，然后具体写入相关的历史事件和人物，才能使读者看清这个世纪的特点和它在整个中国历史上所占的地位。金著做到了这一点。《二十世纪中国史纲》提纲挈领地指出：二十世纪的中国历史可概括为一个主题、两大历史任务和三次历史性巨大变化。一个主题是为实现中华民族的伟大复兴而战斗。两大历史任务是求得民族独立和人民解放；实现国家的繁荣富强和人民的共同富裕。后者是人们憧憬和奋斗的目标，前者是后者的必要前提。三次历史性巨大变化是辛亥革命、中华人民共和国成立和改革开放。以上是全书的总纲，下分二十九章，叙述从二十世纪前夜至二十世纪末的重大历史事件，最后以历史的启示结尾，可谓纲举目张，为二十世纪的历史勾绘出一幅清晰的画卷。

二、总结了重要历史经验

正确总结历史经验，可供现实的借鉴，并察看未来的趋向。二十世纪离我们最近，有切身之感，尤应从中吸取经验教训，以利于社会主义现代化建设。《史纲》以夹叙夹议的方式在不少地方谈到了历史经验，在最后一章《历史的启示》里又专就中华民族在二十世纪走过的路程谈了四个问题，是作者尤其着意总结的历史经验。

第一个问题是实现中华民族的伟大复兴；第四个问题是建设有中国特色的社会主义。这两个问题是密切关联的。《史纲》通过二十世纪的全部历史，说明只有走社会主义道路，走中国特色社会主义道路，才能实现中华民族的伟大复兴。指出这一点，十分必要。今天，在经济全球化的浪潮下，有人震于资本主义的经济势力，企图让中国放弃社会主义，回头走资本主义道路，这是完全错误，根本行不通的。

《史纲》还指出:"实现中华民族伟大复兴的真正含义，就是'中国应当对人类有较大的贡献'。"为什么要这样提出问题呢？中国是一个文明古国，曾经站在世界的前列，对人类作过重要贡献。今天，肩负中华民族伟大复兴使命的现代中国人，理应比先辈作出更大的贡献。需要说明的是，"复兴"是一个漫长的、逐步实现的过程，当我们在民族复兴道路上迈出每一重大步骤的同时，也就对人类作出了贡献。一九四九年中华人民共和国成立，"占人类总数四分之一的中国人从此站立起来了"。我们打击了帝国主义的力量，壮大了社会主义和第三世界的力量，从而大大改变了世界政治格局，这就是我们对人类作出的贡献。改革开放，既有利于中国人民，也有利于世界的和平与发展。二〇〇六年四月十九日胡锦涛同志在美国西雅图午餐会上的讲话中说:"目前，中国对世界经济增长的贡献率在百分之十以上，对全球贸易增长的贡献率超过百分之十二。"二〇〇八年五月八日，胡锦涛同志在日本早稻田大学的演讲中又说:"坚持开放，就是要打开国门来建设，在互利互赢的基础上同所有国家开展经济技术合作，吸收和借鉴人类社会创造的一切优秀文明成果，既通过维护世界和平发展自己，又通过自身发展维护世界和平。"到二十一世纪中叶，也就是新中国成立一百年时，我们将基本实现现代化，建成富裕、文明、和谐的社会主义现代化国家。到那时，中华民族的伟大复兴可以说跨入了一个新的更高的阶段，我们对人类将作出更大的贡献。邓小平说:"到下一个世纪中叶，我们可以达到中等发达国家的水平。如果达到这一步，第一，是完成了一项非常艰巨的、很不容易的任务；第二，是真正对人类作出了贡献；

第三,就更加能够体现社会主义制度的优越性。"[1]

《史纲》在第二个问题中对现代化与革命的关系作了透彻的说明。中青年读者要特别注意作者所说的这段话:"急风暴雨式的革命通常是人民被反动统治者'逼上梁山'而作出的万不得已的选择。这是一种正确的选择,舍此没有其他办法可以从根本上改变人们已无法忍受的旧秩序和旧生活。"有些没有经历过旧社会苦难和压迫的中青年往往天真地设想:"如果不走革命道路,而走改良道路,不是更好吗?"这种"如果"的主观设想,不顾既成历史事实,是没有意义的。还是多读一点历史,看看那拉氏是怎样扼杀改良主义的戊戌变法的,袁世凯是怎样暗杀只不过想走议会道路的宋教仁的,等等;多访问一些现仍健在的革命老同志,请教他们当年是如何被"逼上梁山"的,必会大有收获。一九九〇年在西班牙马德里举行了第十七届国际历史科学大会,"革命与改良"是讨论的主题之一。西方和东方的一些学者竞相发言,贬低革命(从法国资产阶级革命到俄国十月社会主义革命)在历史上的作用。这是一股逆流,至今在国内仍有余波,或形诸文字,或以电影、电视剧的形式出现,为害匪浅。

《史纲》的第三个问题讲"在不断探索中前进"。作者指出,总结历史经验不应采取轻率的态度,也不应作简单的情绪发泄,而要十分严肃认真,研究当时的具体历史条件,重视对过程的分析,从而找出犯错误的原因,以利于今后继续前进。我很赞同作者的这个看法。任何错误都没有犯过的人,是不存在的。找出犯错误的真正原因,就增强了"免疫力",以免再犯同样的错误。正如列宁所说

---

[1]《邓小平文选》第3卷,人民出版社1993年版,第224页。

的:"一个挨过打的抵得上两个没有挨过打的。"[1]

三、材料扎实,立论平允

《史纲》参阅了大量的档案、文件集、回忆录、书信、日记等官、私第一手史料,经过严格选择,最后采用的材料是扎实可靠的。《史纲》还参考了许多专著,吸取了其中有价值的内容。在这样的基础上,作者提出自己的见解,做到了信而有据,立论平允。例如,在谈到抗日战争的两个战场时,《史纲》指出:"以国民党为主体的正面战场和以共产党为主体的敌后战场,是互相配合、互为支持的。如果没有其中的任何一方,日本侵略者都会腾出手来,全力压迫另一方,增加另一方的困难。这两个战场结合在一起,构成中华民族抗日战争的完整的壮丽画卷。"又如,作者说"政治改良""实业救国""教育救国"等主张,"尽管不能从根本上解决改造中国的问题,不能在时代潮流中处于主导地位,仍然在某些方面起过有益的作用。在这些方面做过一些切实工作的人,如严复、梁启超、张謇、蔡元培、范旭东、卢作孚、荣宗敬兄弟等等,仍然是值得我们纪念的。"这样讲,是公道的。这里再补充一个涉及一批人的例子。抗日战争时期西南联大的许多教师并非革命家,但他们忠诚教育事业,辛勤地培育了一批又一批的人才,其中很多人后来在新中国建设中发挥了重要作用。

金冲及同志是老党员。看得出,他是怀着革命热情撰写这部《史纲》的,但他同时保持了科学的冷静,实属难能可贵。

---

[1]《列宁全集》第34卷,人民出版社1985年版,第13页。

《史纲》在内容上也有不足之处。主要有两点。一是对一些重大历史事件未从国际角度进行分析,或分析得不够深透。人类进入二十世纪以后,在经济、政治、文化各个方面日益密切联系起来。因此,在写二十世纪中国历史的一些重大事件时,必须联系国际背景和国际关系,才能说得清楚。例如,在讲一九四六年六月国民党挑起全面内战,中国共产党坚决进行自卫时,《史纲》没有谈到毛泽东当时对国际形势所作的深刻透彻的分析。国民党发动全面内战时,得到美国政府的大力支持,而苏联由于害怕中国内战引起世界大战的爆发,对中国革命持消极态度。在国民党全面进攻的前夕,毛泽东在一九四六年四月写了《关于目前国际形势的几点估计》一文,在党中央一部分领导同志中传阅。毛泽东指出,第三次世界大战的危险是存在的,但世界人民的民主力量正在向前发展,必能克服战争危险。他同时又指出,帝国主义国家和社会主义国家有可能取得某种妥协,但是这种妥协,"并不要求资本主义世界各国人民随之实行国内的妥协。各国人民仍将按照不同情况进行不同斗争"。[1] 一九四六年八月六日,毛泽东在和美国记者安娜·路易斯·斯特朗的谈话中,又提出了"一切反动派都是纸老虎"的著名论点。[2] 这个论点,武装了中国人民的思想,增强了中国人民的胜利信心,在人民解放战争中起了极其重要的作用。这些关系中国革命前途的判断,是建立在对世界形势准确分析的基础之上的。又如,《史纲》在讲到社会主义初级阶段时,没有联系国际经验教训来谈。社会主义初级阶段是邓小平对马克思列宁主义、毛泽东思想的一个重要发展。江泽民同志在党的十五大报告中指出:"在党的

---

[1]《毛泽东选集》第4卷,人民出版社1991年版,第1184—1185页。
[2]《毛泽东选集》第4卷,第1191—1195页。

纲领中明确提出社会主义初级阶段的科学概念，这在马克思主义历史上是第一次。"苏联和其他社会主义国家一般都把社会主义看作一个短暂的阶段，以为经过几十年的时间就可以进入共产主义社会了。一九三六年十一月，斯大林在《关于苏联宪法草案》的报告中过早地宣布："我们已经基本上实现上共产主义第一阶段，即社会主义。"实际上，这时苏联的生产力水平还落在欧美发达国家后面。在经历了第二次世界大战和战后恢复时期以后，苏联在一九五二年又宣布："苏联社会主义建设任务已经完成"，已处于"从社会主义逐渐过渡到共产主义"的时期，这种认识仍然是不符合实际的。赫鲁晓夫上台后，一九六一年十月苏共二十二大通过了一个新党纲，提出了在二十年内苏联基本上建成共产主义社会的计划，这纯属主观的空想。我国在一九五八年"大跃进"时，也犯过急于向共产主义过渡的错误。邓小平总结了国内外的历史经验，提出了社会主义初级阶段的理论。他说："社会主义究竟是个什么样子，苏联搞了很多年，也并没有完全搞清楚。可能列宁的思路比较好，搞了个新经济政策，但是后来苏联的模式僵化了。""我们都是搞革命的，搞革命的人最容易犯急性病。我们的用心是好的，想早一点进入共产主义。这往往使我们不能冷静地分析主客观方面的情况，从而违反客观世界发展的规律。"[1]结合国际共产主义经验，才能更加深刻领会社会主义初级阶段的理论创新价值。

　　第二个不足之处是写了人物，但不够饱满。近一个世纪以来，我国的历史著作，无论是通史，还是断代史，大都采取章节体，以叙事为主，带出人物。采取这种体裁，如不特别注意，很容易把人

---

[1]《邓小平文选》第3卷，第139—140页。

物写得简略,不能充分看出人物的作用,更不用说人物的个性和特点了。应该说,和许多通史和断代史相比,《史纲》在写人物这方面是做得比较好的。作者在写一些重大事件时,常常结合当事人的回忆和感想,从而能加深读者的理解。例如,写到戊戌"百日维新"时,结合吴玉章的回忆,说明当时赞成变法的人对一道道诏书,如何"欣喜若狂"。后来看"那时对光绪帝的迷信,是何等的幼稚可笑,但在当时,尤其是在我的家乡,我的思想要算是最进步的了"。写人物,应当有具体的细节,才能使人物的形象更加饱满,更能打动读者。《史纲》写遵义会议,指出了它在危急关头挽救了中国共产党、红军和中国革命的重大意义,但没有具体写毛泽东、张闻天、王稼祥的发言内容。无论如何,也应当择要写一些,才能看出他们对博古的尖锐批评是何等的正确,以及为什么与会多数人同意他们的批评。通过写人物的对话,可以使读者如见其人,如闻其声,比单纯的叙事更有说服力。

把人物写好,能提高人生修养,起到启迪、教育人的作用。白寿彝说:"史学工作在教育上的作用,第一条,就是通过历史的阐述,讲清楚做人的道理,做一个社会主义新人的道理。"[1]这是十分正确的。

重视写人物,是我国史学的一个优良传统。《史记》既是史学巨著,也是传记文学杰作。司马迁笔下的人物形象丰富饱满,生动鲜明,具有极强的艺术感染力量。采用章节体体裁的通史或断代史是否就不容易写人物呢?并非如此。马克思主义史学家范文澜的著作就很注意写人物。《中国通史简编》修订本,写唐太宗的总结隋

---

[1] 白寿彝:《中国史学史论集》,中华书局1999年版,第369页。

亡教训，和用人纳谏，给人以盛世贤君的深刻印象。写五代"长乐老"冯道的精于计算利害和长享富贵，令人对"这个特殊的官僚典型"感到憎恶。

总之，冲及同志以个人之力，撰写一部二十世纪的中国历史，实属难能可贵。不足之处，也是必不可免的。若干年后，后人对二十世纪的历史会从新的视角，作出新的解释。但无论如何，《史纲》是值得后之修史者参考的一部重要著作，这就是我对全书的总评价，不知当否？

评《史纲》既竟，最后我还想就当代人写当代史的问题略谈一点意见。冲及同志一向主张当代人写当代史，他在《史纲》后记中已说明理由。我也素持此议。这里要补充一点，即重视写当代史，也是我国史学的一个优良传统。司马迁的《史记》虽是通史，但详今略古，当代史的性质十分突出。历来有人专就当代人写当代史的局限（局限确有）立论，而不谈当代人写当代史的长处，这是不全面的。我希望当代史学工作者鼓起勇气，打消多种顾虑，尽自己的最大力量，写好当代史，为后人留下一份他们撰写前代史时不可不读的重要史学遗产。

反映百年中国社会变革的一部信史

——评金冲及《二十世纪中国史纲》

李文海[1]

对当代中国人来说,虽然二十世纪刚过去十年,但这百年历史内容如此丰富,社会变革如此急剧,要深刻了解它的全貌,实在不容易。借助历史学家的慧眼,读一部真实反映二十世纪历史的著作,不失为一个较佳的选择。

金冲及同志正是这样一位可以信赖的历史学家。《二十世纪中国史纲》(以下简称《史纲》)是他根据大量历史资料写成的新著。在书中,他将二十世纪"作为一个完整的发展过程来考察和研究",以此再现"二十世纪中国历史发展的基本脉络线索,特别是中华民族怎样从深重苦难中重新站立起来、又怎样大步走向复兴的基本历程"。

这是一部真实再现中国百年巨变的信史。能够当得起这样的评论,主要有两个依据:一是历史叙述的准确有据,一是历史评判的客观公允。

---

[1] 李文海(1932—2013),中国人民大学原校长,中国史学会原会长。

一、历史场景的鲜活复原

二十世纪的一百年,是中国人民从逆境中顽强奋斗,最终掌握了自己的命运,走上全面振兴的康庄大道的一百年。在神州大地上,发生了天翻地覆的沧桑巨变。按照《史纲》的说法,"在人类历史上,没有任何一个世纪在变化的规模和深度上能同二十世纪相比"。"对中国来说,这是决定我们民族生死存亡的一百年"。[1]因此《史纲》的主要内容,就是具体回答这一个世纪中国究竟发生了哪些变化?这些变化是怎样一步步实现的?为了推动变革,中国人民经历了怎样的艰难历程,作出了怎样的奋斗和牺牲?

《史纲》以一个时代主题(中华民族的伟大复兴)、两大历史任务(争取民族独立和人民解放,实现国家的繁荣富强和人民的共同富裕)、三次历史性巨变(辛亥革命、中华人民共和国成立、改革开放)为基本线索,展开对百年历史的具体描述。书中引用的资料极为丰富,特别是大量引用了过去尚未公开发表过的珍贵资料,如党和国家领导人在各种场合的讲话记录、插话记录,在一些文件上的批语,还有一些内部信件和"未刊稿"等,这不仅大大加强了书的可读性,更增加了这部书的可信度。

真实再现历史是许多历史学家的不懈追求,这个过程往往充满艰辛,且结果不一定尽如人意。因为这首先要有可靠的历史资料,其次还要求作者以实事求是的态度对这些资料进行研究,既不能主观臆造,也不能随意曲解。但是,社会现象是复杂的,如果只是胡乱抽出个别事实,罗列一般例子,不仅不能反映历史真相,有时会

---

[1] 金冲及:《二十世纪中国史纲》,社会科学文献出版社2009年版,"引言"、第1371页。

起完全相反的作用。所以列宁强调，必须"从事实的整体上、从它们的联系中去掌握事实"。"如果不是从整体上、不是从联系中去掌握事实，如果事实是零碎的和随意挑出来的，那么它们就只能是一种儿戏，或者连儿戏也不如"。[1]因此，如何选择和甄别历史资料，就具有重要的意义。可以看出，《史纲》作者的态度是十分严谨的。他经常用事件当事人的讲话、日记、回忆录等，同官方的或传媒的资料相印证，然后再确定哪些是可信的，是符合实际的。如在论述戊戌维新运动的思想解放作用时，引用了吴玉章、罗振玉、雷沛鸿等人记述自己切身感受的文字；在谈到五四运动的经过及影响时，引用了瞿秋白、许德珩、杨晦、沈雁冰、邓颖超等人的回忆。特别是在一些事实真相并不为公众尽知的问题上，更注意资料选择的权威性和可靠性。如在论述抗战胜利后全面内战是怎样爆发的问题时，引用了蒋介石的讲话、批示，陈诚的密陈，何应钦的计划和起草"剿共计划"的萧毅肃的儿子萧慧麟及张发奎的回忆，这样，事情的本来面目就纤毫无隐了。

注重历史事件之间的联系，努力探求某种历史现象背后的社会原因，大大提高了《史纲》在揭示历史真相方面的深度。例如，在讲到辛亥革命为什么会发生，辛亥革命后为什么会出现军阀统治，北伐战争为什么能够顺利地发展，大革命时期湖南农民运动的革命风暴为什么能猛烈地展开等这些问题时，该书都强调必须从社会条件和社会原因中去找寻答案。"这不是哪一个人所能左右的，而有着历史发展到这个阶段时的深刻社会原因"。离开了社会的大背景，"事情为什么会这样发展便无法理解"。在分析日本帝国主义发

---

[1]《列宁全集》第28卷，人民出版社1990年版，第364页。

动侵华战争时,几乎每一个重大的侵略步骤都同国际形势的发展变化相联系,如"九一八事变,是在世界范围内经济大衰退的背景下发生的";华北事变,一个重要原因是"由于欧洲德、意两个法西斯势力的崛起和美国国内孤立主义的抬头,英美在远东一意对日妥协。日本把它看作扩大对华侵略的大好时机";七七事变,"它的发生不是偶然的:既有国际的大背景,又是日本军国主义者加紧对华侵略必然要跨出的一大步"。正是注意对历史条件和社会原因的分析,才使得读者对历史事件的来龙去脉有更加真切的认识。

即使在一些看似关联不甚明显的历史事件之间,也存在着某种难以分割的因果关系,这里也可以举两个例子:一个是甲午战争中,清王朝的主要军事力量"北洋海军全军覆没,淮军除聂士成等部外也丧失殆尽","这就使清朝的军事统治出现一个短期内无法填补的实力真空"。这种情况竟然直接影响到后来的义和团运动。"义和团运动所以能在华北迅速兴起,清政府束手无策,进退两难,同这种特定的历史背景直接有关"。另一个例子是丧权辱国的《辛丑条约》,其中有一条规定是列强有权在北京至渤海地区驻军。《史纲》指出,"这一条关系重大。以后日本发动卢沟桥事变时使用的军队就是根据这个条约早已盘踞在平津铁路沿线的'中国驻屯军'"。这些以往常常为人们所忽略的细节,其实是历史真相不可或缺的内容。

客观历史是丰富多彩的。可时下许多史学著作,虽然严谨,却把历史变得干巴巴的,枯燥乏味,晦涩难懂。《史纲》在纠正这种弊端方面做了可贵的努力和尝试。譬如,中国共产党怎样从幼稚一步步走向成熟?日本军国主义在发动侵华战争时,怎样从"速战速决"到战略相持再到最后失败?抗战胜利前后国民党政府怎样从获得民众的热切期待到天怒人怨、民心丧尽?对这些重大问题,《史纲》全然不依靠繁琐的概念堆砌、简单的逻辑推演，作抽象的空洞说教，而是通过一件件历史事实的描绘，为读者勾画出一条清晰的演变线索。

通过具体的历史情节以更好地反映历史真相，我们也许可以再举一个颇有典型意义的例子。《史纲》在讲到"文化大革命"后期的历史时，曾多次提到毛泽东和周恩来的病情。一九七二年二月，毛泽东主席开始病重，《史纲》用近八百字描述这次发病的情况。以后又多次提到他的病情，甚至包括在党的十大开幕式散会时，毛泽东站不起来，不明真相的代表们鼓掌欢呼十分钟，最后在周恩来的巧妙安排下，毛泽东目送代表退场的细节，也如实地作了描述。这绝不是可有可无的笔墨。因为毛泽东的身体状况，同当时的政治生活有着密切的关系。不了解毛主席的病情，对当时发生的有些问题也许就难以索解，至少也会影响作出更深切、更合乎情理的判断。一九七二年五月，周恩来确诊患有膀胱癌，《史纲》同样用了不少篇幅讲到他的病，特别强调他"在身患癌症的情况下，依然担负着常人难以承受的极端繁重的工作"，甚至列出了一九七四年一月至五月每天工作多少小时的具体数据。[1] 这些客观记录，其实比任何语言都更有感染力地反映了周恩来总理为党和人民的事业"鞠躬尽瘁，死而后已"的崇高品德。

二、历史现象的理性评析

什么样的史学著作称得上是"实录"，即真实的记录？汉代班

---

[1] 参见金冲及：《二十世纪中国史纲》，第 240、383、340、372、404、11、37、1079 页。

固曾提出两个条件。其一要"其文直,其事核",即叙事要质朴、确切;其二"不虚美,不隐恶",即评论要客观、公允。[1]对历史人物和历史事件如果褒贬失当,好恶任意,就会远离历史的真实。《史纲》在此方面做得怎样呢?

历史人物的所作所为,历史事件的成败得失,往往存在着多重的、甚至相互矛盾的表现和影响,在两种对立的不同质的事物之间也常常会有着多种中间的层次。任何简单化的做法都不能充分反映历史的复杂性和多样性。《史纲》作者一点没有忽略对这些问题的重视。在谈到孙中山思想的发展时,作者指出:"一个人的思想常常不是直线发展的,需要经过某些迂回和曲折,一种新的社会思想的产生,尤其是这样。"在论及辛亥革命时期的立宪派时强调:"立宪派在当时可以说是一支中间派的力量","他们有着明显的两重性,各人的情况和各个时期的表现又有所不同,因此,不能用简单的完全肯定或完全否定来作出评断"。对待历史现象的这样一种辩证的态度,贯穿在全书的各个方面。

拿对抗战时期的蒋介石的评论为例。《史纲》指出:"蒋介石和南京政府内许多军政人员也有程度不同的民族主义思想。"在严重的民族危机面前,"蒋介石对日本的侵略野心和蛮横行为也感到愤怒"。"蒋介石在日记中也曾多次对日本的侵略表示愤慨"。这是蒋介石能够始终留在抗战阵营的重要原因,也是同汪精卫之流的汉奸的根本区别。但是,有两个重要的原因,使得蒋介石在长时期内对日一直实行妥协退让的政策:第一,是他"看不到中国民众中蕴藏着巨大潜力,而且总是害怕民众力量起来会威胁他们的统治。这

---

[1]《汉书》卷62《司马迁传》,中华书局1962年版,第2738页。

样，面对着经济实力和武器装备远为强大的日本军国主义者，自然怀着极大的恐惧感，觉得自己根本无力同它相抗衡"。第二，他"把消灭共产党看作比抵抗日本侵略更重要得多的事"。所谓"外寇不足虑，内匪实为心腹之患"。因此，始终死抱着"攘外必先安内"的错误方针不放。即使在下决心抗战之后，只要对日战事稍有缓和，就立即制造摩擦，甚至发动反共高潮。

只有对蒋介石作这样全面的观察，才能理解中国共产党为什么会有从"反蒋抗日"到"逼蒋抗日"再到"联蒋抗日"的政策转变，以及在第二次国共合作建立后必须采取"以斗争求团结"的方针的缘故。后来，当蒋介石从大陆逃到台湾后，虽然仍始终念念不忘反攻大陆，但《史纲》还是实事求是地指出，"蒋介石也有两个可取的地方：一是他不甘心完全受美国政府的摆布，同美国存在矛盾"。他拒绝美国想使中国的海峡两岸长期分裂的主张。"二是他一直认为只有一个中国，台湾是中国的一部分，反对形形色色的'台独'活动。"我想，这才是一个历史上真实的蒋介石。

透过历史现象，揭示历史本质，才能不为表面现象所迷惑，不受到某些假象的欺骗。辛亥革命推翻清朝之后，先是袁世凯帝制自为，接着是无休止的军阀混战，于是有人发出了疑问，说是清朝虽然已经腐朽，但"这个形式存在仍有很大意义"，辛亥革命"一下子痛快地把它搞掉，反而糟了，必然军阀混战"。他们认为，这正是辛亥革命"搞糟了"的有力证明。对此，《史纲》作了完全不同的分析，指出：民国成立后，经历了长达十多年的野蛮的北洋军阀统治。"为什么会出现这种令人沮丧的局面？它不是偶然的，而是当时中国的历史条件和社会状况所决定的。""经历了辛亥革命风暴的猛烈冲击后，旧社会势力原有的一整套统治秩序和统治方法已被打乱，为了继续维持他们已经摇摇欲坠的支配地位，只能依仗更加赤裸裸的军队暴力来镇压反对力量。""它反映了中国旧社会势力的统治已经分崩离析、连表面上的统一也难以维持。""这是新旧交替过程中难以完全避免的一段曲折。"在黑暗的后面，黎明的曙光就要到来了。

三、历史规律的深刻揭示

一部优秀的史学著作，不但要真实地描述历史，客观地评析历史，还应该努力去揭示历史发展的规律性。所谓规律，实际是指历史现象中本质的必然的联系，历史发展过程的一种主导趋势。

《历史的启示》是《史纲》的最后一章，着重讨论了二十世纪中国历史发展进程中几个特别引人注目、特别发人深省的问题，包括：实现中华民族的伟大复兴，关于革命和现代化的关系，在不断探索中前进，走中国特色社会主义道路，中国共产党的领导。正确认识和科学对待这五个问题，不但抓住了二十世纪中国历史的本质特征，还从纷繁复杂的历史现象中掌握了二十世纪历史发展的规律性。

实现中华民族的伟大复兴，是贯穿二十世纪中国历史的基本线索，也是无数志士仁人顽强追求的目标。"中国的革命也好，建设也好，改革也好，归根到底都是为了实现这个目标。"中华民族的伟大复兴，是一个漫长的历史过程。从一八四〇年的鸦片战争起，中华民族开始不断沉沦，同时也开始了争取民族复兴的斗争。经过一百零九年时间，建立了新中国。从那时起再过一百年，到新中国成立一百周年的时候，也就是到二十一世纪中叶，我们将要基本实现四个现代化，把我国建成富强、民主、文明的社会主义国家，这也意味着将要基本实现中华民族的伟大复兴。那么，从十九世纪中叶到二十一世纪中叶，我们的民族从沉沦到复兴，将会整整经过二百年时间。而二十世纪则是民族复兴的最关键的历史阶段。二十世纪的上半叶，民族复兴的内容围绕着争取民族独立和人民解放进行，尤其是把挽救民族危亡放在第一位。这是因为，"在近代中国面对的种种矛盾中，帝国主义和中华民族的矛盾是最主要的矛盾。大家清楚地看到：离开祖国的独立和民族的解放，个人的前途和命运是根本谈不上的"。新中国的成立跨出了实现中华民族伟大复兴的第一步，但任务远远没有完成，因为政治上虽然赢得了独立，经济上却依然十分落后，实现国家的富强和人民的共同富裕还需要花极大的努力。二十世纪的后半期便集中力量来解决这个问题，并取得了令人瞩目的成就。

革命和现代化的关系，是近年来史学界讨论颇多的一个热门话题。革命同现代化二者究竟是统一的，还是相互矛盾对立的？二十世纪上半期，中国人民主要从事革命斗争，是不是走入误区或走了弯路？革命只起破坏作用，还是为建设创造必要前提？这些问题不搞清楚，也就谈不上对二十世纪的中国历史有正确的了解。其实，这些问题，中国人民百年的实践已经作了明确的回答。"当国家的命运还不掌握在中国人自己手里的时候，当统治中国的反动势力拒绝一切根本社会变革的情况下，进行大规模现代化建设，只能是一句空话。如果事情真能用和平的办法来解决，如果这条路还有一点点希望能够走得通，怎么会有那么多人奋起革命，不惜抛头颅、洒热血、作出巨大的自我牺牲呢？""尽管革命变革要付出巨大的代价，但它在一个短时间内对阻碍社会发展的旧事物所起的扫荡作用，是平时多少年也无法同它比拟的，并且要彻底得多，从而为以后社会经济的迅速发展开辟了广阔的道路。""在二十世纪的中国历史中，革命和现代化并不是对立而不相容的：革命的目的是实现现代化；而现代化需要革命来为它扫清障碍，创造必要的前提。"这就是革命和现代化之间的辩证关系。也许还可以补充一句，如果没有现代化的最初起步，近代意义的革命也会缺乏必要的物质条件和思想基础，因而也是不可能发生的。

《史纲》强调，"在不断探索中前进，是中华民族在二十世纪艰苦跋涉中的重要特点，也是正确理解这段历史中许多重大问题的关键"。[1] 为什么二十世纪中国社会的变革和发展会遇到如此多的困难？会经历如此多的曲折？会产生如此多的失误？除了客观的社会条件之外，与主观上由于没有固有的成例可循，没有现成的答案可抄，一切只能靠自己在实践中摸索，有很大的关系。清人陈弘谋说："在古人之后，议古人之失，则易；处古人之位，为古人之事，则难。"[2] 这个话有一定的道理。意思无非是说，评论历史人物和事件的是非得失，需要放在当时的具体历史条件下设身处地去进行分析，考虑到种种复杂的因素，而不能简单地用今天达到的认识去要求前人。当然，对于那些造成严重后果的错误，决不能回避掩饰，敷衍塞责，应该严肃认真地加以总结，使惨痛教训转化成继续前进的精神财富。《史纲》在谈到八七会议时，特别引用了这次会议通过的《告全党党员书》中的一段话："工人阶级的革命党，要纠正自己的错误，只有公开的批评这些错误，而且要使全党党员都参加这种批评。无产阶级的政党不怕公开的承认自己错误。如果共产

---

[1] 金冲及：《二十世纪中国史纲》，第 1353—1354、1358—1359、1361 页。
[2] 陈弘谋：《从政遗规》卷上，金华：国民出版社，1940 年，第 24 页。

主义者不能无所畏惧无所忌讳的批评党的错误、疏忽和缺点,那末,共产主义者也就完了。我们党公开承认并纠正错误,不含混不隐瞒,这并不是示弱,而正是证明中国共产主义运动的力量。"《史纲》在有关反右派运动及"文化大革命"等章节,都用了不小的篇幅分析这些历史悲剧产生的主客观原因以及造成的危害,表明了作者对待历史郑重负责的态度。

中国人民选择社会主义,开辟中国特色社会主义的康庄大道,正是上文所说艰苦探索得出的最重要的成果。事实上,"只有社会主义才能救中国,只有中国特色社会主义才能发展中国"这个客观规律,也是在反复实践中逐渐为人们所认识和掌握的。只是在各种资本主义救国方案和发展道路统统碰壁之后,人们才选定社会主义作为自己的政治理想和奋斗目标;只是在建设社会主义的过程中遇到了各种挫折之后,才认识到必须既坚持科学社会主义的基本原则,又根据我国实际和时代特征赋予其鲜明的中国特色,这样的社会主义才具有生机勃勃的强大生命力。

回顾百年历程,《史纲》强调,上述问题的解决,都是在中国共产党的领导下,而不是靠其他政治力量领导得到解决的。"中国共产党的诞生和成为中国革命、建设、改革的领导力量,是二十世纪中国历史客观进程的结果"。[1]在中国,农民是重要的革命力量,但太平天国和义和团运动表明单纯依靠他们不能解决中国的问题;封建阶级曾经掌握着统治权力,但在近代历史上的全部表现表明,他们是历史发展的阻碍力量,包括洋务运动和清末新政在内的某些改革活动,虽然曾经起过一定的积极作用,但也并不能为中国找到

---

[1] 金冲及:《二十世纪中国史纲》,第 307、1367 页。

出路；资产阶级为近代历史的进步作出了自己的贡献，却也无力挽救国家的危亡，领导民族的振兴。事实证明，在中国，中国共产党成为全国人民的领导核心，是历史的选择、人民的选择。

　　二十世纪的历史是如此丰富，要想在一部书中巨细无遗地统统写出来，实在是无法做到的。作者把自己的书叫作《史纲》，就表明这部书只是二十世纪历史的一个"纲要"，不可能面面俱到。但是，即使如此，我们还是不免为某些重要问题的缺漏而感到某种不足和遗憾。例如，香港、澳门、台湾是中国领土不可分割的一部分，讲二十世纪中国的历史，当然不能忽略了这些地区的历史发展、历史变革的状况。但是，《史纲》只是在少数涉及与大陆关系的几个地方，讲到它们，如抗美援朝时的台湾，"一国两制"方针的提出和台湾问题及香港、澳门的回归，至于这些地区在整个二十世纪的经济、政治、文化及社会状况，百年间的发展变化，则没有用一定的篇幅加以叙述和介绍，在整个中国发生的重大事件中这些地区的活动和反映，也缺少必要的交代。这不能不说是一个美中不足。

能见其大的世纪通论

罗志田[1]

上个月曾收到电子邮件,系里要为金冲及先生八十寿诞举行座谈。当时出差在外,未能恭与盛会。北京的大雪,却已是二〇一〇年。雪后的第二天,快递公司送来了金先生的《二十世纪中国史纲》。这是金先生退休后才开始撰写的著作,没有升等的需要,没有职务的压力,想想作者的年龄,看看这百多万字的巨著,实在是感佩无已!

无论从作者的身份和资历、认识的深入、涵盖的广度,以及其他什么角度言,本书无疑是中国马克思主义史学对二十世纪中国史的代表作。但从书的内容看,这大体仍是一本个人的著作,可以说是一家之言。作者特别针对"同时代人"指出,"由于各人的经历和认识不同,看法也未必相同","要写出一本谁都完全同意的历史书来,大概是很难做到的事情"。

与一般的"史纲"类著作相比,本书引用史料较多而借鉴既存的成果相对少。我看到的一些评论,也强调书中很多观点让人耳目一新,说明这些评论者也更多从专著而非通论的视角看待此书。

从这一角度言,这本二十世纪中国史著倒是反映出二十世纪中国史学的一个典型特征,即通史(包括时间、空间和门类)领先于

---

[1] 罗志田,四川大学文科杰出教授。

专题论著，这样一种由通向专的趋势与后来许多学者主张在专题研究的基础上撰写通论性著作的研究取向几乎完全相反。由于学力的限制，我自己大体也偏向于后一取向，所以迄今做着一些朋友眼中细碎而片断的小题目。不过我却充分了解，不论对专业读者还是更多的非专业读者而言，通论性史著的需求是相当迫切的。我也一直主张学界需要有分工，一些人尽可以努力于制作砖瓦，而那些眼光通达能见其大的作者，却不妨多写通史。

与专著和论文不同，通论性的史著既要尽可能充分容纳既存的学术成果，又不能止于仅仅整合既存研究，因为它本身也是一项研究性的工作，也需要言人所未言；特别是针对学界忽视或重视不足的面相，写出研究者自身的见解，以补充、推进和发展现有的学术见解。没有相当数量具体研究的积累，撰写通论性的史著当然难有所成。但要等待"所有"的具体人物、事件和门类的研究都完成后再进行通论性陈述，也只能是一种理想，在实际操作上是不太可能的。

进而言之，我特别赞同陆惟昭所说，真落实到实际撰写的层面，通史不一定就是综合专史的精华而成。因为通史以群体的社会活动为本位，而专史以问题为本位。通史和专史，其范围有普通与专一的不同。故"通史所取材料，每与专史不一"。这是很多人不曾看到和想到的卓见。任何史学著述都不能不依据撰述目的而对史料有所弃取，目的不一样，需要的材料也就不一样。就像修房子先要有砖，而修不同的房子，可能需要不同的砖。尽管不排除存在对很多房子都适合的砖，如小块的砖总能修建大房子，但有些大砖不适用于修建小房子，也是确实存在的现象。

若以砖喻史料，则史家还有与一般建筑者不同的困难，即其所用的砖之大小基本是前定的，不能根据需要来"制作"。写通史需要选用那些更能代表时代的史料，而研究具体问题则基本以某人某事某学问的发展为归宿。当然不排除有些史料可能既与特定的人、事或学问相关，也能表现群体社会的演进，但确有另一些史料，在"通"与"专"之间是不能相通的（通常撰述的对象越小，史料在"通"与"专"之间相通的可能性就更大）。

史料如此，具体的门类亦然。金著基本是以政治为主的通史，而且是相对狭义的政治，连军事、外交等也语焉不详。百年间社会的变迁，及以此为基础的政治参与者的更易，各类思潮的兴替，甚至学术取向的竞争和转换，应该说都与政治活动关系密切。但若这些全都述及，恐怕非现在的篇幅所能允许（有些面相的既存研究还相对粗浅，或也不足以借鉴）。记得多年前参与《中华民国史》某卷的工作，李新先生就明确指示我：本书只写政治。而他所说的"政治"，就不包括思想、社会、教育和学术等方面的内容。

可知通史与政治的关联以及"政治"在这里的限定，是不少那一辈人的共识，已经存在很久了。且正如金先生自己在《后记》中所说："二十世纪中国的历史变化太快，事情太多，许多事又十分复杂。对其中的一年、一件事、一个问题以至一个人也可以写出厚厚一部书来。"他只想讨论这一时段"中国历史发展的基本脉络线索"，故对相当一些"本来应该多说几句"的事，也"只得省去，或简单地提到"。很明显，对复杂史事的简化，既是一本"史纲"类的书不能不有的选择，也是本书的一大特色。

由于要简化原本复杂的史事，本书自不免有不少见仁见智的选择。如对清末十年，或许因为作者注意到"海外有些学者对'清末新政'作了过高的评价"，本书便有些针对性的论述。若是我写这一段历史，我会适当多写清末的改革。从清廷那边看，能废除科举制这样实行了千年以上的制度，能考虑以立宪方式从根本上修改实行了两千年以上的帝制，这两项都是比清朝本身远更长久的大经大法，连这都可以改，还有多少不可改的？

我的陋见，若离开评价而进入叙述，则说明清廷确实曾努力改革，未必就降低了辛亥革命的意义。任何革命的产生，一定与革命对象密切关联。既然是共和取代帝制这样数千年未有的大革命，革命的对象就可能是制度而不是具体的人和由这些人所组成的朝廷（何况朝廷中人的意见也相当分歧）。具体言，辛亥革命的发生可能与清廷改革意图是否足够诚实相关，却不一定或不完全归咎于此。从制度转换层面去认识那次革命，似乎不必排除清廷确实努力改革而难以成功的可能性。这当然只是我的偏见，我也知道很多人并不赞同这样的看法，以后有机会当专文探讨，以向方家请教。

正因侧重于不那么广义的政治，金著全书很明确地凸显了事功的一面，这也是二十世纪中国史学的新特色。在古代中国，虽也存在"胜者王侯败者贼"的现象，实际的历史写作也确实更多反映战胜者的政治观念，但历史记忆的重要性却体现在《易经》所说的"君子多识前言往行，以蓄其德"。董仲舒引用的孔子修《春秋》的原则，即"因其行事，而加王心"；由于有撰述者后加的"王心"在，就不宜出以空言，而必须通过历史的前言往行来表述。

后来司马迁所引孔子说的"我欲载之空言，不如见之于行事之深切著明"，大概就是出自董仲舒所说。一般人常拿"空言"与"行事"对立，多少是误解了"行事"即"前言往行"；其实两者更多是对应而非对立的关系，"见之于行事"的目的，就是要体现"空言"难以表现的"王心"，一方面使当时的"乱臣贼子"害怕，同时也使后之君子能够通过这方面的了解而"蓄其德"。

中国史书在强调记载要实事求是的同时，在表述上却有写与不写以及故意写等方式的选择，来展现作者的意图。换言之，史书通过对往昔人与事的记载与否和怎样记载，来达到褒贬的目的（以判定朝廷的作为是否体现了"天命"），故记载在一定程度上也是一种诠释（这也有长远的传统，孔子说的"予欲无言"和孟子说的"不教亦教"，都是类似的诠释性表述）。

梁启超就曾注意到，司马迁著《史记》，其"篇目排列，亦似有微意。如本纪首唐虞，世家首吴泰伯，列传首伯夷，皆含有表彰让德之意味"。钱穆也认为，将伯夷置于七十列传之首，是司马迁有意表彰历史上无表现的人物："论其事业，断断不够载入历史；但在其无表现之背后，则卓然有一人在，此却是一大表现。"简言之，事功上无表现之人，仍可能有其历史意义。伯夷和叔齐能够入史，是基于他们的人格力量，而不是其事业的成功。

中国史学传统讲究守先待后。在某种程度上，史学的研究对象本是"无语"的。在我们的史学言说中，"失语"者更可谓比比皆是。《易系辞》之"彰往而察来，而微显阐幽"的精神，后来成为中国史家的一贯主张（如韩愈所谓"发潜德之幽光"）。从史学角度言，孔子提倡的"兴灭国、继绝世、举逸民"，或亦有关注历史上"弱势"群体和个人之意，并将其表而出之，使之"存在"于历史言说之中。无论是一国一群，乃至一个人，都应可以留下适当的记录，让后世知道这个国或这个人的存在。这既是前人对后人的一种信任，也应成为后人对前人的一种责任。

昔年林纾祭奠严复说："君著述满天下，而生平不能一试其长"，是至可哀之事。因为严复之才大过其时代，就像《庄子》里所说的北溟之鹏，振翼则水击三千里，然必其时有"厚风之积"，方能展翅。严复之才是否有那样大且不论，真让他一试其长，能否解决问题，也颇可怀疑——他中英文俱长，而一辈子与日本翻译名词作斗争，仍以失败告终。这就揭示出事功后面往往隐伏着时代的扶持，与时代不相协调——不论是落后还是超越于时代——的思想，多难以见诸实施。

严复至少还著述满天下，在当代产生了广泛的影响。还有许多不具事功的小人物在小刊物、小出版社所出的论著，未必即无所见，然一般不入当时大人物的"法眼"，也很难进入后人的历史言说之中。不少有价值有所发明的创见，即因此而长期湮没，很久之后才被人"发现"，甚至迄今无人"看见"。历史可以给我们的启示，不仅在彪炳的事功之中，也在无所作为的人格力量之上；甚至芸芸众生那看似平凡的前言往，也在在可见非凡的智慧，必须在历史上给他们留出一席之地。由此看，"显微阐幽"和"兴灭继绝"的重要性更见凸显，盖不仅为弱势者留记忆，亦为人类思想存结晶也。

不过，像这样以守先待后为宗旨的表述方式，随着传统的崩解和日本式章节体教科书的引进，已经基本失传了。当然，也有人视此为中国史学的进步。

金先生的大著，写作目的很明确。本书的背面印着一段话，说中国人在这一百年内的实践"比任何滔滔雄辩更能说明什么是正确的，什么是谬误"的。读此很容易联想起"盖棺论定"这句古训。一般多从研究对象已经终止活动的角度理解此意，真正从史学层面去"论定"，往往仍俟诸后人。这本二十世纪中国史的写作，基本是在二十世纪刚结束就开始了，等于是甫"盖棺"就要"论定"，差不多就是由当代人写当代史，难度可想而知。

作者对此有明确的自觉意识，金先生在《后记》中说，他承认"当代人写当代史总有他的时代局限性。有些事情也许多隔一些时间能够看得更清楚。后人在论述时也更加放得开，并且会有许多的新的视角"。但后人的难处在于："研究的依据只能是前人留下的一些资料，而那时的时代氛围、人际关系、民众心理以及影响事态发展的种种复杂因素（特别是一些大量存在而人们已经习以为常的东西）未必都在资料上记录下来，后人很容易拿多少年后的状况和经验去推想当年的事情，或者把个别未必准确的文字记载看作事情的全体，有时就显得隔膜以致失真。"

这是多做研究的人才能有的深入体会。一方面，时空的距离可能产生直接处于具体时空中所不能得到的体会和领悟。另一方面，当下记载那特定的长处，却并非一般所说的因时空距离近而更可靠，而是在可能如顾颉刚所说的那样"捉住当前一境"。顾先生曾引李贺在驴背上得句即写下放入袋中的典故，以为这样可"保其一刹那间之灵感"。笔记的长处，"要在捉住当前一境，使之留于札牍而不消失"。此意大可玩味。凡当时写下的东西，不论其写作或记录的意图如何，甚至不论其是否修改，多少都能留下几许"一刹那间"之感触。这与后人追记或经"研究"得出的结果，颇有不同。

中国有着特别看重历史记忆的传统，所以史书能长期延续不断。维系历史记忆，是史官的基本任务；而当下的记录，则是史官的重要职责。金先生长期任职于中共中央文献研究室，或许传承了中国传统史学那种当下记录的功能，厚积之余，有所撰述，也是自然的发展。当下的记载，即使以"实录"为目的，也是不免带有某种时代既存意识的选择性陈述；而后人陈述先人事迹，同样可能蕴含较多因缺乏"了解之同情"而产生的"诠释"成分。两者所含"诠释"的出发点固异,而均包括人为因素一点实同。大致确如金先生所言:"当代人和后人各有各的作用,各有各的时代局限性。"

这是一本可以面向广泛读者的著作,全书的文笔非常流畅易读,笔锋常带感情。或因此,个别时候,也偶有文学比兴稍过频繁之处。如书中多次使用"野蛮"这样的词汇,有时指专制产生前的社会状态(见书中所引孙中山语),有时用来描绘日本帝国主义的侵略,而民国成立后十多年北京政府(即我们通常称为"北洋政权")的治理,也被为界定"野蛮的北洋军阀统治"。那一时段的政治,时人已非常不满,后人也多有批评,但用"野蛮"来界定,仍可能产生某些意在言外的联想。不过,文字的比兴,本属见仁见智的领域。我自己对"野蛮"的理解有偏差,也是非常可能的。

我想,对于"史纲"一类的著作,首先是见其大。如《管子》所说,行"千里之路,不可直以绳";百年的历史,"苟大意得,不以小缺为伤"。其次是看其与既存的同类书相比,有些什么样的推进。我特别赞同本书的一点,即对于辛亥革命之制度意义和观念意义的彰显。作者指出:"人们常说改称'民国'无非只是换了一块招牌,其他并没有什么不同。"其实"在当时历史条件下,有这块招牌和没有这块招牌的区别不能小看"。制度的有无,具有根本性的意义。只有制度的根本改换,才能有生活在那个时代的人之思想观念的大转变。而人的转变,当然是所有历史变化中最大的一变。

本书篇幅甚大,难以一一述及具体;且术业有专攻(我的研究基本在抗战以前,所看的主要也在这一段),自己不够熟悉的,学力所限,也不敢多说。好在已有金先生的同辈人李文海先生发表了长篇书评;而据出版社提供的材料,还有历史学者杨奎松、桑兵、汪朝光和王奇生对此书进行了评论。后面几位都是和我年相若而素为我所佩服的学者，想他们对本书的评论不仅会非常中肯，而且一定比我之所见更为全面。

新年伊始，正是可以有所期望的时候。我也提出两点小小的希望，首先希望作者考虑拨冗将本书进一步简化，缩写成一本二十万字的小书，或可用作大学的教材。

其次，在书中那句"什么是正确的，什么是谬误"的后面，还有半句"给后人留下无穷启示"。如前所述，历史可以启示后人的，或不仅是事功。所以我也希望作者能再写一书，记述那些没有事功而实际影响了历史发展，或虽无事功而可能影响今后历史发展的人物。他们的事迹和思想，当然也是二十世纪中国史的有机组成部分。那段历史的蕴涵实在太丰富，我们自不能期望一两本书就囊括万有，但以金先生的如椽巨笔，若亦及于平凡，必能于无声处生惊雷，进一步丰富历史给后人留下的启示。

评金冲及《二十世纪中国史纲》

杨奎松[1]

金著的使命感

粗粗读完金冲及先生的这部《二十世纪中国史纲》(以下简称金书),印象最深的是作者的使命感。经历了大半个世纪的风风雨雨,尤其是经历了改革开放的巨大思想冲击和历史变迁,曾经长期被许多共产党人视为傲人资本的革命经历,多半已失去了其耀人的光环。由于新中国成立以来接连不断的政策失误,以致遭遇重大历史挫折,由于人们已置身于全新的国际环境和社会关系中,接受了全新的生存准则和发展理念,在在都引导着国人"告别革命",过去那套革命的话语和理念,潜移默化中早已受到了极大的质疑,甚至是挑战。金书正是面对这样一种情势,出于为革命正名和全面论证中共执政的合法性而作的。金书通篇其实都是在告诉读者:像中国这样一个有着几亿人口的东方大国,在一百年内发生翻天覆地的历史巨变,它不是,也不可能一步达到,必然会是一个复杂艰苦的探索过程。无论革命,还是建设,许多事情都是头一回经历,既没有现成的答案,也缺乏成熟的经验,怎样根据中国的国情,走出一条切合中国实际的新路子来,必须通过成功与失败的反复实践,逐步

---

[1] 杨奎松,华东师范大学教授。

摸索出，才能达到胜利的彼岸。因此，金书明确告诉读者：失败是成功之母，不能因为看见了挫折、失败，就怀疑，甚至是否定前人艰苦的努力和探索。用书中的话来说，就是：

> 既然是探索，自然不可能把什么都预先弄得清清楚楚，都已有了百分之百的把握。周围的局势又往往那样危急而紧迫，不容许你从从容容地做好一切准备后再起步。许多事只能看准一个大的方向，便勇敢地往前闯，在闯的中间作种种尝试。其中难免会有风险，会有曲折。有时，人们的认识不符合客观实际，再加上不那么谦虚谨慎，还会付出很大的代价，碰得头破血流。人们只能在实践中不断总结成功的经验和失败的教训，发现问题就去解决，认识错误就去纠正，才能逐渐学会应该怎么做。路就是这样闯出来的。

中共在民主革命时期曾经遭受过两次大的失败，在社会主义建设时期也犯过两次严重错误，但是：

> 这个党的本质是好的。无论怎样艰难困苦的环境，无论多少巨大的外来压力，无论自己一时犯过多么严重的错误，遭受多么巨大的挫折，都没有把它压垮。它不但总能在失败和挫折中挺过来，并且总能靠自己的力量而不是由别人来纠正这些错误，经过用几年时间严肃地总结经验教训，使自己变得更加成熟，更加聪明，使自己没有白白付出那些代价，而从实践中逐步摸索出一条正确的路子来。这是一部二十世纪中国历史所反复证明了的。

不难了解，金书就是在这样一种指导思想下，出于要回答中国为什么需要中共，中共如何为中国奋斗，又为什么会遭遇到许多挫折，会犯许多错误，同时仍旧能够引导着中国革命和建设事业不断取得成功这一重大历史问题，来写此书的。全书二十九章，只有很少的几章没有讲到中共，或不是以中共为中心。从这个角度来看，此书题为"二十世纪中国史纲"，似乎并不是十分准确。尤其是从"中国史"的角度，书中实在也只是集中讨论了政治史方面的问题，而对社会、经济、文化、民族、外交、军事等更广泛地支撑一部"国史"的研究面向，着墨甚弱。

从阶级史观到民族革命史观

那么，从一部政治史纲的角度，金书有哪些新的特色呢？

在我看来，金书最大特色有两点，一是它努力以"史"代论，且尽其所能地边叙边议，大胆直面作者不同意的各种观点。二是它字里行间充满了感情，作者大量引述国人当年各种爱国言论，并常常加以动情的议论，或褒或贬，皆以是否利国为标准。由此也就决定了金书与传统中共党史写法的一个最大的不同之处，就是作者明显地力图展现一种新的历史解读的方法。实际上，这也是一种史观的改变。

传统的中共党史所依据的，是联共（布）党史的思路，即要基于阶级史观来讲民族和国家。也就是要先依照马列主义的阶级观点来谈国家、民族、社会及其在此基础上所发生的种种矛盾与冲突，再依据阶级差别、阶级矛盾、阶级冲突去解读国家关系、民族关系和社会关系问题。比如毛泽东讲中国革命的原因时，就会首先讲中国社会长期的封建性质及其地主与农民两个阶级之间的阶级斗争；进而说明外国资本主义的侵入如何削弱了封建统治，并促成了中国社会的分解和新的社会阶级——资产阶级和无产阶级的形成；然后再说明列强各国为了把中国变成自己的原料基地和商品市场展开的争夺，又如何瓜分着中国并利用中国的买办阶级和没落地主阶级做自己统治中国的工具。在此基础上，毛泽东总结出中国近代社会的几大特点：

一、封建时代的自给自足的自然经济基础是被破坏了；但是，封建剥削制度的根基——地主阶级对农民的剥削，不但依旧保持着，而且同买办资本和高利贷资本的剥削结合在一起，在中国的社会经济生活中，占着显然的优势。

二、民族资本主义有了某些发展，并在中国政治的、文化的生活中起了颇大的作用；但是，它没有成为中国社会经济的主要形式，它的力量是很软弱的，它的大部分是对于外国帝国主义和国内封建主义都有或多或少的联系的。

三、皇帝和贵族的专制政权是被推翻了，代之而起的先是地主阶级的军阀官僚的统治，接着是地主阶级和大资产阶级联盟的专政。

四、由于中国是在许多帝国主义国家的统治或半统治之下，由于中国实际上处于长期的不统一状态，又由于中国的土地广大，中国的经济、政治和文化的发展，表现出极端的不平衡。

五、由于帝国主义和封建主义的双重压迫，中国的广大人民，尤其是农民，日益贫困化以致大批地破产，他们过着饥寒交迫的和毫无政治权利的生活。

正是基于这种判断，也才有了近代中国是半殖民地、半封建社会之说，和近代中国社会的主要矛盾，是帝国主义和中华民族的矛盾，封建主义和人民大众的矛盾的看法。由此也就决定了中国革命的对象、任务和动力所在，决定了只有代表最先进的生产力、具有最彻底和最不妥协的革命精神的中国无产阶级及其政党，才可能担负起组织、引导中国社会各个革命阶层推翻帝国主义和封建主义统治的任务的论点。传统的中共党史，包括建立在这一观点上的中国近代史、现代史的写法，曾经都是建立在这样一种认识与叙述逻辑之上的。

和这样一种完全建立在阶级史观基础上的传统叙述模式相比，金书的叙述逻辑明显地有所不同。作为一部"史"书，作者几乎未做任何理论性的归纳和分析。包括从开篇第一章介绍二十世纪前夜，一直到第五章讲到"中国共产党的诞生"，金书都没有像传统中共党史那样，用到毛泽东的理论分析首先来分析一下时代背景、国内外阶级关系和历史演进的客观逻辑。金书大量引证史料，细述历史过程，说明洋务运动、戊戌变法、义和团运动、清末新政，乃至于辛亥革命和孙中山领导下的其他一系列革命斗争，都不能改变近代中国的悲惨境遇，中国非要共产党不可，都是据史以论，并不着眼于阶级分析。按照各种史料所提供的线索，金书对中共形成背景及经过的认识是这样的：一是因为在当时只有马克思主义具有"综合体系"和"根本解决方法"可做指南，又有俄国革命奉行成功可做榜样，并且它还指示着一种可以超越于资本主义的社会理想前途，因此对激进知识分子极具吸引力。二是"五四"之前正好俄国成功了十月革命，"五四"又极大地解放了人们的思想，再加上俄国的共产党人派代表到中国来，提供了最直接的帮助，中国的工人运动又恰好在这个时候达到了相当的水平，中国激进的知识分子有了与这些极大地区别于中国社会其他阶级的工人阶级结合起来的可能性。而归根结底，是"祖国和人民的悲惨处境"，"驱使他们产生一种特殊的紧迫感"，陈独秀等人就是因为看到俄国的方式救国最有效、最便捷，按捺不住地想要马上开始"改造中国社会的实际行动"，所以才会照着俄国人的样子，成立共产党。这全都是时势使然，是"客观时局发展到这一步"。

为救国而建共产党，共产党为救国而革命、为中华民族之崛起而奋斗，这其实就是金书的中心论点和叙述逻辑之所在。也正是为了能够在叙述中使中共与中国及其整个民族合乎逻辑地融合在一起，金书中经常用大量充满激情的文字动情地谈论"中国人""中国人民""中华民族"的心声、情感与精神，热情地讴歌代表着这些心声、情感与精神的共产党人艰苦卓绝的斗争。如果说，传统中共党史坚持的是一种阶级史观的话，那么，金书显然更多地是基于一种民族史观，或曰民族革命史观来解读这一百年来的中国政治史。这应当是金书与此前许多正统的中国近代史、现代史、革命史和党史著作，最为不同之处吧。

要跳出传统史观并不容易

但是，要跳出传统的阶级史观，真正改从民族史观的角度来看问题，却不是那么容易的。

读金书，我们可以很清楚地发现，作者虽然看历史的角度发生了改变，但他不仅没有改变传统的中共党史中的各种基本观点，甚至也没有停止使用传统的中共党史一直在使用的各种阶级的概念。比如"地主阶级""资产阶级""工人阶级"等。包括在谈到这些概念时，金书对各个阶级性质、作用的基本判断，也和过去没有两样。如讲地主阶级是"没落"的，讲新兴的民族资产阶级是"软弱"的，讲中国早期的工人阶级"还没有作为一个觉悟了的独立阶级力量登上政治舞台"，到"五四"爱国运动时则"开始以独立的姿态""走上政治舞台"之类。而且，多半是由于篇幅过大的原因，金书甚至没有具体讨论和分析过这些所谓阶级的种种复杂情况。但一方面继续沿用传统的阶级观点，一方面又超越阶级处处从民族和国家的角度谈历史，两者之间难免会出现一些扞格之处。

一个最典型的例子是金书关于"工人阶级"的看法。在金书中，凡谈到工人或工人阶级处，除早期外，几乎无不是与共产党相联系的。给人印象，在中国，只要是工人，就是在共产党领导之下或由共产党所代表的。这样简单地画等号的做法，不可避免地造成了对历史的某种误读。

如书中在谈到一九二七年"四一二事变"前蒋介石国民党在上海对工人的态度时，就说蒋为便于镇压行动的突然性，"并不轻意暴露自己的真实意图，仍对上海工人作出似乎可以令人宽心的友好姿态"。金书虽没有用过去一些书中用过的蒋介石向工会送锦旗麻痹工会的说法，却还是举了"四一二"前十来天周凤岐的第二十六军与工人举行兵工联欢大会等史料来证明存在这种欺骗。但在这里，金书显然忽略了当时上海至少存在着两个全市性工人组织的情况。事实上，当时上海有两个具有全市性影响的工会组织，一个是中共领导的上海总工会，一个是有青红帮背景的工界联合会。周凤岐部不可能也没有与中共领导的上海总工会的工人联欢过，但他们确实是与工联会的工人举行了联欢会。笼统地说蒋介石以此来欺骗麻痹"上海工人"，显然与当时的史实有出入。

其实，就是中共认为自己所代表着的人数不多的中国产业工人群体，因为行业、地域、语言文化区隔等种种原因，在全国范围内情况也是极为复杂的，直接在共产党组织影响下的人数极为有限。一方面，在中国，最早开始做工人运动的，一是早期的无政府主义者，一是国民党人。像广州的产业工人（即机器工人），长期以来就是被组织在国民党领导的工会里面的。在大革命时期，国共两党两个工会就互不相让，不止一次地发生过两派工人的大规模械斗。中共一九二七年十二月举行反抗国民党的广州暴动，机器工会的工人还在国民党的组织下，积极参加了镇压行动。另一方面，一九二七年中共转入地下后几乎无法在城市产业工人中发展组织。特别是一九三一年前后中共中央退出城市，工人运动和工会组织更是全面受到国民党的影响和控制。一九四〇年代末，中共初进城市后就发现，无论是在上海这样的大城市，还是在石家庄这样的中小城市当中，国民党在产业工人中的势力和影响都很大，许多工人都加入了国民党或成为国民党工会组织的骨干分子。为了避免打击面过大，中共还专门通过文件规定，不对一般工人加入国民党问题进行追究。

类似的情况并不仅仅表现在工人的问题上。这从一个方面可以说明，讲这段历史时，笼统地谈这个"阶级"，那个"阶级"，和把传统的中共党史中关于阶级作用的说明简单地接受过来，而不做具体分析和史实的研究，是很容易造成对历史的误读的。

如何看待蒋介石国民党？

不从阶级分析、阶级斗争入手，只着眼于民族和国家利益，处处强调中共是民族和国家利益的代表，还有一个容易引起歧异的问题。这就是：既然是讲民族、讲国家，始终与中共存在着阋墙之争，却同为民族兄弟的蒋介石国民党该如何摆？

在金书中，因为要证明历史上国共之争中中共的正确性，蒋介石国民党依旧被描述成一种负面，甚至是反动的形象。有所不同的是，在传统的中共党史著作中，蒋介石国民党的形象至少是清晰的，其自身的以及与中共关系的变化是有内在逻辑可寻的。而金书离开了阶级分析的观点，蒋介石国民党的形象反而变得模糊不清了。

按照阶级分析的观点，蒋介石国民党毫无疑问是民族主义的。他们之所以和中共时而合作时而对立，只是由两者的阶级关系所决定的。前者通常被认为是代表资产阶级或地主资产阶级的，后者则被认为是代表着致力于推翻地主资产阶级统治的工农群众，尤其是以消灭资本主义为目标的无产阶级的。当蒋介石国民党代表资产阶级时，代表无产阶级的共产党人有时会为了民族民主革命的目标，与之合作；当蒋介石国民党代表了地主资产阶级，甚或大地主大资产阶级的利益时，双方就不可避免地会成为敌人。

按照金书的分析方法，蒋介石国民党的阶级代表性看不见了，中共成了民族国家利益的唯一正确的代表，蒋介石国民党的民族主义性质也成了问题。这样一来，要想说清楚它与蒋介石国民党分合冲突的原因自然就变得十分困难了。由于没有掌握其他评价标准和工具，作者甚至不得不从道德层面上来看问题了。比如，当蒋在书中作为反共人物出现时，作者断言他是国民党中那种"只是想靠孙中山来谋求自己的发展"的人物，一心在谋求权力和地位。随着蒋介石国民党与中共矛盾冲突加剧，作者的评价也更趋道德化，称蒋内心是反苏反共的，为了权力地位，表面上表现成左派。"一到羽毛丰满便突然变脸了"。这一评价在说明蒋发动"四一二事变"时，更加变成一种人品的贬斥了。书中最直言不讳的说明就是："蒋介石是个要把一切大权独揽在自己手里、容不得任何异己力量而又富于权谋的人。当自己实力不足的时候，他可以隐忍不发，以便一步一步地达到目的，……一旦认为时机成熟，他立刻会翻过脸来，采取令人吃惊的断然行动"，且"手法十分卑劣"。

从道德人品的层面来评价历史人物，严格说来是危险的。因为它很容易导致研究者的情感倾向左右史实叙述。金书似乎就存在着这样的情况。因为作者对蒋介石道德人品的观感极差，不仅影响到全书对蒋介石历史作用和地位的评价几乎完全负面，而且影响到作者对一些可能影响到读者对蒋产生某种好感的看法的史实，也会采取回避的作法。比如，金书就只讲蒋介石"九一八事变"以后如何不抵抗，对蒋随后在锦州、热河、长城抗战问题如何主张抵抗，调兵遣将，如何与张学良发生争执，却未置一词。讲到热河不战而失，不讲张不按照蒋令撤换汤玉麟，积极部署抵抗的背景，却说蒋介石乘热河沦陷"逼迫……张学良辞职"。对于紧接着发生的长城抗战，金书虽没有否认中央军有参战，却对西北军的抵抗给予高度评价，对晋军的抵抗只讲失利，中央军的作战则被描述为主要是"有爱国心的将士们"的所为。

对于随后的抗日战争，金书花了许多笔墨，写得很充实，还辟出专目来写民族资本家的作为和态度等。最引人注目的是作者这时多少注意到了作为国家统帅的蒋介石当年领导全国抵抗和国民党军队的作用，第一次表示承认"蒋介石和南京政府内许多军政人员也有程度不同的民族主义思想"。这理应更接近作者原本的出发点——民族史观。但作者对此并不能坚持到底。书中认为，在抗战爆发后一年多时间里，"国民党和它的军队的表现是积极的，在抗击日本的军事行动上担当了主要部分"。到抗战进入到战略相持阶段后，国民党军队就只是"仍坚持在抗日阵营里，并且在一些战场上进行过顽强的抵抗"了。到抗战后期就更不要提了，自身专制腐败，作战一溃千里，对中共却磨刀霍霍。作者的观点几乎都来自毛选，但却仍旧没有用到毛的阶级分析的方法。作者归纳蒋对日也好、对共也好，认为其态度变动的主要"内在原因"就是一点，即必欲坚持其专制独裁的统治地位，因此搞到天怒人怨。

就形式而言，作者的看法并非没有道理。但从逻辑上来看，却未必都能说得通。因为，在一定的历史阶段和一定的社会历史条件下，追求独裁、专制并不一定就不好，就会失败。俄国著名的历史唯物论者普列汉诺夫就举过拿破仑的例子，称拿破仑始终是追求独裁和专制的，他甚至走到恢复帝制自己做皇帝的地步，也没有遭到强烈的反对，反而还得到了法国民众的一致拥护。普列汉诺夫明确认为，一个历史人物伟大或渺小，与其个人的性格品质和选择何种统治形式，并不构成直接的因果关系。重要的是他是否代表了社会的需要。他代表社会需要的时候，就是强有力的；背离了社会需要，就一定会被历史所淘汰。更何况，今天有越来越多的学者发现，蒋介石固然迷信和追求专制独裁，但国民党恰恰不是因为控制太过而失败，反而是因为其自身派系林立，内部分歧太多和无力控制社会而归于失败的。很显然，注意到这些情况，金书离开民族战争和利益格局大变动的复杂背景，对蒋介石国民党在抗战中所虑所欲、所作所为的总体评价，恐怕也是可以商榷的。

"前三十年"叙述的纠结

金书最少争议之处,应该是有关中共建国史的叙述。因为这一时期的政权建立、经济恢复、抗美援朝、第一个五年计划的实施和社会主义所有制改造的初步实现等,可以说是一路凯歌高奏,作者写起来也从容顺畅,颇为得心应手。但是,一进入到一九五七年,问题就再度浮现出来了。

从一九五七年二月毛泽东发表《关于正确处理人民内部矛盾的问题》的长篇讲话,认为"革命时期的大规模的急风暴雨式的群众阶级斗争已经基本结束",今后社会的主要矛盾将是人民内部矛盾;到四月中共中央发布《关于整风运动的指示》,相信需要通过群众提意见的方式帮助党解决引发社会矛盾的官僚主义的问题;再到五月毛泽东受不了言辞激烈的批评,怀疑有人乘机"反共",写下《事情正在起变化》的短文,进而发动了大规模的反右运动,将五十五万知识分子和党政干部打成"右派",金书在叙述这段历史时引述了许多毛泽东谈阶级斗争的言论观点。由于作者此前一直没有从阶级分析的角度来说明毛泽东和中共种种政策策略及其路线方针的变动原因,读者突然读到大量毛泽东谈论阶级斗争问题,且前后矛盾的引文,不能不感到十分突兀和不解:毛泽东到底对新中国条件下的阶级关系、阶级斗争及其形势,是怎样一种看法,他为什么一会儿认为新社会的主要矛盾是生产力和生产关系的矛盾,群众阶级斗争已经基本结束,一会儿又认为新社会的主要矛盾是无产阶级与资产阶级、社会主义道路与资本主义道路的矛盾,阶级斗争还严重存在?金书对此没有做任何深入的分析和解释,只是借用龚育之的一段话,说问题主要是出在缺乏经验上,一遇到未曾料及的形势变化，就容易偏离正确的轨道。但显而易见的是，毛泽东缺乏的只是管理建设国家与社会的经验，却并不缺乏革命时期的群众性阶级斗争的经验。其一旦偏离"正确方针"，马上就会回复到过去阶级斗争的方针上去。

严格说来，离开中共的阶级分析和阶级斗争，来讲二十世纪的政治史，尤其是讲中共的历史，一个最大的问题，就是无法准确地解读改革开放前始终依靠阶级分析和阶级斗争观念指导革命与建设的中共的种种成功与失败。

就像讲中共八大决议宣布中国社会主要矛盾将是先进的生产关系和落后的生产力之间的矛盾，讲毛泽东在《正处》中宣布今后将主要是人民内部矛盾，如果不讲中共所依据的马克思与列宁的阶级观、国家观和苏联社会主义革命的实践经验，读者是无论如何也弄不明白这种宣布的意义所在的。

同样，讲一九五六年东欧刚刚发生过波匈事件，中国也发生有学生、工人上街闹事，一九五七年毛泽东却毫无顾忌地全力推动整风运动，号召党内外人士积极向中共提意见，如果只讲建国头几年接管建政、恢复建设如何成功，而不讲自建国以来中国通过"土改""镇反""肃反"，已经"杀""关""管"了数百万"地""富""反""坏"，并通过批判电影《武训传》、批判俞平伯红楼梦研究、批判胡风文艺思想、批判胡适学术思想、批判梁漱溟"反动思想"，以及思想改造运动和学生、干部、知识分子人人交待历史问题与反动社会关系等等政治斗争和思想斗争，对社会进行了全面清洗，读者也就无法体会到毛泽东当时何以会信心满满，更无法理解何以毛发现有人"猖狂进攻"会倍感意外，进而造成对形势的严重错估，重拾急风暴雨式的群众阶级斗争手法，一举打出数十万所谓"右派分子"。

金书讲一九五八年"大跃进"和人民公社运动,讲一九五九年"反右倾运动",都比较实事求是。书中最具新意的,是正面承认了当年各地大批饿死人的情况。作者明确指出,按照五十年代中期以后全国人口统计的情况,每年增长数都在千万以上。但一九六〇年的全国人口不仅没有增长,还减少了一千万人,一九六一年又进一步减少了三百四十余万人。两年的数字相加,不仅少增加两千五六百万人,还减少了一千三百万人。除去按金书所说"育龄妇女因病弱增多而使婴儿出生率大大减少"外,"全国因缺粮而非正常死亡的"人数之众,可想而知。

发生如此惨重的"灾难性恶果"和"巨大的悲剧",金书对原因的分析却难以让人接受。按作者的说法,造成这一切的原因,是主观上想把经济建设搞得更快一些,让人民早些过上好日子,只是因为"骄傲"了,计划"超越了国力的实际可能,过分夸大了主观能动性的作用……违背了经济发展的客观规律",才发生了惨剧。作者在这里没有使用主语,让人弄不清楚所指是毛,还是"党"。姑且不论作者所指是谁,其对问题根源的分析明显存在很大的可商榷的余地。毋庸置疑的一点是,任何国家的领导人都可能发生头脑发热或判断失误的情况,这并不奇怪。问题是,任何一个有着正常制度的国家,都会有避免或减少因个别领导人错误决策引发严重后果的校正系统与机制。何以在中华人民共和国竟不存在这样的系统与机制?不仅不存在,彭德怀等人正常上书反映问题,还会因惹恼最高领导人而身陷囹圄,原本应该有所调整的错误决策反而会更加变本加厉,从而使形势雪上加霜,导致明明可以少发生的严重后果更加严重了。

不难了解，一九五八年以后，甚至可以说在新中国成立以后，中国所发生的一系列各种严重问题，无论政治、经济、军事、外交、思想、文化，几乎都是与中国不存在可以约束最高领袖意志，减少因错误决策导致可怕后果的正常机制和制度密切相关的。包括"大跃进"，也包括"文化大革命"的发生，无不反映出这样的情况。简单地从动机上来看问题，把这一切归结为"骄傲"，归结为"没有经验"，给人印象，只要主观上注意些、谨慎些，就能够避免发生如此错误，这无论如何是不妥当的。

现实之禁与史家之忌

摆在我面前的这部书稿，多达一百万字，说是二十世纪中国史纲，实际上它也不能不从一八四〇年鸦片战争讲起，甚至于细说一八九四年甲午战争和一八九八年的戊戌变法，因此其纵贯历史也在一百年以上。如此大分量、大跨度的皇皇巨著，靠一人之力，仅花两年多时间，就顺利完成，并且还能持之有据地讲出一番新史说，在当今中国，大概也只有作者一人才有此资格和功力了。

说这件事只有作者一人能做和敢做，主要是基于两点理由。

一是当今中国史学研究越来越偏向于微观史，传统的宏观史论鲜有人做了，过去能做者无论知识，还是年龄，都垂垂老矣，再难堪此重任。且有尝试者，也几乎都是新瓶装旧酒，难得写出一点新意来。唯有作者，年虽日近八旬，却一直坚持在学术研究的第一线，且不断有新成果推出。其敢当此任，宝刀未老，雄心、功力犹在，是为当然。

二是史学研究首重客观，它要求研究者与研究对象必须保持相当的时空距离。因此，当今做历史研究者，无论中外，鲜有研究中华人民共和国历史者。纵有，也仅及二十世纪五六十年代。除不敢过近外，也因为中国档案文献的开放，目前通常也只开放到这个时期，史料上也有局限。

在中国，不受此时空限制而仍能冠以"史"字做更切近之研究者，却有一个中共党史研究专业。而且，因此专业有很强的官方背景，其研究者还往往有查阅未开放档案史料的特权。越是在中共党史官方研究部门，越是具有高级别者，能看到的档案史料相对也就越多。而作者恰恰就具备了这两方面的条件。他既是中国近代史研究的专家，又是中共党史研究界行政级别最高的专家，其得天独厚之处，当今无人能及左右。因此，他既可以以中国近代史研究专家的身份来撰写从一八四〇年至二十世纪五十年代以前的中国历史，又可以以中共党史研究专家的身份来撰写二十世纪五十年代以后到二十世纪末的中共党史，如此两相贯通而成就此《二十世纪中国史纲》，也就顺理成章了。

不过，作者能做、敢做，并且已成之事，在我却仍抱有很大疑惑。

坦率地说，我很能理解作者那种强烈的使命感，也很能认同他关于当代人比较容易了解当代各种事态发展的种种复杂因素，不像后人看久远的历史那样容易因环境隔膜而判断失真的看法。我从"五四"前后一直努力向后研究，于今已逐渐研究到二十世纪五十年代初，私心所虑，也在于此。但即便如此，我对于作者把近二十几年、十几年，乃至于几年前的事情都写入到史书中来，而且还率性褒贬的做法，仍认为太过冒险了。

我不反对当代人写当代史，古来不少历史名著也是生活在几乎同时代人写的,这证明当代人并非就一定不能写好当代史。然而,这样做毕竟是有条件的。第一是研究者和研究对象必须保持一定的时空距离,绝不能太近,更不能自己人写自己史;第二是必须尽量研究微观,而不能做全景式研究,尤其不能做盖棺之论。毕竟,研究距离自己太近的历史,太容易因自身经验、情感、立场及其价值观等局限,而扭曲对历史真实的认识了。再好的历史学家,怕也概莫能外。斯大林是再精明没有的了,他当年主持编撰的《联共(布)党史简明教程》,即使今天读起来,也还是能感觉到它文字的严谨和很强的逻辑力量。但是,离开斯大林时代许多年以后,太多的史料被发掘出来了,结果证明当年汇集了苏联许多专家心血的这本书和历史真实相去甚远,作为史书毫无价值,这无疑是一个很典型的教训。

凡是研究过中共党史的学者都了解,时间离现实越近,研究的困难也就越大。这与能不能看到档案史料甚至没有多少关系,而是现实政治会制造出许多禁忌,由不得你如实叙述。作者再有资格,也不可能不受到此种禁忌或忌讳的影响,甚至是左右。

举一个例子,金书谈一九七六年毛泽东逝世后华国锋等解决"四人帮"问题这一过程,就让人深感遗憾。这本来是一段很具传奇色彩的历史经过。目前涉及这段历史的回忆已经出了不少,坊间也有各种说法,原本很可以做一点精彩的考据,并写得很生动,但作者却全无针对性的分析和讨论。就连华国锋究竟起过怎样的作用,又是如何起作用的,也因为对华的政治评价说深说浅都会有些敏感,故有意写得很含糊。包括对在这件事上起了极为关键性作用,后来因此还一度做过中共中央副主席的汪东兴,竟连名字都没有提到。对于这样一件距今已过去了三十多年的事情尚且不能做到直言不讳，谈再近些的事情怎么可能实事求是？

因此，我虽受人之托做此书评，却不欲从历史研究的角度对金书二十世纪最后二三十年的记述说长论短。但在这里必须要说明的一点是，无论金书存在怎样的不足，以作者这样权威的近代史专家和中共党史专家，经受了改革开放三十年各种思潮的强烈冲击后，仍有如此强烈的政治使命感，其观察中国近现代政治历史的角度和思路，包括基本史观，敢做如此大幅度的尝试和调整，还是难能可贵的。

世纪的视野　历史的尺度

王奇生[1]

史书有各种各样的写法，不过当今难得见有学者独力撰写通史。通常大家所说的"中国近现代史"不过一百多年，而研究者各有专攻，治清史者不治民国史，治民国史者不治共和国史，少有贯通研究者。前几年，中国社会科学院近代史所集十余位学者合力撰写一部《中国近代通史》（1840—1949），被称作是"第一部完整的中国近代通史"，"完成了几代史学家未竟意愿"，可见"通史"撰写之不易。最近金冲及先生的新著《二十世纪中国史纲》（以下简称《史纲》）出版，当今中国近现代史学界，金冲及是一位"通治"者。

人们习惯将历史比作一条长河，意谓其奔流不止。在历史的光谱中，虽有时起时伏的波段，并无截然两分的断裂。所谓"古代史""近代史"与"现代史"之分，仅是历史学者为了编纂和论述的便利。况且今人的"现代史"，数十年之后亦将成为"近代史"，数百年之后又将沦为"古代史"。研究中国古代史者，习惯以朝代定论域。研究中国近现代史者，长期以"五四"分新旧，近年来，又渐有"朝代史"的倾向。

《史纲》以一种新的"世纪史观"取代传统的"朝代史观"。二十世纪的中国，历经多次政权、政体更替，在"朝代史"的视野

---

[1] 王奇生，北京大学历史学系主任，教授。

下,百年历史被裁为数截,呈现"碎片化"倾向。在"世纪史"的视野下,晚清、民国、共和国既呈现各自的阶段性,又具有内在的历史连续性。

与以往的中国近现代史论著最大的不同点,是《史纲》自始至终贯穿浓烈的"世纪"意识。作者于开章即申言:可以把二十世纪"作为一个完整的发展过程来考察和研究"。正是在这样一种综合考察的基础上,作者分别从世界和中国的角度对二十世纪作出总结:对全世界来说,"二十世纪是一个充满动荡和剧变的不平凡的世纪。在人类历史上,没有任何一个世纪在变化的规模和深度上能同二十世纪相比。在这一百年里,经历过两次世界大战,给人类带来深重的苦难;也是在这一百年里,社会的进步令人目不暇接"。对中国来说,二十世纪"是决定我们民族生死存亡的一百年"。"一部二十世纪中国历史中,始终贯穿的鲜明主题是:为实现中华民族的伟大复兴而奋斗。"这似乎是个口号,作者却视之为贯穿二十世纪中国历史的主题和基本线索。在作者看来,中国的革命也好,建设也好,改革也好,归根到底都是为了"实现中华民族复兴"这一目标。在这一总体目标之下,中华民族面对两大历史任务:一个是求得民族独立和人民解放,一个是实现国家的繁荣富强和人民的共同富裕。

作者的"世纪史观"不仅运用于对二十世纪历史的考察,也运用于对前后几个世纪历史的比较审视。作者指出,十八世纪也就是清朝的康雍乾时期,中国在不少方面居于世界领先地位。但是,十八世纪和十九世纪之交的法国大革命和英国工业革命以后,西方在经济上和政治上发生重大变化,中国很快就落后了,并沦入被西方列强恣意掠夺和压榨的悲惨境地。实现中华民族的伟大复兴,便成为二十世纪中国历史的突出主题。

作者通过对二十世纪历史的深入思考,提出百年中国有"三次历史性巨大变化":一次是辛亥革命,结束了几千年的君主专制制度;一次是中华人民共和国成立,建立起社会主义的基本制度;一次是改革开放,为实现社会主义现代化而奋斗。作者认为过去对辛亥革命的意义低估了。《史纲》对辛亥革命作了高度评价,指出它"不仅推翻了清朝政府,扫除了中国争取民族独立和社会进步道路上这个巨大障碍;而且结束了统治中国几千年的君主专制制度,建立起中国历史上从来不曾有过的共和政体"。

《史纲》在很多重大问题上作了新的诠释。如对于辛亥革命的性质,作者没有沿袭"资产阶级民主革命"的传统说法,而称之为"中国完全意义上的近代民族民主革命"。《史纲》所用资料极为丰富,尤其引用了大量海外新公开的文献史料,作者运用新史料,对很多问题作了新的描述和解释。书中还引用了大量中共中央档案和未刊文献,如中共中央的会议记录和中央领导人的讲话。不少档案文献可能是首次公开运用于学术研究中。

值得注意的是,书中有三个字最为常见,也可以说是作者的一句口头禅:"在当时"。作者的这句口头禅值得留意。仔细分析这三个字在书中出现的场合,就会发现作者虽然常用却绝不滥用。可以说,这三个字充分表达了作者对历史的评判态度,那就是"历史的尺度"。

做历史研究,常有"后见之明"一说。因为历史研究者已经知道了历史的结局是怎样,故而比较容易发现一些历史行动者未能注意到的事物和信息的重要性,仔细分析当时当事人为什么未能注意到那些后来证明是关键性的因素。这也是历史研究者的优势所在。

但这只是问题的一面,而问题的另一面是,历史研究者最容易以今情测古意,也就是容易以后来的观念和价值尺度去评说历史事件和评判历史人物,结果常常得出超越于时空的判断和悖于时空背景的研究结论。这可以说是历史研究者的"后见之弊",直白一点说,就是"事后诸葛亮"。

《史纲》频频出现"在当时"三字,正意味着作者重视用历史的眼光、历史的尺度来评判历史事件和历史人物,也时刻提示读者注意当时的历史条件和历史背景。这样的例子在书中俯拾皆是。如谈到同盟会时期孙中山作为革命领袖的重要性,指出"在当时中国的历史条件下,有没有这样一位众望所归的领袖,对能不能把原来处于分散状态甚至互不相让的革命力量团聚起来,能不能建立起一个全国性的革命政党,有着十分重要的意义"。对于辛亥革命的意义,人们常说改称"民国"只是换了一块招牌,其他并没有什么不同。而作者强调:"在当时历史条件下,有这块招牌和没有这块招牌的区别不能小看。"

《史纲》的最后一章,作者对二十世纪历史作出了自己的宏观阐释,内中有"在不断探索中前进"一节最值得注意。这一部分的论述集中体现了作者的历史观,也是全书的画龙点睛之处,很有必要在此引述。作者指出,"在不断探索中前进,是中华民族在二十世纪艰苦跋涉中的重要特点,也是正确理解这段历史中许多重大问题的关键。中国人民在民族民主革命中经历过不断的探索,在社会主义建设以至改革开放中同样经历过不断的探索。离开'探索'这个重要特点,许多事情便很难正确理解。"为什么这种探索是不可避免的?因为是一个和任何西方国家不同的东方农业大国,人口众多,经济文化落后,各地发展极不平衡。在这样一个国家里,无论革命还是建设和改革，遇到的都是一个又一个新问题。这些新问题，在书本上和别国经验中找不到现成的答案。唯一的办法，只能靠中国人自己，按照中国的实际情况，大胆探索，从成功和失败的实践中总结经验教训，逐步摸出一条自己的路子来。除此以外，没有别的轻便的路可走。既然是探索，自然不可能把什么都预先弄得清清楚楚，都已有了百分之百的把握。周围的局势又往往那样危急而紧迫，不容许你从从容容地做好一切准备后再起步。许多事只能看准一个大的方向，便勇敢地往前闯，在闯的中间作种种尝试。其中难免会有风险，会有曲折。

作者指出，中国共产党最终能在失败和挫折中挺过来，靠自己的力量来纠正这些错误，从实践中逐步摸索出一条正确的路子来。作者说，对事情需要放在当时的具体历史条件下设身处地地去进行分析，考虑到种种复杂的因素。历史的前进，一定会经历复杂以至曲折的过程，受到种种因素的制约，人们对客观事物的认识也需要有一个过程。因此，作者特别强调，研究历史一定要重视对过程的分析。应该说，对历史过程的细节描述和对历史全局的宏观分析，两者如何恰如其分地结合起来，《史纲》作了很好的示范。

大手笔下的大世纪

——金冲及著《二十世纪中国史纲》读后

黄道炫[1]

打开金冲及先生洋洋百万余言的《二十世纪中国史纲》(以下简称《史纲》),触目可见这样的判断:"在人类历史上,没有任何一个世纪在变化的规模和深度上能同二十世纪相比。"[2]世界范围如此,中国也不例外。剧烈的变动,使我们在新世纪之初回首上个世纪的风雨沧桑,竟然已有白发宫女话玄宗的恍然。大时代、大变动、大人物,用这三个"大"字来概括二十世纪的中国,一点也不夸张。

动荡的时代不一定是生活在其中的人们的幸事,在二十世纪的中国,我们看到了太多的悲欢离合、恩怨情仇,这个时代的背影,有时确实让人觉得太过沉重。在这样庞大的背影下书写历史,需要勇气、智慧和识力。金冲及先生独力完成的《史纲》,以大手笔,写大世纪,厚厚的卷帙,重现了上个世纪中国的荣辱、沉浮与悲欢。

---

[1] 黄道炫,北京大学历史学系教授。
[2] 金冲及:《二十世纪中国史纲》第1卷,社会科学文献出版社2009年版,引言第1页。以下引注该书者文内夹注页码。

革命的解说

二十世纪的中国历史,有一个名词紧紧相随,无法回避,这就是革命,革命是二十世纪中国大半个世纪的主题。孙中山、毛泽东都将革命作为未竟的事业,甚至蒋介石终身也以革命自许。革命与反革命,这样一对相错的名词,主宰了二十世纪中国几个世代人们的思维。解说二十世纪,革命的主题不能不触及,《史纲》通过对历史进程的准确描摹,让我们看到了一个世纪革命的展开。

"辛亥革命史研究,是金先生史学研究中延续时间最长的一个重点,前后凡三十年。"[1]而辛亥革命正是二十世纪中国革命的起点。革命开展当时,关于革命和改良的争论就在进行,事实上,当年革命和改良两条道路并行不悖,当革命党人屡次发动起义并屡战屡败时,清政府和民间力量推动的改革也在持续推进。但是,缓慢而又羞羞答答的改良催生了人们变革的愿望,却无法满足人们变革的要求,所以武昌起义爆发后,革命几乎是一呼百应,水到渠成。这种景象,正如金冲及在《史纲》中富有洞见地指出的:"历史的发展是一种活的流体,一旦时机成熟,它便会不可遏制地向前猛进,而且往往会加速度地向前推进,不断呈现出原先没有的新的色彩。"(第1卷,第84页)活的历史远远比死的逻辑更生动、更现实,面对辛亥革命这段历史本身呈现的客观进程,如果我们硬要以自己的原则去假定历史,用个人的好恶去臧否人物,都难免缘木求鱼之讥。细读《史纲》的论述:"只有当国家民族的命运已处于万分危急的情况下,别的办法都尝试过,都走不通,人们的忍耐程度

---

[1] 萧今:《博学而笃志、切问而近思——金冲及先生学术成就和学术思想述要》,《高校理论战线》2004年第12期,第21页。

已超出它的极限，这才会拿起武器来拼命，一场全国规模的革命高潮才会出现。"（第1卷，第36页）这样的论断虽无豪言壮语的气派，却是明了历史实际发展的经验之谈，革命固然有主观运动的成分，但革命的基础却历史地生成于当时的现实环境中，这是我们回首历史时应该面对，不可忽略的。了解了这些，也许，我们对二十世纪中国的革命之路会多一些理解同情，少一些求全责备。

革命是天赋人权，一九一一年的辛亥革命如此，一九二四年开始的国共合作的国民革命也是如此。帝制的崩溃，开启了中国的民主政治和民族复兴之门，但对于中国这样一个东方大国而言，走向巩固的民主政治和社会发展，还有很遥远的路程。国民革命顺应民众望治的愿望，通过北伐战争基本结束了王朝体系崩溃后军阀割据的混乱局面，奠定了政党政治的格局，终结了皇权复辟的可能，是近代中国发展进程中承上启下的一个关键环节。国民革命的进行，与苏俄的帮助、国民党改组、国共合作实现密切相关。国民党在一九二四年改组时，尚局促于广东一隅，外敌压境，内患不止，到一九二七年仅短短两年多时间，国民革命军就已经底定东南，睥睨天下，这样的收获，恐怕连当事者本身事前都很难想象。国共两党在革命的旗帜下共同奋斗，国民党空前发展，取得了政权，共产党也宣传了自己、壮大了力量，对此，《史纲》精辟分析道："对国共两党来说，'合则两利'是再清楚不过的事实。如果一定要说谁在这中间得到得更多，发展得更快，大约只能是国民党而不是年轻的共产党。"（第1卷，第226页）这一思考路向，可谓别开蹊径，让习惯了从不同目的、不同角度强调中共在国民革命进程中所获发展的人们一新耳目而又不能不颔首称是。

在海峡两岸的史书中，一九二四年至一九二七年的这一革命分别有不同的指称，和《史纲》一样，大陆史书一般多称大革命，台湾方面则多称国民革命。不同的称呼，隐含着对这场革命不同的目标取向。相对于国民革命，大革命更强调革命的普遍性和广泛性，要求革命可以满足中共所期望的工农等普罗大众的要求，正是从此一意义上，会有《史纲》所谓"大革命令人痛心地宣告失败"（第1卷，第270—271页）的叙述。而从国民党的视角看，国民革命基本实现了国家的统一，导致了全国性统一政权的建立，国民党开始了军政—训政—宪政的政治实践程序，当然不会被视作失败，至于中共事实上成为国民党上台执政的牺牲品，恐怕是当年的国民党执政者不会计及的。

不同的视角实际意味着不同的利益取向。《史纲》在叙述一九二七年蒋介石反共时，使用了"四一二反共政变"这样的名词，比之原来大陆通用的"四一二政变"，更准确地凸显了事件的反共特质，事实上，这也是解读那一段历史的关键。在走向政权建立的过程中，原来的患难与共越来越转化成立场和利益的冲突，所以与其说大革命的失败难以避免，不如说国共分裂势属必然，要展开大革命的中共和躺在国民革命成绩簿上的国民党，其分道扬镳确实顺理成章。只是在革命的大背景下，政党间的分离仍然采取了暴力的形式，蒋介石的武力分共使中共别无选择地走上了暴力革命之路。

一九二七年后中共的武装反抗，代表了被压迫者的正义力量，有强大的群众基础和充足的合理性。中共遵循的马克思主义所呈现的宏大视野和社会改造理想，为中国描绘了一幅迥异于现实社会的理想境界之画，无论是对中共党人、知识阶层还是普通民众，都有着强大的吸引力。而中共严密的组织，强大的动员力量，富有献身精神的党员，党对军队的领导，都极大地发挥出中共领导的共产革命的威力，虽然历史进程中交织着许多曲折和偶然，但《史纲》呈现的历史进程清楚显示，中共共产革命的胜利应该是一个难以逆转的趋势。反观中共的对手，国民党在执政后坚持威权统治，民主政治建设乏善可陈，对中国社会经济改造无力着手，自身急遽蜕化，迅速丧失革命党的理想和原则。《史纲》写到南京政府崩溃，蒋介石离开大陆时引用了一段蒋的日记，其中痛切反省："昨游览城乡，可说乡村一切与四十余年以前毫无改革，甚感当政廿年党政守旧与腐化自私，对于社会与民众福利毫未着手，此乃党政军事教育只重作官，而未注意三民主义实行也。"[1]陈诚一九三〇年代写给妻子的家书中说得更坦率：江西中共的崛起，"不能不归咎于诸党棍、军阀、官僚、土劣"[2]。国民党政权不是没有改造社会的愿望，也为中国社会经济的发展付出过努力，但是，作为一个东西方的混合体，国民党颇像是在旋转的笼子里用前爪抓着后腿，总是难以从自身的陷阱中拔足。作为军政或训政党，大陆时期的国民党独霸政权，不具竞争性，但其品质和理论却立足于竞争原则。缺乏竞争，使其无法被监督改造，立党精神规定的民主原则事实上又限制其走向有效率的集中。当一个政权无法实现大多数人的意愿，不能在当年中国的风云变幻中立定脚跟，尤其在急需解决的社会民生问题上拿不出像样的成绩，其被另一革命力量取代实属顺理成章。历史不相信曾经的辉煌，也不会理睬失败者的抱怨。

---

［1］蒋介石日记（手稿），1949年2月3日，斯坦福大学胡佛研究所档案馆藏，下同。

［2］《江西共党如此猖獗不能不归咎于诸党棍军阀官僚土劣》，《陈诚先生书信集——家书》上，台北，"国史馆"2006年版，第38页。

社会：荡涤和发展

一九四九年中共在全国的胜利，开辟了中国历史的一个新时代，正如《史纲》所言："尽管革命变革要付出巨大的代价，但它在一个短时间内对阻碍社会发展的旧事物所起的扫荡作用，是平时多少年也无法同它比拟的，并且要彻底得多，从而为以后社会经济的迅速发展开辟了广阔的道路。中华人民共和国成立后半个多世纪的历史进程作出了最有力的说明。"（第4卷，第1359页）

怀着建立全新社会的理想，中共胜利后对中国社会作了空前未有的涤荡，其程度和影响可能比1949年后政治上翻天覆地的变化还要深远。《史纲》第三卷开宗明义指出："一九四九年在中国大地上发生的，并不只是一个政权代替了另一个政权，一种政治力量代替了另一种政治力量。它是中华民族历史上前所未有的社会大变革。"（第3卷，第690页）这确为的论。二十世纪末的中国在各个方面较之一些东方国家和传统有着更多决裂，这和革命的强大冲击力当不无关系。

关于中国传统社会状况有见仁见智的多种说法，但大体上有几点得到较多认同：传统中国是一个宗法社会，国族公民意识缺乏；政权与基层民众间缺乏直接的沟通纽带，专制政治和社会控制能力薄弱并存；社会长期处于稳态结构中，经济和政治的实质变化刺激有限，变革和革新的动力不足。近代以来，随着西方列强的侵入，中国与近代工业世界的差距全面暴露，社会腐败状况加剧。南京国民政府尽管以革命者的姿态登上权力顶峰，但由于其既不拥有强大的政治控制力量，又无法展开社会重组和再造，政治控制和社会组织的双重腐败继续成为腐蚀其政权的两个蠹虫。

中共实现政权鼎革后，对旧秩序展开全面的革命性冲击。《史纲》高屋建瓴地概括了三个方面的根本变化：民族的独立，人民的解放，国家的统一。当然，如果我们继续从微观的层面追索，也许还可以读到和发现一些更细节性的线索。比如《史纲》论述了土地改革的伟大意义，强调："没有这场深刻的社会大变动，不把占中国人口绝大多数的农民从长期的封建压迫下解放出来，中国的民主化、工业化和现代化是根本谈不上的。"（第3卷，第753页）从民主化、工业化、现代化角度解读土地改革，可谓深具慧眼。就中共党人而言，完成土地改革是他们展开革命的夙愿，是对中国农民的承诺，在其有不能不然之理。同时，土地改革所导致的社会深刻变化，也和中共实现社会全面改造的理想恰相适应。土地改革改变了农村的社会结构和权力体制，使国家权力以空前强烈的形式进入农村社会，在农村灌输并实践了均平原则，随后的合作化运动作为中共改造农村社会顺理成章的后续步骤，进一步实现了对农民、农村的组织管理。此后，在当时的中国政治经济体制下，农村最大限度地为中国迅速实现工业化提供资源和动力，为中国向现代国家迈进作出了巨大的贡献。

农村的改革不仅仅具有资源汲取的意义，农民身份和地位的变化也是一项重要内容。通过土地改革及农村权力重组，千百年来一直被忽视的普通农民第一次被纳入社会政治活动中并成为主导者，其产生的影响、震动绝非寻常。土地改革中农民身份意识和权利意识的苏醒，成为民主建构的最基本环节。同样，在中共对城市的改造中，逐渐树立起工人阶级在社会和经济活动中的主人翁地位，由此形成"以工人阶级领导的、工农联盟为基础"的权力体制。工农联盟这样一种社会政治形式，对稳固政权、帮助中共渡过像"大跃进""文化大革命"这样的难关发挥了难以估量的作用。

强调平等、平均，抑制豪强，铲除黄、赌、黑等腐恶势力是中共改造中国社会的基本方针，应该说，在这些方面，中共取得了令人瞩目的成就，这些成就即使在后来的改革开放时期也还可以看到其作用。当然，社会改造绝不可能一蹴而就，中共通过革命的形式对中国旧的社会结构进行了摧枯拉朽式的冲击，但建立一个全新社会的努力却曲折而艰难。当稳定社会秩序，改变工农业经济结构，恢复生产，鼓动人们的政治参与，大规模的思想改造取得引人注目的成就后，在进一步的大规模建设问题上，从二十世纪五十年代中期开始，出现严重错误，此《史纲》概括的"大跃进"和"文化大革命"两次错误。"大跃进"急于求成、超越现阶段生产力发展水平、违背客观经济发展规律，对正在高速发展的中国经济造成严重损害，直接导致三年经济困难。《史纲》对这一段严峻的历史没有回避，而是客观指出问题的严重性，强调一九五九年后，由于"大跃进"的失误，"国内的经济形势正以惊人的速度继续恶化。问题是在两年多时间内一步一步积累起来的，起初还有一些假象掩盖着，一旦猛烈地爆发，来势之猛，问题严重的程度，令人震骇"。（第3卷，第913页）三年经济困难对人民生活造成严重影响："在这个时期内，全国因缺粮而非正常死亡的人大幅度增加，加上育龄妇女因病弱者增多而使婴儿出生率大大减少，导致新中国成立后总人数第一次出现下降。"一九六〇、一九六一两年，"共下降一千三百多万人"。（第4卷，第915页）"大跃进"和三年经济困难有着不可分割的逻辑联系，经济困难是政策错误的直接体现，为政为史者于此都不可不深长思之。

"大跃进"的失误主要体现在经济上，"文化大革命"的错误则全面体现于社会、政治、经济和文化等多个方面，是一次全局性的错误。对毛泽东发动"文化大革命"的目的，海外多有"权力斗争"的说法，反馈到国内，也可以看到其影响。《史纲》对此明确指出：当时没有也不可能有任何人向毛泽东的巨大威望和权力挑战；毛泽东当时如果要打倒某个或某些人并不困难，没有必要发动这样一场巨大的运动。（第3卷，第996页）观察二十世纪六十年代中国政治的实际状况，这样的结论虽然平实、低调，但却可以让人信服。至于毛泽东为什么发动"文化大革命"，《史纲》的论断公正严谨，指出毛泽东发动"文化大革命"的主观动机是："迫切地期望能实现并保持一个公正、平等、纯洁的社会。他认为现在中国的社会主义社会中依然存在许多'黑暗面'，特别是在劳动生产中人与人的关系方面，一些问题还在不断发展。"（第3卷，第995页）毛泽东是一个理想主义者，他不能容忍社会不按照他所设想的方向发展，"文化大革命"的发动是他对这样的问题的回应。但是，正如《史纲》指出的，他在此犯了"两个极为严重的错误"：一是极端夸大黑暗面，把社会上存在的各种问题都看作阶级斗争的表现；二是不从大力发展社会生产力下手消除社会中存在的黑暗面，而是希望通过激烈的阶级斗争办法，采取群众运动方式作总解决。（第3卷，第996页）除此以外，值得探讨的是，毛泽东发动"文化大革命"是否有其理论上的强大根基，毛泽东作为忠诚的马克思主义者，理论和现实的距离在何种程度上影响着毛泽东的思考，又如何纠结着二十世纪六七十年代的毛泽东乃至整个中国，这些问题是作为通史的《史纲》所难以深入讨论的，但却是我们读完这段历史后难免会想到的问题。

历史是一面镜子，看到成败的两个方面，并不是为了事后诸葛的纠缠，而是希望后人能从中总结经验教训。革命的激荡造成巨大的风暴,对于历史的当事者而言,那可能是交织着汗水和血泪的路程,历史应该关注、不应也不能回避这些个体及其承载的沉重,它时时提醒我们理性认知和慎重将事的重要;但是当时间拉长,我们也不能不看到,几十年的震荡,在世界革命史上并不罕见,道路总是曲折向前延伸,所谓的康庄大道多是后人的演绎而不一定存在于历史的现场。

民族强盛的追求

二十世纪的中国,国家民族强盛是开始具有国族意识的中国人强烈的愿望。《史纲》指出:"实现中华民族的伟大复兴,在整个二十世纪一直是中国无数志士仁人顽强追求的目标,一直是时代潮流中的突出主题。"(第4卷,第1353页)毋庸置疑,中华民族的伟大复兴是经过革命的洗礼,通过改革开放的实践,在经济社会全面发展过程中实现的。但是,民族复兴并非一蹴而就,在这其中,融入了一代代中国人的艰难奋斗,一个忠实于历史的记载者,不会忘记每一个为此付出辛劳和鲜血的人。

"对中国来说,这是决定我们民族生死存亡的一百年。"(第1卷,引言第2页)曾几何时,中国面对的任务首先是生存,而一九三七年开始的抗日战争作为中华民族自立图存的关键一战,"是一百多年来中国人反对外来侵略者第一次取得完全胜利的民族解放战争,从而成为中华民族从衰败走向复兴的重要枢纽"(第2卷,第547页)。在这场事关民族存亡的重要一战中,中华民族表现了空前的团结和伟力,写二十世纪史,抗战史是一个极富挑战性的课题。

抗战的历史可歌可泣,《史纲》的描绘也可圈可点。作为一场全民族的反侵略战争,国共联合的抗日统一战线是抗战得以坚持的重要保证,中共在其中发挥的关键作用值得浓墨重彩,着力书写,《史纲》也正是这样做的,在用大量史料证明中共在抗战中发挥的重要和独特的作用后,明确指出,中共作为"抗日战争惊涛骇浪中始终屹立不摇的中流砥柱,是当之无愧的"(第2卷,第548页)。

与此同时,作为抗日统一战线的重要部分,《史纲》也客观描写了国民党、蒋介石在抗战中起到的不可忽略的作用。国民党是当时中国的执政党,拥有强大的统治资源和决策权,发动全国抗战、抵御日军侵略的责任历史地落在他们头上,而中国积贫积弱的现实也使其不能不认识到举国投入战争有可能面临的巨大风险。蒋介石日记中所谓"此次抗战实逼处此无可幸免者也,与其坐以待亡,致辱招侮,何如死中求生,保全国格,留待后人之起而复兴"[1],并不仅仅是当事者的自饰之词,确乃有感而发。作为后人,我们不能不体会到当年一切还在未定之天时,前人摸索中的困苦艰难。正因如此,《史纲》在讲述抗战爆发这一历史时,肯定蒋介石庐山谈话传递出的抗战信息,强调:"中国国民党是当时中国最大的握有统治权的政党,南京政府有着二百万军队和得到国际承认的外交地位。没有它的参加,全民族的抗日战争难以形成。"(第2卷,第410页)同时,对抗战开始后,国民党在正面战场发挥的作用,《史纲》作了恰如其分的评价:"抗战爆发以来的这一年多时间内,国民党和它的军队的表现是积极的,在抗击日本的军事行动上担当了主要部分,对民众运动也有一定程度的开放。"(第2卷,第453

---

[1] 蒋介石日记(手稿),1937年10月31日。

页)"在进入战略相持阶段后,尽管存在种种问题,国民党军队仍坚持在抗日阵营里,并且在一些战场上进行过顽强的抵抗,不少将领和士兵为了保卫国家而英勇作战,作出了巨大牺牲。"(第2卷,第467页)这样的论断符合事实,可以告慰一切为中华民族的存续发展作出贡献的人。

人们的自我认知往往形成于同外界的接触,二十世纪中国人强烈的民族认同、民族复兴要求和列强对中国的压迫紧密相连,是中国自觉不自觉地进入世界大体系的逻辑结果。事实上,二十世纪中国历史的每一重大变化,和国际形势都有关联。孙中山的三民主义和西方近代民主思想一脉相承,而马克思主义和共产革命在中国的传播、发生,又和苏俄革命有着不可分割的关系,正如毛泽东指出的:"一九一七年的俄国革命唤醒了中国人,中国人学得了一样新的东西,这就是马克思列宁主义。"[1]随后的历史,北伐的成功,抗战的胜利,处处可以看到外来力量的影响。一九四九年中国革命的胜利是中国人民自主奋斗的结果,但如果放到世界范围衡量,其实也是当时横跨欧亚大陆一系列革命胜利的最重要一环。一九四九年后的中国,无论是最初的"一边倒"还是后来的改革开放,国际因素也在以各种不同的形式发生着多重影响。陈云曾经谈道:"我们党是在共产国际的帮助下成立的,建党初期共产国际也起了好作用。抗日战争期间,苏联还是援助了中国,最后出兵打垮关东军。如果不把关东军打垮,抗日战争的胜利起码要推迟好几年,我们也要晚一些进到东北,东北很难首先全部解放。还有第一个五年计划中的一百五十六项,那确实是援助,表现了苏联工人阶级和苏联人

---

[1]《唯心历史观的破产》,《毛泽东选集》第4卷,人民出版社1991年版,第1514页。

民对我们的情谊。"[1]这样的说法是中肯的。笔者以为，在强调中国的民族复兴进程时，《史纲》对二十世纪中国历史进程中的国际背景似重视不够，或者说，对国际因素中毋庸置疑的负面部分强调较多，但对正面的助益较少涉及，从历史的全面性衡量，也许这样的回避是一种缺憾。

　　当代人写当代史，有着后人难以比拟的优势，可以身临其境、直接触摸、感性认知，但也可能有"难识庐山真面目"的遗憾。比如中共建政后，在宣传教育上作了大量卓有成效的工作，浅层次的如扫盲运动等，深层次的如开展共产主义思想教育，这些大规模的宣传教育在中国历史上是前所未有的，其宣传之广泛，动员之深入，对民众思想灌输之普及深入，对中共此后的施政有着难以估量的影响。不过，宣传思想教育终究要和社会实际相结合，脱离实际的宣传和对宣传的迷信有时也会走向自己的反面，在二十世纪六十年代前后这样的教训相当深刻，个人迷信宣传带来的损害也相当巨大。其间的成败得失，恐怕不是短时期内可以说得清楚的。《史纲》对这些问题未多着墨，相信作者有自己的考虑，但在二十世纪中国历史上，这仍是值得认真探讨的问题。又如"反右"运动，《史纲》认为"绝大多数人"是抱着积极态度提意见，提出错误批评的人数量极少，但是，这些提出批评的极少数如何可能形成"社会主义制度和社会秩序势必陷入混乱"（第3卷，第860页）的局面，似乎需要提出更有说服力的解释。因为某种程度上正是从"反右"开始，"以'阶级斗争为纲'的'左'的错误……一步一步地形成"（第3卷，

---

[1]《对起草〈关于建国以来党的若干历史问题的决议〉的几点意见》，《陈云文选》第3卷，人民出版社1995年版，第285—286页。

第864页），执政者对不同意见上纲上线，夸大阶级冲突和阶级斗争，严重阻碍了社会主义民主政治和社会经济的发展。这样的教训沉痛而深重，让人不能不深自警醒。

《史纲》是一部回答中国人如何走过二十世纪的作品，它博采众论，独成一家，用丰富的史实，构造出二十世纪中国历史的轮廓。它不是一部简单铺陈事实的作品，因此，这里不一定有很详尽的过程性的叙述，更没有大量的人名堆砌和枯燥数字，它以启迪思考、总结经验教训为职志，有时寥寥数笔，其实却匠心独运，从中人们可以体味到太多前人的艰辛和历史的智慧。《史纲》让我们看到了百年中国的光荣与梦想、经验与教训、汗水与鲜血，大手笔下勾勒出的，是不同寻常的大世纪。

一部重现新中国发展历程的信史

——读金冲及《二十世纪中国史纲》第三、第四卷

程中原[1]

二十世纪在神州大地上发生的改变世界面目的最重大的事件，是中华人民共和国的创建及其后半个世纪胜利进行的社会主义革命、建设和改革开放。在中国共产党领导下，中华人民共和国屹立在世界东方，昂首阔步前进在中国特色社会主义道路上。金冲及先生的《二十世纪中国史纲》（社会科学文献出版社2009年出版），用第三、第四两卷（即全书一半）的篇幅来写新中国成立以来半个世纪的历史，充分显示了史学大家胸有全局的眼光。这是一部客观全面叙述而又科学具体分析中华人民共和国半个世纪发展历程的信史。

以马克思主义的历史唯物主义和辩证唯物主义为指导来研究和编撰历史；充分展现新中国历史的前进过程、辉煌成就，同时又正视探索道路上的曲折艰难、错误失败；充分运用历史档案还原历史真相，同时又广泛吸纳已有研究成果以丰富历史著作；言必有据，论从史出，人从事出；脉络清楚，层次分明，逻辑谨严；语言准确、鲜明、生动：所有这些对历史著作的基本要求和对中华人民

---

[1] 程中原，中国社会科学院当代中国研究所原副所长、研究员。

共和国史著作的特殊要求，金先生的这部书，无疑都是高质量地做到了。除此而外，我觉得，金先生的这部书之所以能够如此引人入胜、发人深省、催人奋发，还因为具有若干突出的长处。

历史是集体的记忆，是活的过去。全面客观地重现过去，写得真实可信，具有现场感以至鲜活性，是历史著作的生命。金著在这方面尽显功力，大获成功。在"新中国的第一年"这节，作者对这一年既作了历史制高点上的俯瞰，又作了层次分明的扫描。作者从全世界提出的新中国能不能站住脚并大步前进的疑问入笔，从军事、经济、社会三个方面作出肯定的回答，写得全面概括，脉络分明，具体生动。军事上的进展，写了确立南下作战采用"远距离包围迂回"方针的过程，叙述了衡宝战役、广西战役、登陆海南岛、解放云贵川、西藏和平解放等各不相同的经过，让读者通过几分钟的阅读就了解了实现祖国大陆领土和主权统一的全过程。同时，从书中引用的人民解放军喊出的"斩草除根，不留后患""一人止步，万人遭难""一时动摇，万世受苦"等口号中，感受到南下进军的雷霆万钧之势。经济方面，抓住解决当时面临的物价飞涨和灾情严重这两个最紧迫的问题来写。写了正确运用商品规律、驾驭复杂多变的市场，打击投机商兴风作浪取得的成功；写了采取统一全国财政收支、统一全国物资调度、统一全国现金管理三项措施，形成统一领导、分级管理的体制，使财政收支接近平衡；写了以调整公私关系、劳资关系、产销关系为内容的调整工商业：历史的复活再现，使读者跟随作者得出平抑物价与统一财经的意义"不下于淮海战役"的结论。此外，第一年还做了以治理淮河为重点的兴修水利、救济城市失业者、封闭妓院、禁绝鸦片烟毒、打击社会黑恶势力以及发展文化教育卫生事业等大事。"在短短一年内能够做这么多富有成效的事情，实在是个奇迹。"作者的这句朴实无华的评语，说出了读者在全面了解这段历史之后共同的心声。书中不乏有典型意义的细部速写，更使俯瞰和扫描充实丰满。作者善于三言两语，勾勒出历史的场面，渲染出时代的氛围，使读者身临其境，感同身受，不仅有说服力，而且有感染力。如：抗美援朝运动中捐献飞机大炮的热潮（第733—734页），土地改革后农民兴高采烈的情绪（第752页），"五反"运动中民族资产阶级代表人物的肺腑之言（第766页），都是很好的例子。

历史要分析。在叙述历史"本然"的基础上，通过具体深入地分析，实事求是地讲出"所以然"，是金著又一显著特点。金著善于主动引导读者寻根究底，去思考问题，去分析和解决问题。作者主要从三个方面进行分析，讲出历史的动因，讲出新的决策和事情发展的过程及其相互影响、交互作用：一是从事实的发展，即历史的必然要求来分析。是时势（即历史的发展趋势）提出了非解决不可的问题，非做不可的事情；二是从生产力与生产关系的矛盾来分析；三是从领导者（领导集体）在实践中认识的发展变化来分析。在进行具体分析、讲出"所以然"方面，书中有不少精彩篇章。例如：为什么过渡时期总路线是在一九五三年快要到来时考虑提出呢？金著指出："除了第一个五年计划和大规模经济建设将要开始以外，更重要的是：同一九四九年相比，中国社会经济结构内部公私经济比重已发生转折性变化、在工商业领域内社会主义力量已超过资本主义这一现实。"金著在具体叙述和分析这一变化的现实的同时，又用具体材料如实地指出：领导者这种变化和演进，"最初并没有被清晰地认识到"；经过"在实践中不断接受检验和校正"，这才"从事实的发展中找到新答案"："从新中国成立开始，中国事实上已经在逐步向社会主义过渡。"又经过九个多月酝酿和准备，在反复斟酌后，毛泽东等才概括出"一体两翼"或"一化三改"的过渡时期总路线。在这样讲出历史本然的基础上又进而指明其所以然："这条总路线是适应历史需要提出来的"；"它体现了发展生产力和变革生产关系的辩证关系"；"这是中国共产党对如何向社会主义过渡的新认识和新决策"，"这正是从事实的发展中找到的新答案"。

再如：关于统购统销办法的形成及其对农业合作化的积极影响。作者引用粮食部的报告说明解决粮食供求矛盾是稳定市场、进行建设的保证，而统购统销是通过八种解决办法的比较中选出的切实可行的办法，进而用明显的收效说明决策的正确，并写出在实践过程中办法的不断完善。作者还写了统购统销政策对推动农业合作化的作用。从工作层面上讲，"实行统购统销，需要核定各户余粮，动员各户交售，要如此同数千万农户直接打交道，实在是相当繁难的事情，也促使中国共产党和人民政府更加迫切地要求加快推进农业的社会主义改造"；从解决供求矛盾来讲，"就要解决所有制与生产力的矛盾问题"，"个体所有制的生产关系与大量供应是完全冲突的。个体所有制必须过渡到集体所有制，过渡到社会主义。"这样从实践和理论两方面作出的解释，是非常有说服力的。

三如：关于"八九"政治风波的酝酿。作者具体分析"七五"计划期间深化改革、扩大开放取得的成就和国民经济的快速发展，指出一九八四年中共中央作出经济体制改革决定以后，继农村改革取得成功之后，城市改革起步、展开，经济很快上了一个台阶。但是，在从高度集中的计划经济体制向社会主义市场经济体制转变的过程中，出现了"经济秩序陷于混乱"的新问题。表现在：建设规模膨胀，经济过热，引起能源和原材料供应极度紧张，经济比例关系严重失调；大幅度的通货膨胀引起物价的高速上涨；一部分党政机关和党政干部中腐败行为开始蔓延滋长；"三农"问题逐渐被忽视，导致粮食产量连续几年徘徊不前甚至下降，农民收入减少，城乡差距拉大；思想政治工作明显削弱，错误思潮泛滥，领导存在软弱涣散现象。进入一九八七年和一九八八年，几年来积累的矛盾开始激化。正在这时，价格改革问题又被突出地提上议事日程。面对价格改革问题上存在的风险很大又无法绕开的两难处境，赵紫阳主张下决心"闯关"，八月中旬举行的北戴河政治局会议作出"绝大多数商品价格放开，由市场调节"决定。八月十九日消息发表后，在北京和全国各地立即出现抢购商品、进而掀起向银行挤兑的风潮。这场突然袭来的挤提存款、抢购商品风潮反映出当时市场环境和秩序缺乏宏观监管的严重混乱状况，也说明改革措施的力度必须同人民承受程度相适应，时机的选择必须得当。中共中央虽及时采取措施治理经济环境、整顿经济秩序，但阻力重重，效果很不明显。而人们对种种腐败现象，特别是利用特权在"中间环节"牟取暴利的"官倒"等行为格外感到愤怒。国际和国内敌对势力则认为这正是可乘之机，力图利用人们对物价上涨和腐败现象的正当不满来制造分裂，把中国搞乱，改变中国的社会主义制度。这时，他们打着要求"民主"的旗号，活动异常频繁，政治意图十分露骨。作者引用搞资产阶级自由化人物的言行后说："这一切，已使人有'山雨欲来风满楼'之感。一场猛烈的政治风波正在酝酿中。"这样全面、深入、具体地分析，足以使读者明白这场政治风波是怎么酿成的了。至于"八九"风波发生、发展和动乱平息的过程及其意义，书中也作了具体的叙述和客观的评论，可以澄清误解，端正视听。

应该指出，金著问题意识很强。对中华人民共和国史重大历史事件、重要历史关节点存在的各种问题，一一作出信实的叙述，合理的解释。书中关于镇压反革命运动的必要性；关于"一五"计划是否照搬苏联模式；关于抗美援朝是否惹火烧身，是否影响解放台湾；关于一九五五年农业合作化摇摆和变化的原因；关于对资本主义工商业的社会主义改造为何一下发展到全行业实行公私合营；……直至经历了"八九"政治风波后，中共十一届三中全会制定的路线、方针、政策，包括"三步走"的发展战略正确不正确？中共十三大概括的"一个中心、两个基本点"对不对？对这些问题的分析、回答，都既有针对性、原则性，理直气壮而又以平等商谈的姿态出之，柔中有刚而不剑拔弩张，显示了一个大学者的风范。

透过纷纭复杂的历史风云，叙述与评论事件、理论、人物的关系、联系与互动，对历史著作的成败具有关键意义。金先生对历史全局了然于胸，故而处理三者关系恰到好处，可以说是举重若轻、游刃有余。

一九五六年开始的社会主义建设"初期的成功探索"这一节（第845—856页），顺次评述了《论十大关系》、中共八大和发表《关于正确处理人民内部矛盾的问题》三件大事。作者运用史实扼要地说明，毛泽东的《论十大关系》报告是"以苏联为鉴戒，总结自己的经验"，为着"探索一条适合中国情况的社会主义建设道路"而提出来的；"提出这十个问题，都是围绕一个基本方针，就是要把国内外一切积极因素调动起来，为社会主义事业服务。"作者进而指出《论十大关系》与中共八大的关系，说明报告及相关的一系列论述和决策，"为中共八大的召开作了思想上和理论上的准备"。在具体评述八大路线的确立过程及其伟大意义时，作者固然突出写了毛泽东、刘少奇的作用，同时也写了中共领导集体中周恩来、陈云、邓小平的贡献：周恩来提出既反保守又反冒进，即在综合平衡中稳步前进的社会主义经济建设方针；陈云提出社会主义经济应该由"三个主体"和"三个补充"组成的主张；邓小平指出执政党要克服官僚主义习气，避免脱离实际、脱离群众的危险。

"在徘徊中前进的两年"一节中写邓小平复出的背景、经过和对思想障碍的突破，也是很成功的。作者指出，粉碎"四人帮"后，领导思想存在的严重阻碍中国前进的两大问题之一是"左"的错误的束缚，不敢从毛泽东晚年错误中真正解脱出来。最具代表性的，是当时提出的"两个凡是"的错误主张。这个问题不解决，就不可能从根本上纠正"文化大革命"的错误，中国的社会主义事业便无法走上一条成功的新路，更谈不上开辟一个改革开放的新时期。而当时的领导人没有能力和胆力来解决既要彻底清除"文化大革命"的错误，又要维护毛泽东的历史地位和毛泽东思想这样一个复杂的问题。"新的时期，新的任务，需要有新的领导人物。"时势呼唤伟大人物的产生并造就了伟大人物。邓小平重新回到了中共中央领导地位。"面对千头万绪的问题，他首先抓住具有决定意义的环节，从思想路线的拨乱反正下手。""本着解放思想、实事求是的精神，以实际行动打破'两个凡是'的束缚，大刀阔斧地开辟出一个新局面来。"

历史是理论的根，理论是历史的魂，历史的主体是人。在金先生的这部书里，确实做到了历史与逻辑、实践与理论、事件与人物的融会贯通、有机统一。

对于中华人民共和国史的研究与编写，金先生的《二十世纪中国史纲》第三、第四卷具有示范作用。金先生以七十五岁高龄开笔写这部史纲，孜孜矻矻，笔耕三年，终克竣工。他的强烈的社会责任感，他的扎实严谨的学风，他的锲而不舍的精神，更是为后继的历史工作者作出了榜样。

世纪回眸　启人心智

——读《二十世纪中国史纲》

周溯源[1]

金冲及同志的《二十世纪中国史纲》是一部记录中国二十世纪历史进程的精品力作,是他从事史学研究工作多年的重要结晶。具体讲,有三个特点。

公正客观,立论中允。从书中可见,在上世纪初中国是如何被列强瓜剖豆分,中国人民是如何饱尝屈辱而又艰辛求索,如何经历辛亥革命带来的希望与失望。直到马克思主义传入中国,中国共产党诞生和登上历史舞台,中国革命的面貌才为之一新。从北伐战争、土地革命、抗日战争、解放战争,中国革命犹如一幅波澜壮阔的图画。新中国的诞生开辟了中国历史的新纪元,彻底改变了中国和中国人民的命运。一九七八年,我们党召开了十一届三中全会,开启了改革开放历史新时期,使中国特色社会主义事业"中兴"。作者还以较大篇幅描述了抗日战争时期国民党在正面战场的表现,并给予充分肯定。对新中国成立后党的"左"的错误,诸如反右扩大化、"大跃进"、"文化大革命"等失误和错误进行了客观分析、严肃反省,彰显出作者的史德、立场、眼力。

---

[1] 周溯源,中国社会科学杂志社原副总编辑。

资料翔实，信而有征。本书的一大优势是史料全面、系统、可靠、权威。作者长期担任中共中央文献研究室的领导职务，熟悉党和国家的重要文献，便于了解中央和国家领导人的内部讲话、文稿、批示、信函。此外，作者及时跟踪搜集了一些近年来新解密的档案、日记、新出版的回忆录和有价值的著述，如《蒋介石日记》《蒋纬国口述自传》《陈诚先生回忆录》等。例如，写抗美援朝，参考了美国人撰写的《艾奇逊回忆录》《麦克阿瑟回忆录》《杜鲁门回忆录》以及李奇微的《朝鲜战争》等。写中美建交，参考了《尼克松回忆录》与基辛格的《白宫岁月》等。据统计，全书共引用六百九十多种参考资料，引文注释达两千三百多条。依据当事人提供的第一手资料，综合历史档案、文献和多家论著，作者去粗取精、去伪存真、由此及彼、由表及里，得以走进历史深处，揭开历史真相。

见解精辟，启人心智。本书不仅记叙了历史，而且分析了历史，揭示出若干规律，使人洞悉中华民族这百年历程，哪一步对？哪一步错？经验何在？教训何在？这些都使广大党员干部群众受到深刻启迪，进一步坚定走中国特色社会主义道路的信心和决心。历史证明，要使积贫积弱的中国站起来、富起来、强起来，必须有一个能够正确把握航向的先进政党。这个政党必须有正确的路线和纲领，能够领导中国革命走向胜利。这个政党必须有崇高的理想和铁的纪律，同人民群众血肉相连，能够团结绝大多数人一道奋斗，实现中华民族的伟大复兴。历史同时证明，只有中国共产党才能在中国这样一个世界上人口最多的国家，团结带领全党全国各族人民，朝着共同的目标奋进。没有中国共产党，在二十世纪短短一百年里，中国不可能发生如此翻天覆地的巨变。中国共产党的领导，是历史的选择、人民的选择。